高考改革研究丛书
刘海峰 / 主编

卞 翠 / 著

法国高校招生考试制度研究

本书为2016年度教育部人文社会科学重点研究基地重大项目"高考制度改革研究"（16JJD880029）之成果

华中师范大学出版社

新出图证（鄂）字 10 号
图书在版编目（CIP）数据

法国高校招生考试制度研究/卞翠著. —武汉：华中师范大学出版社，2016.12
（高考改革研究丛书/刘海峰主编）
ISBN 978-7-5622-7633-3

Ⅰ.①法… Ⅱ.①卞… Ⅲ.①高等学校—招生—考试制度—研究—法国 Ⅳ.①G649.565.2

中国版本图书馆 CIP 数据核字（2016）第 315250 号

法国高校招生考试制度研究
ⓒ 卞 翠 著

责任编辑：郭志刚	**责任校对**：王 炜
编辑室：学术出版中心	**电话**：027－67867792
出版发行：华中师范大学出版社	**社址**：湖北省武汉市洪山区珞喻路 152 号
电话：027－67863426/3280（发行部）	027－67861321（邮购）
传真：027－67863291	**邮编**：430079
网址：http://press.ccnu.edu.cn	**电子信箱**：press@mail.ccnu.edu.cn
印刷：湖北新华印务有限公司	**督印**：王兴平
封面设计：甘 英	**封面制作**：胡 灿
开本：710mm×1000mm 1/16	**印张**：18
版次：2016 年 12 月第 1 版	**印次**：2016 年 12 月第 1 次印刷
字数：230 千字	**定价**：45.00 元

欢迎上网查询、购书

敬告读者：欢迎举报盗版，请打举报电话 027－67861321

总　　序

高考是我国各类考试中最重要、影响最大的考试。高考改革不仅关系到国家创新人才的培养、学生的健康成长，而且关系到社会公平的维护、高等教育资源的分配，还涉及宏大的社会利益再分配问题，关系到维护我国改革发展稳定的大局，是一项"牵一发而动全身"的社会系统工程，具有综合性、系统性。高考改革事关教育全局，不仅已成为重大的民生议题，而且是教育领域中最复杂、最敏感的问题，受到民众和国家教育主管部门的高度关注。

2010年7月正式颁布的《国家教育中长期改革和发展规划纲要（2010—2020年）》列有关于招生考试的专门一章，即第十二章"考试招生制度改革"。在中国历次教育改革文件中，这是第一次将招生考试单独列出一章，足见此问题在现阶段的重要性。2012年7月，国家教育考试指导委员会在北京成立，研究制定考试改革方案，指导考试改革试点。国家专门成立一个国家级决策咨询机构来指导高考改革实践，说明考试招生改革意义非常重大。2013年11月，十八届三中全会通过了《中共中央关于全面深化改革若干重大问题的决定》，其中教育方面最主要的就是考试招生改革的内容。2014年9月公布的《国务院关于深化考试招生制度改革的实施意见》，是恢复高考以来最全面、最系统的改革文件。以往也有各种各样的高考改革政策出台，但多数都是单项的或者某一个侧面的改革，而这次改革涉及考试招生的方方面面，是一个顶层设计的系统改革，标志着高考改革进入一个新阶段。

由于高考是一个至为复杂的大规模选拔性考试，是一项"横看成岭侧成峰，远近高低各不同"的制度，从某一特定的角度去观察，站在某一种特定的立场去评说，可能所见都是事实，所言也都有一定道理，但也可能会出现盲人摸象、各说各话的情况。因此，在评价高考时，重要的是全面和客观。

而要理性地、全面地评价高考，提出切实可行的改进意见，就应该对高考进行全面深入的研究。

中国是考试制度的发源地，不仅是一个考试古国，而且是一个考试大国。有些西方国家的大学入学考试只是一种测量手段，只是在小范围内引起关注，只是一个部分人关心的话题。然而，受传统和现实的制约，中国人却将高考变成了文化，变成了经济，变成了政治，变成了盛大的仪式，变成了一种备受关注的社会活动，变成了一种惯例式的全民动员。在有五千年悠久文化传统和千余年科举考试影响的中国，在一个幅员辽阔、人口众多、地域和城乡文化教育水平差异很大的中国，在民众高度重视甚至是过度重视教育的中国，高考既与世界各国的大学入学考试有相同的规律，也有不少独有的现象和问题。

长期以来，高考作为一项影响重大、关注度甚高的重要制度，总体而言是"三多三少"，即新闻报道多，理论研究相对较少；一般议论多，深入分析相对较少；零星探讨多，系统研究相对较少。近年来，情况有了一些改观，特别是2012年前后讨论异地高考政策问题，2014年《国务院关于深化考试招生制度改革的实施意见》出台以后，出现了研究高考改革的热潮，许多相关论文见诸报刊。但是，对于整个高考制度还缺少系统的研究，尤其缺少真正有分量的高考改革研究著作。

高考改革是一个谁都能说得上两句的话题，但又是一个专业性很强的问题。要谈谈自己关于高考改革的观点，发表一两篇文章不难，而要深入阐述自己的观点，发表不重复的系列论文或出版专著却很难。为了将高考研究推向深入，并为现实高考提供决策参考和理论依据，在深入研究的基础上，特组织一套"高考改革研究丛书"。

作为中国高考研究的重镇，厦门大学考试研究中心一直将高考改革作为重点研究方向之一，推出了一系列研究论文和专著，研究成果为全国性的和部分省市的高考改革提供重要的理论支持。本丛书是中国第一套较全面、深入研究高考改革的丛书，对高考从理论、制度、政策、法治、内容、形式，到招生考试的区域公平、民族政策、效度和评价等各方面进行全面的研究，同时对美国、英国、法国、俄罗斯、加拿大、澳大利亚、日本和我国台湾地区的高校招生考试制度等进行了探讨；既有对高考制度的理论剖析，又有对高考改革的一些热点问题的专题论述；是从理论到实践、从宏观到微观、从国内到域外，对高考制度及其改革进行的全面而深入的研究。

"高考改革研究丛书"是对高考的基础性、系统性研究。2015年,该丛书获得国家出版基金资助,出版社与丛书主编将原来已出版的十多本著作加以修订,并扩充至22本,使之成为一个更全面、成气候的书系。本丛书基本上由我自己的著作和历年指导通过答辩的高考研究博士论文、博士后出站报告为基础构成。在我历年指导的众多博士论文或博士后出站报告中,以高考研究为选题的占大多数。要想真正为高考改革提供参考,我们的研究应力求建立在对招生考试历史与现实充分了解的基础之上。为了使这些论文的写作不至于陷入空谈,我总是要求博士生和博士后多了解高考实际。多年来,以高考为选题的博士生和博士后一般都要到部分省市教育招生考试院等考试机构实习,真正深入招生考试第一线,多与考试管理工作者接触交流,这样他们才不会太书生气,所写论文才能脚踏实地。凡是研究别国高校招生考试制度的博士生和博士后,都通晓所在国的语言文字,并尽可能到研究对象国去搜集资料和实地调研,多位博士生和博士后都在研究对象国留学多年或做访问研究一年以上。

丛书中每本著作各有专攻,希望都能切中肯綮,真正做到既有学术价值,也有现实意义;对高考改革的顶层设计,对高考改革的顺利推行,进而对维护教育公平和社会稳定起到一定的作用。恢复高考40周年即将到来,相信本丛书的出版能够为高考改革提供理论支撑,为完善中国的考试招生制度贡献绵薄之力,作为一名上世纪的77级大学生,我深感欣慰。

刘海峰

2016年10月6日

目　　录

绪　论 ·· 1
　一、研究的缘起 ·· 1
　二、研究的问题及其界定 ··· 3
　三、研究现状及回顾 ··· 5
　四、研究方法与框架 ··· 10
　五、研究的意义与局限性 ··· 12

第一章　法国的教育体制与教育体系 ··· 13
第一节　法国教育体制的生成背景 ··· 13
　一、教育体制演变阶段性回顾 ·· 14
　二、教育管理机制演变与现状 ·· 18
第二节　法国基础教育的沿革与现状 ·· 32
　一、初等教育：从单轨到教育系统中的基础层次 ································· 32
　二、中等教育：从贵族特权、精英教育到普及化与义务化 ····················· 36
第三节　法国高等教育的沿革与现状 ·· 42
　一、法国旧制度时期 ··· 43
　二、法国大革命与第一帝国时期 ··· 44
　三、第一次世界大战以前 ·· 46
　四、第二次世界大战之后 ·· 48
　五、高等教育现代化与大众化 ·· 49

第二章　法国高校招生考试制度的历史演进 ·· 52
第一节　考试制度的形成与确立 ··· 52
　一、中世纪大学学位与考试起源 ··· 52
　二、考试建制 ·· 54
第二节　考试制度的发展沿革 ·· 57

1

一、bac 考试重大改革方案与措施 …………………………………… 57
　　二、bac 考试与女子中等教育 ……………………………………… 63
　　三、bac 考试与技术教育的发展 …………………………………… 67

第三章　法国高校招生考试制度当代实践——考试篇 ……… 79
第一节　普通类高中教育 ……………………………………………… 80
　　一、考试组织 …………………………………………………………… 80
　　二、考试命题委员会 ………………………………………………… 81
　　三、考试形式与内容 ………………………………………………… 83
　　四、学位授予条件 …………………………………………………… 89
第二节　技术类高中教育 ……………………………………………… 92
　　一、考试组织 …………………………………………………………… 92
　　二、考试形式与内容 ………………………………………………… 93
　　三、学位授予条件 …………………………………………………… 109
第三节　职业类高中教育 ……………………………………………… 110
　　一、考试组织 …………………………………………………………… 110
　　二、考试形式与内容 ………………………………………………… 111
　　三、学位授予条件 …………………………………………………… 113

第四章　法国高校招生考试制度的当代实践——招生篇 …… 115
第一节　高校开放性招生 ……………………………………………… 116
　　一、皮埃尔与玛丽居里大学（UPMC，巴黎六大） ……………… 116
　　二、巴黎十一大（Paris Sud） ……………………………………… 118
第二节　介于开放性与选拔性之间的院校招生 …………………… 121
　　一、经济与商业专业预科班 ………………………………………… 123
　　二、文科专业预科班 ………………………………………………… 123
　　三、理科专业预科班 ………………………………………………… 125
　　四、路易大帝中学预科班招生案例 ………………………………… 127
第三节　高校选拔性招生 ……………………………………………… 129
　　一、巴黎高等师范学院（École Normale Supérieure de Paris）
　　　　………………………………………………………………………… 130
　　二、巴黎综合理工学院（École Polytechnique） ………………… 132
　　三、巴黎高等商学院（HEC） ……………………………………… 136
　　四、巴黎政治大学 …………………………………………………… 146

第五章　法国高校招生考试制度的公平性问题……… 151
第一节　教育民主化与教育平等……… 151
一、教育民主化概念界定……… 152
二、bac 考试结果量化分析与教育民主化现状……… 155
三、bac 考试、高校录取与教育民主化的发展……… 170
第二节　教育导向和社会公正……… 189
一、学生的教育路径：在被选择与选择之间……… 190
二、教育优先政策——政府的扶贫计划……… 196

第六章　法国高校招生考试制度的比较借鉴……… 203
第一节　法国高校招生考试制度的主要特点……… 203
一、bac 考试制度特点……… 203
二、双轨制下法国高校招生制度特点……… 211
三、bac 考试制度面临的问题……… 213
第二节　中法高校招生考试制度比较……… 217
一、可比不可比……… 217
二、比可比之处……… 219
三、比不可比之处……… 230
第三节　法国高校招生考试制度的本土启示……… 237
一、创建以统考为基础，二次选拔为辅助的人才选拔机制……… 238
二、强化学科与学者在人才选拔中权利的行使……… 240
三、强强联合，建立人才选拔题库，拓宽多路人才流动通道……… 240
四、立足国情，培养学生自主选择的意识，建立系统化的改革观……… 241

附录 1：考试学位证书（图片资料）……… 243
附录 2：考试相关规定……… 248
附录 3：高校招生统一操作平台 APB（Admission Post-Bac）……… 257
主要参考文献……… 264
后　记……… 274

绪　　论

一、研究的缘起

教育作为一项特殊的社会活动，其主要功能体现在为社会培养人才、选拔人才与输送人才。纵观历史与今天的现实，教育的选拔制度与国家制度、政治制度以及经济发展水平都紧密相关。进入21世纪后，以知识为主要驱动力的经济社会的形成，促使高校从社会的边缘走向中心。与此同时，是否拥有一流人才与能否培养出一流人才成为一个国家核心竞争力的体现。人才的选拔制度作为人才培养的基础环节也成为各个国家关注的焦点，如何建立与发展一套适应国家经济与社会发展的高校人才选拔制度是值得探究的问题。

高校人才选拔机制与国家高等教育的发展阶段和社会对人才的需求直接相关，探讨高校招生考试制度改革须首先关注以下三个主要问题：其一，知识生产模式的转变对高校人才的培养产生的影响，对人才的界定如何体现在人才选拔制度上？其二，全球经济化与高等教育国际化的发展为高校招生考试制度提出了何种挑战？其三，随着创新能力在人才培养中所占比重的增加，如何选拔出具有创新潜质的人才？高校招生考试制度的改革一直以来都是我国教育改革关注的焦点之一，然而由于政治、经济、文化、教育等方面相关因素的复杂性与多样性，我国的招生考试制度的改革一直在摸索与探究之中。近年来一系列的相关改革方案也体现了我国在教育理念与人才培养方面所发生的一些重大的转变。

2014年9月3日，国务院印发了《关于深化考试制度改革的实施意见》（简称《实施意见》），标志着新一轮的考试制度改革的全面启动。《实施意见》作为纲领性的文件，起着重要的指导性作用。《实施意见》中首先肯定了改革开放以来我国已初步形成的考试制度的权威性与公平性，但是，唯分数论以及城乡教育资源分配不均衡等问题的存在对学生的全面发展以及教育平等的公正性产生了一定的负面的影响。针对这些问题，《实施意见》中明确提出了深化考试制度改革的基本原则，其中包括了教育培养目标、考试招生原则、考试招生制度的效率性、建立教育体系内部不同考试制度系统化等方面的改革措施。2014年12月10日，我国教育部印发了《关于普通高中学业水平考试的实施意见》（简称《学业水平考试意见》），它成为了贯彻落实国务院《关于深化考试招生制度改革的实施意见》重要的组成部分。它直接回应了《实施意见》中所提出的全面、素质教育的培养目标；提出在减轻学生学习负担的同时，使学生拥有更多的自主选择权，且同时为其提供更多的机会，促使学生可以以个人兴趣与特长为基础进行学习导向选择。此后，2015年11月5日国务院印发《统筹推进世界一流大学和一流学科建设总体方案》（简称《双一流建设总体方案》）的通知，将建设世界一流大学和一流学科作为提升我国教育发展水平、增强我国核心竞争力的重大战略决策。以一流为目标与以学科为基础成为这一战略决策中的两个基本原则，汇聚优势资源，培养拔尖创新人才成为教育的重要任务之一。

结合以上三个主要的改革方案，我们可以看出深化考试制度的改革与我国建设一流大学与一流学科是紧密呼应的。深化考试制度改革以注重学生的全面发展以及个人兴趣的培养为主要原则，一方面，有利于高校培养出综合素养高的优质复合型人才；另一方面注重培养学生的个人兴趣，以兴趣为导向进行学科选择，有利于一流学科建设所需的拔尖人才的培养。我国考试制度改革上层架构的设计，既遵循了教育的规律，又潜在地回应了社会经济发展对人才培养的需求。然而，如何将理论方案应用到实践中，并尽量规避不必要的风险，这就需要借鉴其他国家招生考试制度改革中的可取之处。

法国的baccalauréat考试（简称bac考试）制度自创立至今已有两百多年的历史，虽然与我国一千三百多年的科举历史无法相提并论，然而bac考试作为法国高校统一的招生考试制度，历经数次改革却一直保留至今。那么bac考试制度是如何在法国国家体制、政治制度以及经济体制经历的数次变革中存活下来的？bac考试制度在每个历史时期是如何回应社会各方面需求的？21世纪知识经济社会的发展，对bac考试制度改革提出了何种要求？它又是通过何种改革措施进行应对？在建设世界一流大学的背景下，bac考试制度与法国高校人才的培养之间是如何互动的？作者带着这些问题开始了对法国高校招生考试制度的探究。

选择法国高校招生考试制度这一研究主题，也是作者个人学术研究的延伸。作者留学法国多年，并在法国获得了教育学硕士与博士学位。作者博士阶段的研究着重探讨的是法国高校在国际化进程中所面临的挑战与机遇，尤其是在国际生流动发展策略方面的问题。法国高等教育体系所拥有的独特的双轨系统——公立大学和专业化精英学院（大学校）的共存作为历史的产物，一方面在相当长的历史阶段推动了法国社会经济与政治等方面的发展；另一方面，在高等教育国际化发展的今天，两种院校的并存也使得法国高等教育面临着前所未有的挑战。基于博士阶段的研究成果，作者发现以下几个问题仍有待深入探讨：其一，双轨制高等教育体系在国际生招生方面的差异是否也体现在法国本土学生招生考试体制方面？其二，法国大学与大学校的并存在国际教育市场上给法国的高等教育体制造成了一定的不可识别度，对于法国本土的学生，他们在完成中等教育后，是如何在两类院校中做出选择的？同时，这两类院校又是如何对生源进行筛选的？其三，作者在研究中发现，在招收国际生方面，两类院校之间搭建了不同类型的立交桥。那么，这种立交桥是否适用于法国本土学生，是如何进行运作的？作为法国中等教育与高等教育的承接点，对法国高校招生考试的研究与作者已有的研究基础相互契合，这有利于作者从更深层次揭示法国的教育理念与人才培养的逻辑。

二、研究的问题及其界定

研究法国高校招生考试制度须先厘清两个关键概念：制度与法国高校。招生考试制度如同其他制度一样，其产生、发展、稳定与变革与制度内外部因素的变化密切相关。Scott 将制度定义为一种具有多面性、持久性的社会结构，由象征性因素、社会活动以及物质资源共同组成[1]。它包含了规制、规范与认知文化三个支柱，其中规制支柱主要用于约束制度内部成员的行为举止；规范支柱为制度制定发展目标，并寻求合适的方式去实现；认知文化支柱则呈现了组织内部已达成的共识[2]。制度本身具有两个明显特点：稳定性与适应性。一方面，制度本身所包含的三个支柱体现了其内部的稳定性，它集规则、规范与文化于一身，在发展与演变的过程中其内部机构具有抵抗外部干扰的能力，因此呈现出一定的稳定性与持久性。另一方面，制度本身具有一定的适应性，主要体现在其与外部环境的灵活互动，同时其内部结构也会随着组成部分的变化而进行自我调适，从而达到内外部因素的和谐共处。在本研究中，招生考试制度，从广义上来看，包括了国家及其他权力团体、学校、学生与家庭等几个主要组成因素；从狭义上来看，则由考试、学

---

[1] Scott,R.W,Institutions and organizations(2nd ed.),2001,Sage,p.49.
[2] Scott,R.W,Institutions and organizations(2nd ed.),2001,Sage.

校、教师、学习科目与招收专业、学生等构成。社会政治、经济与文化环境作为制度存在的外部环境，其变迁与制度本身相互作用；伴随着外部环境对制度内部组成因素的影响，制度内部结构也会随着发生改变，制度内部因素也通过自我更新与调节反作用于外部环境。正是在这种内外部因素的互动过程中，制度本身达成一种相对稳定，且可持续发展的状态。本研究将内外部因素相结合，从宏观与微观两方面解读法国高校招生制度的历史与现状。

另外一个需要界定的关键词为法国高校。不同于中国的高校，法国的高校内部分类众多。整体而言，大致可分为两类：公立大学与专业化精英学院（大学校）两个体系。公立大学主要是与天主教大学相对应，鉴于本研究并不涉及后者，因此在下面的阐述中将直接用大学来表述。法国的大学体系既包含了长期高等教育，即本科、硕士、博士教育，也涵盖了短期技术教育，如大学技术学院、高级技师培训等短期职业技术教育类型；此外，还包括了大学校预科班，虽然这类教育主要为学生进入大学校做准备，且学生学习的地点设立在高中，但是根据学生在学校的注册类型，也可以划分到大学系统之内。另一类为大学校，在这里所指的广义的大学校，既包括了具有悠久历史的大学校，例如巴黎理工学院、巴黎国立高等师范学院等，也包括了一些地方性的理工学院以及依附于大学但保持行政管理独立的工程与商业学校等。法国高等教育院校设置的多样性决定了法国高校招生考试制度的复杂性。和我国的高考在高校招生中所担当的角色有所不同，法国的 bac 考试制度对于不同类型的高等院校而言，其作用是有所差异的。大体来看，对于法国的大学系统而言，学生的 bac 考试成绩是学校招生录取过程中的主导性因素；而对于大学校系统而言，学生的 bac 考试成绩只是被学校录取的必要但不充分条件，学院有权单独组织对学生的二次考核，并在此基础上完成招生选拔流程。本研究选取 bac 考试制度为研究主体，主要基于 bac 考试制度的历史性与其在法国高校招生过程中的基础性作用。

本研究旨在探究四个主要问题：其一，bac 考试制度是如何产生、发展与演变的，在这一过程中，制度的内外部因素是如何相互作用，从而产生变化的？其二，bac 考试制度的现状如何，在实践过程中存在何种问题？政府推出了何种解决方案？其三，bac 考试制度与不同类型的法国高校的招生之间的关系如何？其四，结合我国深化考试改革进程的推进与世界一流大学与一流学科建设，法国高校招生考试制度在哪些方面是可以借鉴的？

三、研究现状及回顾

目前在我国高等教育研究领域尚未有以法国高校招考制度为研究主题的论著。与法国教育研究相关的学术成果，最早的两部专著出版于20世纪二三十年代：周太玄著《法国教育概览》[①]（1926年出版），常导之编著《法国教育制度》[②]（1933年出版）。这两部著作的内容主要涉及对法国教育行政机关与学校系统两大部分的介绍。20世纪80年代后，国内学术界展开了新一轮对外国教育制度的研究工作。李爽秋编著的《法国教育》[③]（1986年出版）基于作者曾在联合国教科文组织以及中华人民共和国驻法大使馆教育处的经历对于法国教育体制进行了介绍。此外，梁晓华所著《当今法国教育概览》[④]（1994年出版）以各级教育为主体，全面系统地介绍了法国教育制度在20世纪末的基本情况。这一时期对于法国教育的研究还体现在一些译著的出版上，其中瞿葆奎与张人杰的《法国教育改革》[⑤]（1993年出版）翻译了法国教育改革的一些重要的文献资料以及当时对相关改革方案所撰写的评论性文章。此后，除了对于法国教育制度的百科式研究论著外，也有部分学者针对法国教育某些特定的问题展开探讨，作者在这里不做赘述。本部分主要由两部分组成：第一部分主要聚焦国内学界对法国高校招生考试制度以及bac考试制度的研究；第二部分着重法国学界在bac考试研究方面的现状分析。

（一）国内相关研究综述：成果与不足

国内学者对法国高校招生考试制度的研究整体可以归纳为两类：一类为以高校招生考试为关键词，对各国高校招生考试制度的比较研究。在这类研究中，学者将法国作为比较的国别之一，对法国高校分类与bac考试的发展史与现状进行基本梳理（吴世淑，1992[⑥]；邱洪昌，林启泗，1994[⑦]；陆震，

[①] 周太玄：《法国教育概览》，中华书局，1926年。
[②] 常导之：《法国教育制度》，文化学社，1933年。
[③] 李爽秋：《法国教育》，杭州大学高等教育研究室，1986年。
[④] 梁晓华：《当今法国教育概览》，河南教育出版社，1994年。
[⑤] 瞿葆奎、张人杰：《教育学文集·法国教育改革》，人民教育出版社，1993年。
[⑥] 吴世淑：《国外高等学校招生制度》，南海出版公司，1992年。
[⑦] 邱洪昌、林启泗：《十国高等学校招生制度》，航空工业出版社，1994年。

1997①；刘有鹏，1998②；于钦波，杨晓，2000③；李志涛，2014④）。在这些学者的研究中，他们在以下两方面达成了共识：其一，他们认为法国高等教育机构大体分为三类：大学、大学校与短期高等教育机构。其二，在分类基础上将法国高校的招生考试归结为两种，一种是以高中毕业会考（即本研究中的 bac 考试）成绩为主的大学招生系统，获得高中毕业会考文凭者即可进入大学学习；另一种则是大学校所实行的联考方式，考试合格者进入大学校学习。作者认为，学者们在这两方面的共识现在看来具有一定的合理性，然而随着法国高等教育近些年的多个改革方案的推出，高等教育机构的划分发生了一些细微的变化，这些变化也直接影响到各类院校招生考试制度方面的调整。另外一类研究则是以法国 bac 考试为研究对象，这类研究多以学术论文的形式发表，从宏观层面对 bac 考试制度发展、考试内容与改革进行概括（胡甲刚，李俊卿，2003⑤；张文军、周丽玉，2004⑥；汪凌，2005⑦；阮洁卿、阮来民，2007⑧，2011⑨；郑若玲，2008⑩；刘敏，2009⑪；徐丽，2011⑫；王

---

① 陆震：《中外学校教育考试制度探讨》，高等教育出版社，1997年。

② 刘有鹏：《法德两国招生考试情况的考察报告》，《中国高校招生》1998年第3期，第48~50页。

③ 于钦波、杨晓：《中外大学入学考试制度比较与中国高考制度改革》，四川教育出版社，2000年。

④ 李志涛：《发达国家高校招生考试制度及对我国高考改革的启示》，《基础教育参考》2014年第5期，第68~73页。

⑤ 胡甲刚、李俊卿：《法国高校招生考试概览》，《湖北招生考试》2003年第20期。

⑥ 张文军、周丽玉：《法国"业士证书（Baccalauréat）"制度及其启示》，《教育发展研究》2004年第24期，第37~40页。

⑦ 汪凌：《法国高考招生制度及其启示》，《湖北招生考试》2005年第8期，第62~64页。

⑧ 阮洁卿、阮来民：《法国高中毕业会考制度的发展及其特点研究》，《外国中小学教育》2007年第8期，第31~35页。

⑨ 阮洁卿、阮来民：《法国普通高中毕业会考类别与考试科目研究》，《外国中小学教育》2011年第12期，第32~39页。

⑩ 郑若玲：《法国高校招考制度及启示》，《中国地质大学学报》（社会科学版）2008年第8期，第56~60页。

⑪ 刘敏：《法国高中分科定向及会考制度发展解析》，《比较教育研究》2009年第10期，第56~60页。

⑫ 徐丽：《法国业士考试的变革与启示》，《湖北招生考试》2011年第6期，第60~64页。

晓辉，2012①）。bac考试制度发展史长达二百多年，对于这一制度的介绍，学者们在论文中也有不同侧重点。大部分学者着重描述有关考试组织、实施、具体操作、考试形式等现状，并在这一基础上总结bac考试制度的特点与启示。刘有鹏曾指出，中学毕业会考是一种全国性的教育水平测量，其存在具有一定的必要性，一方面确保了文凭的价值与权威，另一方面则是保障了中学教育的质量。然而，由于组织工作量大、经费开支大给学生和考试的组织者都造成了一定的负担。他的观点也代表了其他学者的看法，他们一致认为bac考试体现了权威性、公平性与严格性的特点；同时，bac考试以学生为本的教育指导思想，为学生的发展提供多样化的选择空间，是值得我们学习与借鉴的。相较于对bac考试现状的介绍，阮洁卿与阮来民在《法国高中毕业会考制度的发展及其特点研究》（2007）一文中则较为详细地回顾了bac考试制度发展史上几个重要的改革法令，并梳理了改革的内容。同时，他们也提出中国的考试改革应该借鉴bac考试的多样化模式，尤其是职业类教育的发展。bac考试类别在20世纪80年代改革之后趋于稳定，其分类与学生在高中阶段所选的学科以及专业方向相对应。刘敏在《法国高中分科定向及会考制度发展解析》（2009）一文中对于高中分科的介绍便于读者更好地了解高中分科与bac考试类别与科目之间的对应关系。然而，近年来bac考试每个类别包含的学科与专业方向都一直处于改革之中，尤其是技术类与职业类bac考试方面的改革。阮洁卿与阮来民在《法国普通高中毕业会考类别及考试科目研究》（2011）一文中，对普通高中bac考试的组织与类别进行了梳理，以2010年普通高中bac考试为个案，对三个类别的考试科目进行了简介。王晓辉在《法国高考考什么》（2012）中以2012年6月18日所举行的哲学考试的题目为基础，简单回顾bac的产生以及20世纪80年代考试形式与科目的变革；并基于2011年bac考试情况，揭示了bac考试存在的问题，如考试题目与教学大纲的相关性问题、考试花费等。

整体而言，以上研究成果分别从宏观与微观的层面为我们了解bac考试制度与法国高校招生制度奠定了一定的基础。然而，已有的研究自身也存在着一定的缺憾，同时目前这一研究主题依然有许多空白需要填补。作者认为，首先，学者们将bac考试等同于高中毕业会考或中学毕业会考，将bac学位视为业士证书或会考证书是否恰当值得商榷。作者认为对bac考试制度

---

① 王晓辉：《法国高考考什么》，《上海教育》2012年第20期，第36～38页。

的这种定位源于对 bac 考试的产生以及发展历史、bac 学位的社会功能等方面缺乏深入的剖析。其次，已有研究对法国高等教育院校的分类只停留在形式上，缺乏对法国双轨制高等教育形成历史的探索，同时，不同类型法国高校的招生制度、人才培养模式以及社会需求之间的关系值得更深入的探讨。再次，已有的研究仍停留在对问题的介绍与梳理上，而非真正意义上的问题导向性研究。最后，对近十几年以来 bac 考试制度、中等教育与高等教育改革方面的研究更新不足。自 2009 年以来 bac 考试也进行了几次改革，尤其是技术类与职业类考试形式与内容方面的变革，因此有必要更新这方面的研究，重新审视这一考试制度及其面临的问题与挑战。总之，译介类型的研究对于了解 bac 考试制度确实能够起到基础性的知识传播作用，然而为了完成真正意义上的学术对话，我们需要更有深度的系统性研究。此外，由于语言的限制，大多数学者无法直接阅读法语论著而只能通过译著或者英文文献来完成资料的收集，在一定程度上影响了对研究问题的阐释和分析。

（二）法国学界对 bac 考试制度研究成果的回顾

作者对这部分的学术文献收集主要是在法国的大学图书馆进行的，由于地方大学图书馆的藏书有限且部分史料书籍无法实现馆际借阅，因此对研究现状的分析部分具有一定的局限性。作者将这些文献也同样分成两类，一类是对 bac 考试制度的产生与发展的梳理（Piobetta，1937[①]；Marchand，2010[②]）。其中 Piobetta 所著 Le baccalauréat de l'enseignement secondaire 出版于 1937 年，从历史发展的角度较为系统地论述了 bac 考试的产生发展以及与考试实践相关的问题，例如：考试的组织安排、考试内容等。他的研究被公认为法国第一部对 bac 考试进行系统论述的专著，成为经典之作。然而，Piobetta 的研究所涉及的内容停留在 20 世纪 30 年代，而现今法国 bac 考试制度体系的形成主要发生在 20 世纪 90 年代之后。在这期间的几十年中，法国的 bac 考试经历了数次的变革，但以其为研究主题的专著却甚少。此外，在 2008 年庆祝 bac 考试 200 周年诞辰时，法国里尔第三大学 Marchand 教授举办了以 baccalauréat 考试研究为主题的国际学术会议。会

---

① Piobetta,J.-B,Le baccalauréat de l'enseignement secondaire,J.-B.Baillière,1937.

② Marchand P. (dir.), Le baccalauréat, 1808-2008. Certification franÇaise ou pratique européenne? Revue du Nord,hors série,n°24,INRP,2010.

议后所发表的论文涵盖了 bac 考试的功能解析以及其对教育的影响、bac 考试制度的多元化发展等方面的研究，为后来的学者了解 bac 考试制度提供了一些基础信息。另一类研究则着重于 bac 考试科目变革、bac 考试制度与社会阶层流动之间的关系（Merle, 2000①；Poucet, 2001②；Belhoste, 2002③；Bernard & Troger, 2011④；Duru-Bellat, 2006⑤；Euriat & Thélot, 1995⑥；Jacques, 2003⑦；Resnik, 2011⑧；Bourdieu, 1981⑨；Duru-Bellat & Keiffer, 2000⑩；Lelièvre, 2011⑪；Langoüet, 2011⑫）。bac 考试科目以及形式自其产生至今二百多年的时间内发生了数次变革，每次变革与当时的教育指导思想、教育政策与社会经济发展水平都有着紧密的

---

① Merle P, Le concept de démocratisation de l'institution scolaire: une typologie et sa mise à l'épreuve. Population, 55ᵉ année, n°1, 2000, pp. 15-50.

② Poucet B, De la rédaction à la dissertation, Histoire de l'éducation, 2001, vol. 89, pp. 95-120.

③ Belhoste B, L'examen, une institution sociale, Histoire de l'éducation, 2002, n°94, pp. 5-17.

④ Bernard P.-Y. & Troger V, Le baccalauréat professionnel en trois ans: une nouvelle voie d'accès à l'enseignement supérieur ? Notes du CREN n°3, mai 2011.

⑤ Duru-Bella, M, L'inflation scolaire: les désillusions de la méritocratie, Seuil, 2006..

⑥ Euriat M. & Thélot C, Le recrutement social de l'élite scolaire en France. Evolution des inégalités de 1950 à 1990. Revue franÇaise de sociologie, 1995, 36(3), pp. 403-438.

⑦ Jacque M.-H, Garçons et filles de classes terminales: le filtre sexué des représentations du cursus et des intentions d'orientation post-baccalauréat. Carrefours de l'éducation, 2003, 15(1), pp. 62-81.

⑧ Resnik J, Chapitre 9 Internationalisation du privé ou privatisation de l'international? L'expansion du baccalauréat dans le monde. In: DUTERCQ, Yuves. Où va l'éducation entre public et privé?. Paris: De Boeck Supérieur, 2011, p. 155-171.

⑨ Bourdieu, P, Épreuve scolaire et consécration sociale(les classes préparatoires aux Grandes Écoles). Actes de la recherche en sciences sociales, 1981, 39, pp. 3-70.

⑩ Duru-Bellat M. & Kieffer A, La démocratisation de l'enseignement en France: polémiques autour d'une question d'actualité. Population, 2000, 55(1), pp. 51-79.

⑪ Lelièvre C, Quid de l'école du peuple et des différentes strates du système éducatif ?, Carrefours de l'éducation, vol. 4, HS n°2, 2011, p. 85-95.

⑫ Langoüet G, L'élitisme républicain: du certificat d'études primaires d'hier aux baccalauréats d'aujourd'hui. Carrefours de l'éducation, vol. 4, HS n°2, 2011, p. 97-108.

联系。学者们透过对 bac 考试近些年所推行的政策、内容与形式变革的探究，来剖析其多元化发展对于中等教育培养目标与教学内容，以及与高等教育的衔接方式、对学生与家庭在教育选择与导向等方面的直接影响。此外，bac 考试作为一项基本的带有选拔性功能的考试，始终与社会精英的培养相关联。社会学家对教育大众化与民主化的背景下的 bac 考试与社会阶层流动的关系作了详细的论述，这部分的研究主题将在本书中得到进一步详细的阐述。

综合国内外学者的相关研究成果，不难发现国内学者与法国学者对 bac 考试的研究视角与主题有重合之处，研究深度与广度呈现一定的差异性。在研究方法方面，法国学者注重将历史学与社会学相结合，在展示 bac 考试变革形式与内容基础上论述其成因。然而，法国学者对于第二次世界大战之后 bac 考试改革的研究未形成系统的论著，研究成果主要以论文为主。而国内学者的研究目前仍停留在对现象的介绍，出现了大而空、多而杂的问题。此外，bac 考试与社会流动这一重要研究主题在国内学者已有的研究成果中未能涉及。同时，应该如何解读 bac 考试的公平性这个问题也值得学者们反思。

四、研究方法与框架

本研究主要通过文献分析、政策文本研究、个案分析与比较分析等方法进行。研究文献分析，主要应用于两方面：一是回顾与选题相关研究的现状，以此为基础提出研究问题；二是构建理论框架，用于对相关子研究问题文献的分析解读。这部分文献主要包括了与研究问题相关的书籍、学术论文以及学位论文。政策文本分析，主要针对两类政策文本，第一类为与 bac 考试制度变革相关的政府政策文本；第二类是法国高校内部发布的与招生考试相关的政策性文本。在个案分析方面，本研究选取了法国七所不同类型的高等院校，对各个院校的招生和考试内容与体制进行分析。在比较分析方面，国别研究是比较教育研究领域的一个组成部分，为了凸显研究的适切性，本研究将法国的招生考试制度与我国的高考进行了宏观层面的比较分析，并在此基础上提供可参考的教育改革路径。

依据前面所提出的本研究主要探究的几个问题，本书的内容包括了除绪论外的六章。

第一章从宏观层面对法国教育体制与教育体系进行考察。为了更好地为读者创造一个良好的认知情景，作为本书的首个章节，作者简单地回顾了三方面内容：首先，通过对法国教育体制的生成背景与教育管理体制的现状的介绍，从整体上呈现了法国教育体系的基本发展概况。其次，作者选取三个主要历史时期对法国基础教育的沿革进行了阐述，揭示了初等教育由单轨发展成为教育系统中的基础组成部分，以及中等教育如何从贵族的特权、精英教育到普及化与义务化的发展历程。最后，作者着重分析了法国高等教育在几个不同历史阶段的发展情况以及双轨制高等教育形成的历史过程。

第二章着重阐述法国高校招生考试制度的历史演进。对 bac 考试制度在几个重要历史时期所经历的改革及其内容进行阐述，分析改革背后的内外部原因。同时，将 bac 考试与女子中等教育的发展史相结合，阐述了 bac 考试对女学生开放的过程以及女子中等教育与男子中等教育是如何从独立的两个体系到最后融入统一的中等教育体系的历程。此外，在这一章的最后部分，作者着重分析了技术教育的发展对 bac 考试制度的演变与对其现状的直接影响，具体涵盖了技术教育融入普通教育体系与职业教育从技术教育中分离的过程、企业与学校教育合作的建立与发展以及普通类、技术类、职业类三种类型 bac 考试的最终确立等方面的内容。

第三章以 bac 考试实践为主体，对普通类、技术类与职业类三种类型的 bac 考试从考试组织、考试命题、考试形式与内容以及不同类型 bac 学位授予条件几个方面进行详细的介绍。

第四章以案例研究的形式来展现不同类型高校的招生制度。作者以世界大学学术排名以及 QS 世界大学排行榜为参考，选取了七所学校并对其招生制度进行分析。以招生对象与录取方式为基本参数将招生制度分为开放性招生、介于开放性与选拔性之间、选拔性招生三种类型。

第五章着重探讨法国高校招生考试制度的公平性问题。本章的论述分为两部分，第一部分从宏观与量化的角度对教育民主化与教育平等之间的关系进行解读，作者对教育民主的概念进行了界定，运用量化的数据分析对其概念的内涵以及呈现的形式进行阐释，揭示教育民主化的不同形式在考试选拔体系中的表现。另一部分，采用微观与主观性参数来审视教育导向与社会公正之间的关系，作者引入教育政策、学校机构、教师群体以及学生家庭的参与等来审视隐藏在量化数据背后且对于学生的教育发展起着决定性作用的因素。此外，作者对法国在推进教育平等与社会公正方面所实行的优先教育政策，以及这一政策与高等教育院校对接的方式及其实施结果进行了分析。

第六章集中分析法国高校招生考试制度的比较与借鉴。本章的论述分为三部分，其中第一部分以 bac 考试制度的变革史为基础，结合法国不同类型高校招生制度，总结法国高校考试与招生体制的基本特点。同时，对目前 bac 考试制度所面临的问题进行分析，并介绍最新的改革动态。第二部分，作者采用比较分析的方法，将我国高考与法国的 bac 考试从招考程序与制度两大维度展开比较。最后一部分，以前面比较分析的结果为基础，从法国高校招生考试制度中探究可为我国在深化考试改革与建设世界一流大学与一流学科进程中的可借鉴之处。

五、研究的意义与局限性

法国高校招生考试制度研究既有理论价值又有现实意义。从理论上而言，作为一部系统的论著，无论是从历史的维度对招生考试制度发展的梳理，还是对其实践现状的分析，抑或是从社会学的角度来探讨招生考试与教育公平、社会公正之间的关系等，都在一定程度上推进了目前国内学界对这一主题的研究，丰富了已有的科研成果。从实践上而言，一方面，在近二十年来，中国的高考也在经历着一系列的改革，承受着来自社会各方面的压力和质疑。法国的 bac 考试已经历经了两百多年的变迁，研究这个课题对于深化招生考试改革具有一定的现实意义。另一方面，中国学者对于古老、庞大、复杂而且多样的法国高等教育体系的了解是相当有限的。作为一个大众化与精英化高等教育并存的国家，法国在人才培养与高校发展方面的经验具有参考价值。在我国建设世界一流大学与一流学科建设战略中，必将面对两个重大问题：一是如何在选拔和培养一流人才的同时，兼顾不同类型学生的全面发展；二是如何在建设一流大学的同时，能够实现不同层次高校的定位与转型。而对法国高校招生考试制度的研究可以为我们提供一些经验，有利于我们确立适应我国国情的高考改革现实路径。

本研究的不足之处主要体现在三方面，一是文献收集和撰写的时间相对有限，可能会造成对已有学术成果了解的不全面问题。二是研究方法主要采用文献与文本分析，没有进行实地调查，因此无法呈现学生与家庭对高校招生考试制度的态度与对不同改革措施的反馈意见。三是本研究并未涉及对 bac 考试科目以及法国高中教育的课程改革内容的分析。作者将在未来进一步深化对法国高校招生考试制度这一主题的研究，以弥补本书的不足。

第一章　法国的教育体制与教育体系

"要指导一个教育体系的发展,首先要了解这个体系是什么,是由什么组成,基本的架构理念是什么以及它回应了怎样的社会需求,又催生了何种后果"①。本章须回答的问题集中体现在涂尔干的这句话中。简言之,知其然,更要知其所以然。本章的论述内容分为三部分,第一部分是从宏观的层面来阐述法国教育体制形成的政治、文化与社会背景,描述与分析其现状。第二部分阐析法国基础教育在几个不同历史时期进行的教育改革、采取的措施以及不同时期的改革对整个教育体制发展的影响。第三部分则是着重阐释法国高等教育改革的历程以及对其现状的解读。本章采用宏观与微观相结合的研究视角,将法国教育体系的过去与现在共同呈现在一幅画中。

第一节　法国教育体制的生成背景

有"浪漫国度"之称的法国,拥有深厚的文化艺术底蕴,是许多人文艺术与社会科学领域学生与学者所神往的地方。同时,法国在科学技术领域的实力同样具有很强的吸引力。Campus France 在 2011 年发布的数据统计显示,自诺贝尔奖设立以来至 2011 年已颁发 829 个奖项,其中 57 个奖项为法国学者所获得,仅次于美国、英国和德国②。精英人才的产生与法国社会的文化氛围与优质的教育体制是密不可分的。

法国作为欧洲大陆模式的代表国家之一,是共和立宪制的民主共和国。根据法国国家统计与经济研究所(INSEE)发布的统计数据显示,法国的本土

---

① Emilie Durkheim, Éducation et Sociologie, Alcan, 1922, pp. 148-149.

② Campus France, Attractivité de la France dans le domaine de l'enseignement supérieur, points forts, points faibles. Repères, n°7. 2011.

行政区总面积约五十五万平方公里①，法国人口将在 2016 年增至约 6 662 万（包括海外行政区马约特②）。法国社会拥有完善的社会保障体系，协同式合作是各种政治、经济机构运营的主要方式。教育作为法国国家最基本的责任之一，由政府主导。法国现行的教育体制自 20 世纪 80 年代以来已基本稳固，然而体制内部的改革依旧在进行。法国的基础教育义务阶段为六岁至十六岁，不包括幼儿教育阶段。小学教育时长为五年，分别为预备班（CP）、基础班一年级（CE1）、基础班二年级（CE2）、中级班一年级（CM1）和中级班二年级（CM2）。初中教育时长为四年，分别为六年级（6ème）、五年级（5ème）、四年级（4ème）、三年级（3ème）。高中教育为三年：二年级（seconde）、一年级（première）、终极班（terminale）。法国的高等教育在欧洲高等教育一体化进程的影响下，以学生受教育水平为标准分为三个层次：学士学位学习（学制为三年）、硕士学位学习（学制为两年）、博士学位学习（三年）。为了便于读者理解，在下文的分析讨论中作者将使用和我国教育阶段名称相对应的表述方式。本节主要针对法国现行的教育架构的搭建过程，相关因素的影响以及教育体制管理现状等问题进行阐释。

一、教育体制演变阶段性回顾

法国的教育体制在其历史发展进程中经历了两次重大的变革：其一为教育的世俗化，它使教育机构逐步摆脱了教会的控制，并由国家收回对这些教育机构的管理与控制权。这一变革涉及的主要主体为初等教育。其二为教育的民主化，它呈现了随着社会经济的发展与科技的进步，受教育的群体可以突破性别与社会阶层的壁垒，教育成为民众权利的历史进程。

（一）国家与教会对教育的控制权之争③

与政府争夺对教育的控制权是教会在 19 世纪所面临的核心问题。在拿破仑执政后，他逐步建立了中央集权式的统治体制，企图通过设立帝国大学来实现对整个教育系统集权式的管理，同时限制教会对教育的干涉权。面对拿破仑所实行的教育改革措施，教会以及天主教徒在 19 世纪的前半期一直

---

① INSEE,Tableaux de l'Économie Française,édition 2016.

② INSEE,Composantes de la croissance démographique jusqu'à 2016.

③ Pierre Albertini, L'École en France XIXe-XXe siècle: de la maternelle à l'université, Hachette,1992.

未能改变帝国大学对教育的垄断性控制。但与此同时，国家与教会却实现了各自在教育领域不同角色的扮演。不可忽视的是，教会在很长一段历史时期为法国教育的发展提供了基本的物资供给以及必要的师资人员储备；尤其是在初等教育方面，教会的主导角色在19世纪表现得更加显著。教会在这一时期主要担负着对民众道德教化的任务；而国家则扮演着教育者的角色；特别是在法国大革命期间和帝国统治时期，政府掌管着全国教育体系的运营。然而，随着19世纪教育的发展，教会所奉行的教化理念与现代教育理念的巨大鸿沟充分地显现出来，这其中包括了对教育最终目的、教育方式方法以及教育内容等方面的认知与定位。教会认为学校应该是传授教理的地方，希望学生通过对基督教教义的学习，成年之后能够信奉教会，成为忠实的信徒与追随者。此外，教会也希望通过对教育的干预来实现它对于整个社会的影响，然而这种理想的教化模式随着科学的发展与社会的变革遭遇到了巨大的冲击。

1870年法国在普法战争失败后，成立了法兰西第三共和国。战争的失利给法国社会带来了深刻的影响，民众对法国教育所培养出的社会精英的能力产生了质疑，从而对整个国家教育体系的设置以及教育内容的有效性表现出不满。在第三共和国成立后，当时的执政党共和派意识到由于新的政治制度根基未稳，不能立即进行大规模的社会改革，因此决定先将改革矛头指向国民教育。共和派企图通过教育改革来实现民族的团结、广泛传播共和精神，推进法国现代化进程。同时，这一时期工业化的发展带动了整个社会生活的现代化进程，人们对宗教的态度发生了很大变化。事实上，教士过多干预政治以及社会事务的现象早已激起了民众的不满，从19世纪后期到20世纪初，反教权主义成为整个欧洲普遍的社会现象。虽然不同的群体反教权的立场和出发点不同，但是整个社会在这一时期却达成了一定的共识。反教权思想以及实证主义思想的发展为教育改革奠定了思想基础，为即将到来的教育世俗化进程做好了前期铺垫。

（二）费里改革与教育世俗化[①]

1850年法卢（Falloux）教育法实施以后，教会势力的重新抬头以及天

[①] 郑崧：《国家、教会与学校教育：法国教育制度世俗化研究（从旧制度到1905年）》，学林出版社，2008年，第198~206页。

主教教育的快速发展给之后建立的法兰西第三共和国造成了很大的困扰。为了打压教会对教育的干涉权,在1879—1886年期间,第三共和国政府推出了一系列的改革方案。教育世俗化成为了这一时期费里所推行的教育改革的重心。改革的主要目的旨在打击教会在教育领域的势力,创建培养共和国公民的教育体系,从而实现社会的统一、民族的团结以及维护共和国的长治久安。为了将教士以及教会利益集团从最高管理层驱赶出去,费里首先对公共教育最高委员会进行了改革。这一改革法案在1880年2月27日获得通过,新成立的最高委员会成员绝大多数都来自各级与各类公共教育机构,通过公开选举产生。委员会主要负责制订教学计划、编写教材、行政与公共教育人员管理、纪律约束等方面的任务;同时,监督和管理私立教育系统;其次,教育世俗化的改革涉及各层次教育。其中在针对高等教育层次的改革中,费里在1879年3月15日提出,应废除私立高等教育机构所拥有的大学头衔以及其授予大学学位的权利;并规定学位资格考试必须交由国立高等院校来组织,认定公立大学为大学学位唯一的授予者。然而这一系列的针对高等教育层次的改革由于遭到教会势力的强烈抵抗,而未彻底清除教会在这一教育领域的势力。此外,费里的改革也涉及女子公共中等教育方面,出台了著名的《卡蜜儿·赛(Camille Sée)法案》。法案中规定,国家资助地方创办女子中学,取消宗教教育的强迫性机制,是否选择宗教教育成为女学生和家长的一种选择。

纵观费里改革中所涉及的方方面面,其最大的成就体现在对初等教育世俗化的改革方面。虽然在费里执政之前,实现初等教育的"免费、义务与世俗化"的口号已被提出,却一直未能实现。1879年政府通过改革法案,规定每个省在四年之内都须拥有一所男子师范学校和一所女子师范学校,由省和国家共同资助创办与运营。师范院校的设立为初等教育世俗化的发展提供了必备的师资人员,奠定了良好的基础。1881年6月16日政府颁布法令,提出公立小学实行免费教育,教育所需经费由省和村镇共同承担,国家可提供适当的补助。此后,《贝特(Bert)法案》则规定公立的初等教育学校不再设立宗教教育;私立学校有权自己决定是否开设宗教教育课程;学生家长可在学校之外对子女进行宗教教育;取消教会对小学的监督权;对年龄为6至13岁的儿童实行义务教育。这些法案最终在1886年8月正式成为法律条文并予以实施。这一系列的改革措施重新确立了世俗教育与宗教教育以及世俗学校和教会的关系,使得初等教育世俗化的制度得以确立。

除了体制与管理，费里对教育内容也进行了改革，大力推行道德与公民教育。为各层次教育编制教材，为不同年龄阶层的学生准备不同的教育内容。在道德教育方面，去除了宗教教育的内容，取而代之的是对于家庭、社会以及国家责任与义务方面的教育。同时，灌输爱国主义精神，培养新一代的共和国公民。这场教育改革加强了国家对教育的控制，基本完成了教育制度的世俗化，且建立了一个较为完善的公共教育体系。然而值得注意的是，费里改革之后，教会势力为了避免与政府直接发生冲突而选择了归顺，并利用这一契机在教会势力影响较大的地方依旧控制与干预着私立教育的发展。因此，19世纪90年代到20世纪初这段时间，共和派中的激进派掌权后曾企图将教团彻底从教育领域清除出去。孔勃时期则利用行政命令一方面关闭教会开办的学校，一方面不予批准授权教会创建新学校；并于1904年7月7日，由当时的议会商议且通过法案，禁止所有教团成员从事教学活动，且将他们已开设的学校在十年内逐步关闭；同时，没收被解散了的教团的财产，将其收归国有。这些直接针对教会的反对政策激化了世俗国家与天主教及罗马教皇之间存在已久的矛盾，最终，《政教分离法》在1905年推出，从法律上确立了国家的世俗化。

（三）教育民主化

从政策的层面完成教育世俗化之后，法国经历了两次世界大战的洗礼。在长达半个世纪的发展过程中，教会势力与世俗政府对教育管理权的争夺也从未停止，然而教育的世俗化已经是不可逆转的社会现实。在第二次世界大战后，法国社会进入了重建时期。社会经济的复苏依赖科技发展，社会对技术人才的需求推动了各个层次教育的发展。随着教育民主化进程的推行，基础教育由大众化逐步进入普及化阶段，高等教育也由精英阶段进入大众化阶段。受教育人数的骤增以及受教育者与社会对教育的诉求的不断改变进一步促进了教育的转型。然而，政府以及各层次教育管理者面对转型期教育体制所呈现出的现实问题，却无力找到有效的解决方法，这也同时加重了民众对于教育进入大众化阶段的不适应。

法国社会在二战后经历了辉煌的三十年的发展黄金期，在这期间社会各方面都得到了充分的发展。经济领域的分工产业化对教育的需求不断增长，尤其是对技术型人才的需求不断增长，这一需求在上世纪50年代时尤为突出。经济发展与社会进步对教育的需求同时也推动了政府对教育的改革。1959年，政府将义务教育年龄延长到16岁，并规定所有法国孩子均享有平等的机会接受中等教育。1975年《哈比法案》通过,将普通中学与中等教育中学合并成为统一中学。统一中学的设立在形式上实现了教育机会的平等,并将学制统一为四年。学生可以选择在国立中学、普通教育中学或中等教育中学三种类型的中等教育机构完成学业。这三类学校之间的具体差异则体现在学生的专业设置及专业授课教师资历方面。统一中学的成立以及普及化发展使得单行双轨制体系最终消失,从教育体系架构上实现了中等教育机会的平等。然而不可忽视的是,这种平等在实践中是否真实存在?答案也是不言而喻的。这一时期的高等教育院校也已经发展为长期与短期两种教育类型。长期类教育主要是指传统专业,包括法律、医学、文科、理科以及大学校教育;短期类教育包括了技术性专业,如高级技工教育,这类教育的产生与人才的培养目标主要是以满足经济发展的需求为导向。随着受教育人数的增加,专业的增多、管理的分化降低了高等教育体系的透明度,造成了一些不必要的资源浪费。

同时,教育民主化迎来的是受教育群体的多样化。教育机构内的中学生与大学生出身的社会阶层、所选专业、受教育背景以及知识构成的差异给不同层次的教育的开展带来了很多新的问题。1993年世界爆发新一轮的经济危机后,法国的经济发展模式发生了改变。为了降低高中毕业生的失业率,延长学生受教育时间成了一种人为的解决方法。同时,人们也发现获得高等教育学位者失业率普遍低于没有学位的人,而这一现象也促使家长更加支持孩子继续接受高等教育。然而,高等教育大众化进程中学位贬值的趋势也很快就显现出来了,如何将学生能力的培养和发展和学生就业很好地结合在一起,同时又能回应社会的需求成为高等教育改革的核心问题。在当今知识经济社会中,经济的全球化发展与高等教育的国际化使原本以国家为主体的教育体制问题变得更加复杂,这也为教育体制内部的改革带来了更多的挑战。

二、教育管理机制演变与现状

(一)管理模式:由中央集权式向分权式转化

对教育系统实行国家化集权式的管理模式可以追溯到法国大革命时期。中央教育管理机构对国民教育体系的管理理念基于教育的公共服务性质[①],

---

① 西蒙、勒萨热:《法国国民教育的组织与管理》(第8版),安延译,教育科学出版社,2007年,第3页。

即教育作为国家事务应该由国家来统一管理。拿破仑在 1808 年建立帝国大学，将其作为对教育系统集中管理的机构。与共和理念相悖的是，帝国大学的设立并非是为了服务于社会，而是为了实行对国民的控制。长期以来，除初等教育之外，地方政府对其他层次的教育几乎全无直接管理权，仅能从外部进行干涉。而教育的国家化直接导致了集权式管理。1946 年 10 月 27 日，法兰西第四共和国制定的宪法明确规定：国家保障儿童和成年人享受教育、职业培训与文化的同等权利。组织各个层次公共、免费与世俗化的教育是国家的义务[1]。

国民教育管理机构在两次世界大战期间是非常精简的，当时全国的教学督导人数很有限。在 1960 年之后，中央集权式的管理，以及其体制内部等级森严的运作模式遭到了极大的挑战。教育大众化发展让不同层次的教育机构接收了更多的学生。学生人数的骤增促使学校加大了对教师与行政管理人员招聘的力度，同时新一批的学校的建设也急需人力与物资等方面的投入。这一时期，教育系统内部对师资的需求与高层次的管理人员的需求出现大幅度增长。然而，面对由于人数的增加、教育投入的加大，人员管理等方面所产生的需求，中央集权式的管理体系却无法做出及时有效的回应。据 2015 年发布的数据[2]显示，2014 年入学季，有 15 385 000 名在校学生（含学徒）就读于各层次的公立与私立教育机构（海外大区包含在内）。2014—2015 学年，教育系统内部包括 1 052 800 位教师，197 729 位行政、技术、监督等非教学性人员，86 772 名特殊教育人员（包括教辅、残疾儿童教育人员等）从事基础教育工作（初等教育与中等教育）。2013—2014 学年，高等教育公立机构共有 91 800 位教学人员，53 000 位行政、技术以及其他辅助性人员[3]。此外，2014 学年，法国拥有 52 200 所初等教育机构（包括幼儿园和小学）、11 400 所中等教育机构（包括初中、职业高中、高中），这些机构的统计包含了公立与私立教育机构。这一系列的数字呈现了教育系统的庞大及其复杂性。

---

[1] http://www.conseil-constitutionnel.fr/conseil-constitutionnel/francais/la-constitution/les-constitutions-de-la-france/constitution-de-1946-ive-republique.5109.html.

[2] Chiffre MEN-ESR, DEPP, l'état de l'école, Repères et références statistiques, édition juillet 2015.

[3] DGESIP/DGRI-SIES, l'état de l'Enseignement supérieur et de la Recherche en France, n°8, 2015.

在过去的三十多年中，国家化集权制的管理体系与结构都发生了一些重大的变化，这种改变是在内外因的相互作用之下而产生的。从内部因素来看，中央集权式的管理方式遭遇到了挑战，以命令或条文传达的传统形式已经过时。项目制与合同制的引入，加强了中央管理机构与大学、科研机构及大学区与公共教育机构之间的对话。1989年通过的第一部《教育导向法》从司法的角度提出了项目管理方式，同时将国家教育评估处的作用提升到了一个比较重要的位置。通过数据统计与评估工具的配置，政府尝试建立一种新的指导模式。从外部因素来看，民主化进程的推进，加强了国民参与意识。教育作为国家的首要任务之一，每个人都希望能够参与其中并发表意见和建议。民主化进程更重要的影响则体现在分权化管理的推出。此外，LOLF（《关于财政法的组织法》）的出台以及实施加速了管理体系与运营模式的改变。这部财政方面的宪法旨在以任务与组织为基础，重新构建国家财政架构。2012年，国民教育部总秘书长重申，教育部愿意将权力下放到不同等级的管理层[1]。随着体系内部组织的不断膨胀，处理事务庞杂且涉及面极广，指望通过集中审核与决议、并由中央管理机构提出及时有效的决议，显然是不科学的。中央管理机构需要完成角色的转换，要由"事无巨细、亲力亲为"转化为管制与调控，负责教育体系的设计、导向与评估。在完成角色定位后，中央管理结构的重组则从精简机构开始。在1982—2009年期间，中央管理机构裁员30%。1982—1983年，中央管理机构曾有4 600位公务员，2000年时降至3 900位，2013年时减至3 000人左右。然而，权力下放后，下属的管理机构人员却出现了明显的增长。1985—2001年期间，地方教育管理机构人员由25 000增至33 000人，此后，地方管理机构人员发展态势趋于稳定[2]。此外，教育的国际化以及国际评估机制的引入给中央集权制带来了不小的冲击，中央与地方的管理层都开始质疑在集权制模式下所产生的决议的效率性。

---

[1] Christine Szymankiewicz, L'administration de l'éducation nationale, in Christine Szymankiewicz(ed.)Le Système éducatif en France,4e édition,pp. 43-64,La documentation Française,p. 47.

[2] Christine Szymankiewicz, L'administration de l'éducation nationale, in Christine Szymankiewicz(ed.)Le Système éducatif en France,4e édition,La documentation Française, p. 49.

（二）管理体系：中央与地方机构

1. 国民教育部核心管理体系

国民教育部的前身为公共教育部，于 1932 年 6 月 3 日更名①。从产生至今，其职责范围与内容在过去的几十年中也在不断地发生着变化，见表 1-1。

表 1-1　国民教育部的演变史②（1981—2012）

1981 年 5 月— 1986 年 3 月	—国民教育部，含高等教育 —自主科研部或隶属工业部（由执政政府决定）
1986 年 3 月— 1988 年 5 月	—国民教育部 —教育部委托，负责科研与高等教育
1988 月 5 年— 1993 月 3 年	—国民教育、科研与体育部 —科研部（与科技部，此后加空间技术部）
1993 年 3 月— 1995 年 5 月	—国民教育部 —高等教育与科研部
1995 年 5 月— 1997 年 6 月	—国民教育、高等教育与科研部（与就业部，1995 年 5 月—1995 年 11 月） —国家秘书处，负责学校教学 —国家秘书处，负责高等教育 —国家秘书处隶属国民教育部，负责科研
1997 年 6 月— 2000 年 4 月	—国民教育、科研与技术部 —教育部委托，负责学校教学（直到 2000 年 3 月）
2000 年 4 月— 2002 年 5 月	—国民教育部 —科研部 —教育部委托，负责职业教育

---

① Christine Szymankiewicz, L'administration de l'éducation nationale, Christine Szymankiewicz(ed.), Le Système éducatif en France, 4ᵉ édition, La documentation Française, p. 4.

② Christine Szymankiewicz, L'administration de l'éducation nationale, Christine Szymankiewicz(ed.), Le Système éducatif en France, 4ᵉ édition, La documentation Française, p. 44.

续表

时间	机构
2002年5月—2004年3月	—青少年、国民教育与科研部 —教育部受托，负责学校教育 —2002年5月—2002年6月教育部受托，负责高等教育与科研 —2006年6月—2004年3月教育部受托，负责科研与新科技
2004年3月—2005年6月	—国民教育、高等教育与科研部 —教育部委托，负责科研与新科技
2005年6月—2007年5月	—国民教育、高等教育与科研部 —教育部委托，负责高等教育与科研
2007年5月—2010年11月	—国民教育部 —高等教育与科研部
2010年11月—2012年5月	—国民教育、青少年与组织生活部 —国家秘书处，负责青少年与组织生活 —高等教育与科研部
2012年5月—2014年3月	—国民教育部 —教育部委托，负责教育成功项目 —高等教育与科研部
2014年3月—	—国民教育、高等教育与科研部

数据来源：法国教育部网站，作者于2016年3月编辑制成。

通过以上表格显示的内容，我们不难发现法国教育部在过去三十年的变化主要是围绕基础教育与高等教育及科研方面展开的，这两部分职责的分分合合也贯穿了教育部的整个演变过程。此外，根据不同时期教育部部长的要求，教育部内部可以设立一个或多个分项任务岗位或任命几个国家秘书来负责不同教育领域方面的问题。2014年2月，在奥朗德政府所推行的新的改革方案出台后，成立了统一的国民教育、高等教育与科研部。Najat Vallaud-Belkacem被任命为部长，Thierry Mandon则成为负责高等教育与科研的国家秘书。下面将以图的形式呈现中央核心的管理机构布局，见图1-1[①]：

[①] http://www.enseignementsup-recherche.gouv.fr/pid24542/organigramme-de-l-administration-centrale.html.

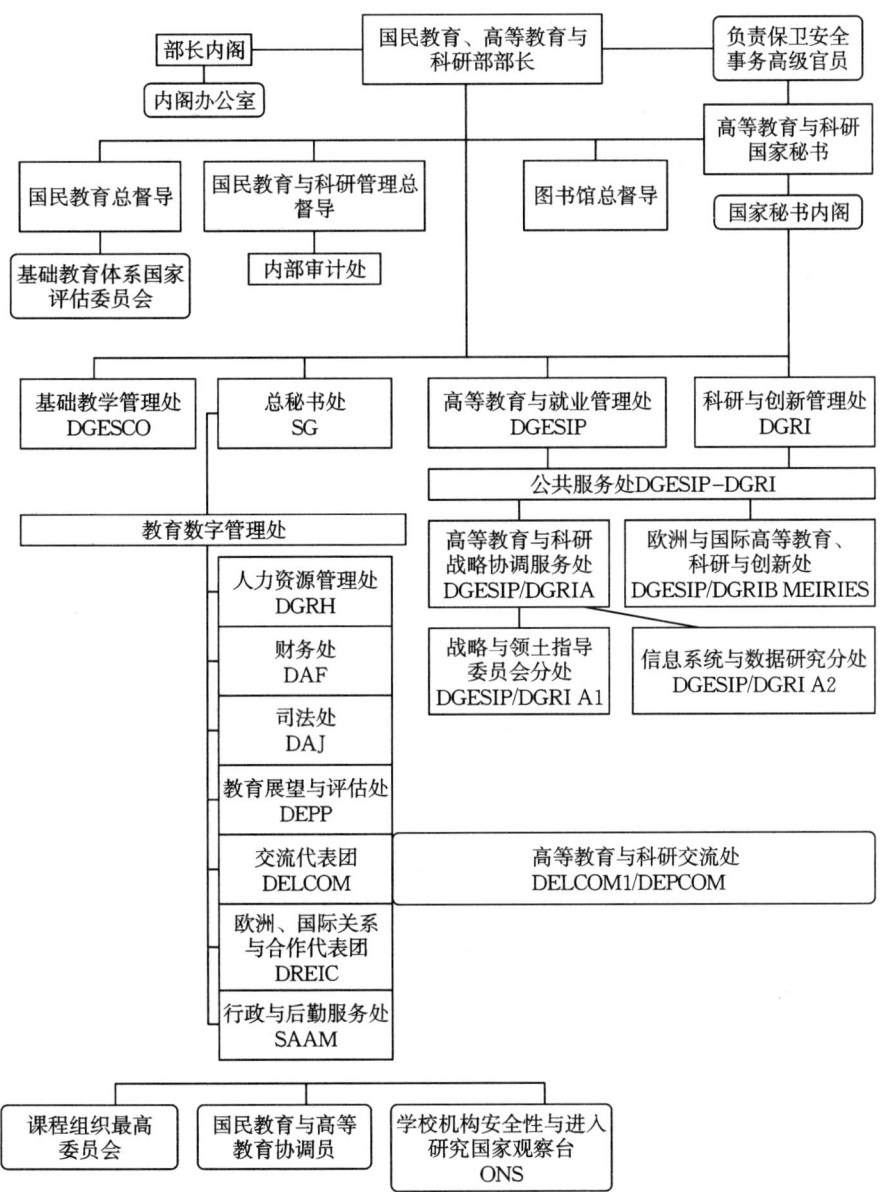

图 1-1 法国中央教育管理机构

数据来源：法国国民教育部，图为作者在 2016 年 3 月翻译制成。

中央核心管理团队在 2006 年机构重组后，形成了四个主要的支柱。2013 年时，政府对内部架构又做了一定的修改。现今政府所采用的新的管理体系是在 2014 年 3 月 31 日推行的改革之后的架构，而新的体系相比 2013 年的情况做了以下几点调整①：

❖ 在新的改革方案推出后，总秘书在整个中央管理机构中所起的作用增强。一方面，总秘书在协调各个办事处之间的关系方面承担的责任更加重大；另一方面，在中央权力下放后相关的各项服务性工作实现管理现代化，对高层监督政策的制定等工作也成为总秘书的职责的重要组成部分。

❖ 增设教育数字化管理处，旨在回应 2013 年 7 月 8 日出台的《为了重铸共和国学校导向与组织法》中所提出的推行教育数字化公共服务的需求。

❖ 深度调整高等教育与科研处的组织结构。随着实践中相关人员自由度的增强以及区域化政策支持力度的加大，这一调整方案的实施与 2013 年 7 月 22 日所颁布的高等教育与科研法中制定的目标相关联。调整后的组织结构更加清楚、合理且更好地回应了现代化需求。

❖ 对人力资源处、财务处、司法处、教育展望与评估处、欧洲国际关系与合作代表团、行政与后勤服务处所承担的任务具体化，且做出适当调整。

2. 地方性教育管理体系

国民教育部在每个地区和省份都设有服务管理处，主要分布在 17 个大学区、30 个学区以及 97 个省。下面对不同等级的服务管理处以及其主要职责进行一一说明②。

地区级教育管理系统

❖ 大学区（région académique）

2015 年 1 月 16 日政府通过新的法案，对法国的行政区重新进行划分。法案指出，自 2016 年 1 月 1 日起，全国将只有 17 个大学区。基于地理因素考虑，其中 9 个新的大学区是由法案实施前的多个学区合并而成。而这 9 个大学区中的 4 个分别由之前的 3 个学区组成，剩下的 5 个分别由之前的 2 个学区组成。此外，余下的 8 个新的大学区分别由之前的一个学区组成，其中的 4 个新的大学区设立在外岛。每个新的大学区设有一个总区长，其职责为保障国家教育政策在大学区内实施的统一性与一致性，且负责与地方政府之间的合作。

---

① http://www.education.gouv.fr/cid928/organigramme-administration-centrale.html.

② http://www.education.gouv.fr/cid3/les-regions-academiques-academies-et-services-departementaux-de-l-education-nationale.html.

大学区要保证地区教育政策的一致性，尤其是需要和地区政府或省政府对以下方面的相关问题进行协调：

—职业教育、学徒教育与终身职业教育
—公立中等教育学校前瞻性教育规划的制定
—高等教育与科研
—学生辍学问题
—教育数字化公共服务
—欧盟基金使用
—为地区—国家发展计划做贡献

❖ 大学区长（recteur de régionacadémique）

每个大学区设有一个总学区长，由政府任命且拥有相应的权力。在多学区组成的大学区中，大学区总长由学区长们任命。在学区长们的支持下，大学区总长要保障国家教育政策在大学区内部实行的统一性与一致性，负责与地方政府或地区政府之间的联系。大学区总长也成为与地区委员会或地区政府之间的唯一对话者。

在9个由多学区合并而成的新的大学区内，大学区总长需设立一个大学区委员会，各学区长任委员。大学区委员会的设立有利于国家教育政策在新的大学区内统一实施。这9个新的大学区的总长分别由以下学区的区长担任：爱克斯·马赛、贝桑松、波尔多、卡昂、里尔、里昂、蒙彼利埃、南希-梅兹、巴黎。在大学区委员会决议通过的基础上，大学区总长可以在学区内部设立服务管理处，强化管理技能与服务的整体效率性。每个大学区总长同时需要单独设立一个管理处，用来监督公共高等教育机构的合法性及高校的行政与财政管理问题。

学区级的教育管理系统

❖ 学区（I'académie）

学区是国民教育部行政区，全国现有30个学区，其中包括26个本土学区、4个海外省学区（瓜德罗普岛、圭亚那岛、马提尼克岛、留尼旺岛）。马约特岛和海外其他地方政府设有学区分部或国民教育部服务处。

❖ 学区长（le recteur de I'académie）

法国总统在各部长委员会决议后，以法令形式任命各学区长。被任命的学区长代表国民教育部部长，在其管辖的学区内制定教育活动内容，并组织实践工作。学区长负责学区内所有包括从幼儿园到大学阶段的公共教育的服务与管理，并对与国家签订合同的私立教育机构进行管理与监督。在新的大学区总长的领导下，学区长的职责包括：

——确保与国民教育相关的法律与规章制度的执行；

——制定国民教育政策在学区内的应用与实施策略；

——人事与学校管理；

——在学区内，与政治、经济、社会就业等领域的国家其他服务性机构建立联系，尤其注重与地方政府的沟通与合作；

——在学区内，实施由地区委员会指导的地区教育培训计划；

——将国民教育公共服务在学区内运营的情况及时向国民教育部部长汇报。

为了保证教育政策更好地实施，学区长需要以下人员的辅助：

——区长助理，组成学区管理委员会

——学区总部服务处

——办公室主任

——技术顾问

——督导人员

学区长助理包括学区总秘书与国民教育服务学区主任，巴黎学区与海外学区除外。

省级教育服务系统

❖学区督导—国民教育服务学区主任

学区督导—国民教育学区主任是学区长助理之一，是学区长在省一级的代表。由国民教育部部长推荐，由法国总统以法令形式任命。

学区督导—国民教育服务学区主任的职责与权利包括：

——代表学区长，指导管理国民教育服务处，负责国家教育政策在省一级的实施；

——参与学区内与初等教育、中等教育相关的教育与教学政策的制定与实施；

——经学区长批准，负责学区内小学、初中、高中与特殊教育机构的相关教育活动的组织；

——兼顾省际教育服务职责或相关教育事务整合。

作为学区长代表，学区督导—国民教育服务学区主任执行学区的教育发展策略，负责管辖范围内所有与教育服务相关的事务，包括与初等教育、中等教育相关教育政策的实施,以及与教育机构及其从业人员相关政策的执行。初等教育督导辅助学区督导—国民教育服务学区主任开展工作。基于学区督导—国民教育服务学区主任所管辖省份人口的数量,可由一位学区主任助理辅助其开展工作。

国民教育地方组织

❖小学与其他教育机构

在地方一级,小学与其他教育机构(包括初中、高中、地区初等教育学校、地区特殊教育学校)成为国民教育部与家庭最主要的联系场所。这些学校与机构由其负责人直接管理。

❖学区服务处

国民教育管理权下放到行政区,由学区服务处组织。学区长负责制定学区内教育服务的组织实践。学区管理处与省级服务管理处之间的组织交流与学区任务分配,会因学区的分权程度不同而呈现差异。学区服务处由学区长助理与代表组成。

学区总部:在学区长的领导下,学区总秘书负责学区行政服务工作;特别秘书、内阁、信息交流处与技术顾问直接归学区长管理。

❖省级教育管理处

省级教育管理处会因省份不同而运营方式有所差异。在学区教育策略实践方面,管理处负责教育活动实践、管理所辖范围内学校及人事事务。

此外,学区长可以设立省际共享服务。这些服务可以设立在学区总部或省级管理处。大学区总长可以在大学区学区长的建议下,或以决议的方式,建立省际或地区之间的服务处。

(三) 教育经费投入

教育内部经费与国民教育、高等教育与科研部(以下简称教育部)的预算直接相关,同时也是国家财政投入最重要的领域之一。除教育部之外,以下的资助方对教育的经费投入也不可缺少,这其中包括了:

—其他国家部级机构,尤其是农业部与国防部;

—地方政府机构:分权制的推行使地方性资助增加,其投入仅次于中央;

—家庭与企业:私有资助者;

—欧盟:以项目与基金的形式进行资助。

教育内部支出(Dépense Intérieure d'Éducation)包含了所有经济体对

教育活动的投入，主要包括教学活动，教育系统的组织（行政、教育导向服务、教法与研究文献服务），饮食与寄宿、学校医生、学校交通以及学校要求的一些日常教育开支（学习用品、书籍与服装）。这些经费的支出每年都会由教育审计部门进行评估，评审的方法、领域以及概念界定也在不断地更新中。目前教育审计项目分为以下几类[①]：

❖ 教育内部支出的各项活动，包括教学活动、与教育相关的活动以及学校相关资产与服务等。

❖ 资助方：包括国家（教育部与其他部）、地方政府机构、其他公共行政机构（CAF，家庭社会综援局）、家庭和企业、其他（国家审计术语，指外国资助方，主要是欧盟）。教育审计时会区分初始资助与最后资助，例如，教育助学金被视为国家初始资助，而家庭则是最终资助方。家庭在获得国家公共机构为教育项目的拨款后，可以之支付学生的教育费用。

❖ 学校与教育机构。

❖ 学校与教育机构人事经费支出。

值得注意的是，一些社会服务性资助，由于其服务对象并非特定为学生群体，例如住房补贴等，因此，并未被纳入教育内部支出经费的计算中。

法国教育内部支出经费在近些年来一直呈增长趋势。如表格数据所显示，2014年教育内部支出约占法国GDP（国民生产总值：PIB）的6.8%，约1 460亿欧元，学生人均经费支出为8 360欧元。在全日制教育经费投入方面，国家（教育部、其他部以及其他方）的投入占总支出经费的57.5%，仅教育部经费投入所占比例就为53.3%。地方行政机构资助比例占总支出经费的23.7%，其他公共行政部门与CAF资助比例为2.5%，企业资助比例为8.7%，家庭资助比例为7.6%。

相较于2000年的同一组统计参数，教育内部支出经费所占GDP的比例下降了0.5个百分点，而对教育经费的实际投资额却增长了67亿欧元；同时学生人均经费支出也增加了652欧元。教育投入方出资比例数据显示，地方行政机构对教育经费的投入比例上升了3.8个百分点；企业资助比例上升了2.1个百分点；国家资助比例则下降了6.5个百分点。2014年教育内部支出经费比1980年增加1.9倍以上，结合2000年的统计数据来解读，造成

---

① Chiffre MEN-ESR, DEPP, l'état de l'école, Repères et références statistiques, édition juillet 2015.

这一增长的原因除了学生人均经费的增加以外,还包括其他几个因素:

——中等教育与高等教育经费投入的比重增加;

——初等教育管理体系与教师待遇改善;

——分权制度的推行促使地方政府对公共教育机构的投资力度加强,而教育部投资力度有所下降;

——社会助学金数量的增加以及与教育相关的服务型免费项目增多,如:学徒教育与继续教育,将费用转嫁于企业,从而降低了家庭的教育投入,见表 1-2。

表 1-2　教育花费统计

1.1 – La dépense pour l'éducation

	1980	2000	2010	2013	2014p
Dépense intérieure d'éducation (DIE)[1]					
aux prix courants (en milliards d'euros)	29,4	108,2	139,3	144,0	**146,0**
aux prix 2014 (en milliards d'euros)	75,7	133,5	144,2	144,8	**146,0**
DIE/PIB (en %)	6,5 %	7,3 %	7,0 %	6,8 %	**6,8 %**
Dépense moyenne par élève[1]					
aux prix courants (en euros)	1 810	6 250	8 070	8 290	**8 360**
aux prix 2014 (en euros)	4 650	7 710	8 350	8 330	**8 360**
Structure du financement initial (en %)[2]					
État[3]	67,9 %	64,0 %	57,9 %	57,1 %	**57,5 %**
dont MENESR	*60,3 %*	*56,7 %*	*52,9 %*	*52,9 %*	***53,3 %***
Collectivités territoriales	14,3 %	19,9 %	23,9 %	23,9 %	**23,7 %**
Autres administrations publiques et CAF[2]	0,4 %	2,2 %	2,3 %	2,6 %	**2,5 %**
Entreprises	6,7 %	6,6 %	8,3 %	8,8 %	**8,7 %**
Ménages	10,7 %	7,3 %	7,6 %	7,6 %	**7,6 %**

2014p : données provisoires.
1. La réévaluation de la DIE et de la dépense moyenne (voir méthodologie ci-contre) s'applique à l'ensemble de la période.
2. L'ARS (allocation de rentrée scolaire versée par la CAF) a été créée en 1986.
3. État = MENESR + autres ministères + reste du monde.
Champ : France métropolitaine + DOM y compris Mayotte.
Source : MENESR-DEPP.

数据来源:MENESR-DEPP。

1. 初等教育经费

根据法国国家教育部(含高教与科研)2015 年教育数据统计[①],2014 年初等教育经费支出占总教育经费的 28.7%,其中包括了幼儿园、小学、特殊

---

① Chiffre MEN-ESR, DEPP, l'état de l'école, Repères et références statistiques, édition juillet 2015.

教育学校经费投入，学生人均经费为 6 120 欧元/学年。1980 年时，初等教育经费在总教育经费中所占比例为 29.2%，学生人均经费为 3 200 欧元/学年。在 1980 年—2014 年期间，接受初等教育人数出现停滞甚至减少的趋势。而随着初等教育管理体系的改善以及教师地位的提高，学生人均经费得以大幅度增长。国家对初等教育的资助占了总教育支出的 54.1%，其中 54% 来自教育部。地方行政机构对初等教育资助比例为 37.6%，主要是来自市镇方面的投入，用来支付非教育人员的工资、学校日常费用以及对学校的投资。其他行政机关以及 CAF 对初等教育投入所占比例为 2.3%，企业资助为 0，家庭资助比例为 6%。从理论上计算，学生在经过三年的幼儿园教育和五年的小学教育，除留级和跳级的特殊情况，初等教育总花费在 2014 年时为 48 980 欧元，其中包括幼儿教育 18 720 欧元、小学教育 30 260 欧元，相比于 1980 年初等教育总支出费用增长了 54%。

2. 中等教育经费

2015 年数据统计显示①，2014 年法国投入了 578 亿欧元来发展中等教育（包括教学及与其相关的活动），相当于教育内部支出经费的 39.6%。相较于 1980 年，国家对中等教育的投入增长了 78%。在 1980 年—2014 年期间，学生人均经费由 1980 年时的 5 810 欧元增至 9 640 欧元，增长率为 65.4%。1986—2000 年期间，中等教育所获得的经费骤增，一方面是为了改善中等教育机构教师的待遇；另一方面则是源于分权制度的推行。学生的学校注册补贴、学校交通（自 1984 年）、初中与高中日常经费开支（自 1986 年）与学校设备配置经费（自 1986 年）下放到各个省与地区一级，使地方性政府能够更多地参与中等教育的发展与相关经费的投入。从 2006 年开始，教育系统迎来了第二个分权潮：改革方案中提出，将学校地方性技术助理人员交由省与地区来进行管理；此外，还包括了合同制私立中等教育学校部分资助协议的签订。到 2014 年时，地方政府对中等教育系统的资助比例已达 21.9%，国家的资助比例为 66.5%，其中 63.5% 为教育部资助。2014 年时，初中生人均教育经费为 8 410 欧元，普通与技术中学人均经费为 11 190 欧元，职业中学学生人均经费为 12 230 欧元。理论上统计，学生从 3 岁入学，排除留级和跳级等特殊情况，经历 15 年的教育最终顺利完成普

---

① Chiffre MEN-ESR, DEPP, l'état de l'école, Repères et références statistiques, édition juillet 2015.

通与技术类高中教育，人均教育经费为 116 180 欧元。这一数字比 1990 年时增加了 46%。对于经历 16 年（改制后为 15 年）顺利完成职业高中教育的学生，人均教育经费为 119 290 欧元，较 1990 年提高了 26%。

3. 高等教育经费

2015 年教育数据统计显示[1]，2014 年法国投入 292 亿欧元来发展高等教育。自 1980 年以来，国家对高等教育的投入不断增加，平均增长幅度为 2.8%/年。1980 年时，高等教育经费在教育内部总支出中所占比例为 15.1%，到 2014 年时已增至 20%。在 1980—1995 年期间，总经费投入每年的增长率保持在 4.2%；在 1995—2006 年期间，其增长幅度下降为 1.5%；在 2006—2009 年期间，其增长率又上涨到 3.5%，这一增长主要源于国家财政投入的增加。从 2010 年开始，总经费投入增长率减至 0.7%；到 2013 年时，则出现了负增长 0.6%；2014 年时对高等教育经费投入较上年减少 0.3%。2014 年时，学生人均经费为 11 560 欧元/学年，较 1980 年增加了 39.7%。在 2006—2009 年期间随着总教育经费投入的增加以及学生人数增长放缓，学生人均经费每年平均增加 3.5%。然而自 2009 年以来，情况出现反转，一方面经费投入减少或增加幅度不大；另一方面学生人数不断增长；因而人均经费平均每年减少 0.7%。此外，由于学生所选教育类型不同，人均经费支出也有所差异。2014 年时，大学学生人均教育经费为 10 800 欧元/年、高等技术专科学生为 13 660 欧元/年、大学校预科班学生为 14 980 欧元/年。其中，国家对高等教育资助所占比例为 69%，62.2%源自教育部资助，地方政府资助比例为 10.9%，家庭所占比例为 8.6%。

4. 继续教育经费[2]

2014 年时，继续教育经费投入达 144 亿欧元，在教育内部支出中所占比例为 11.7%。在 2006—2014 年期间，这项投入增长了 2%。从 2010 年开始，对成人教育与校外教育的投入呈下降趋势。在过去几十年中，国家对继续教育的发展一直给予了积极的扶持。1971 年时，政府制定法律，大力提倡发展继续教育，并以提升企业效率与拓宽个人社会上升流动通道为目的。在 1972 年时，政府正式出台实施政策。这些政策在 2004 年时得到了进一步

---

[1] Chiffre MEN-ESR, DEPP, l'état de l'école, Repères et références statistiques, édition juillet 2015.

[2] Chiffre MEN-ESR, DEPP, l'état de l'école, Repères et références statistiques, édition juillet 2015.

补充说明，规定每年每个企业员工拥有20个小时的时间进行继续教育培训。2014年时，国家在继续教育领域的投资所占比例为14.9%，其中教育部投入占2.3%，地方行政机构投入比例为17.9%，企业资助比例为51.1%，家庭投入为11.2%。

第二节　法国基础教育的沿革与现状

本节着重阐释了法国基础教育体系形成的历史进程，作者选取了三个重要的历史阶段来分析法国初等教育与中等教育如何从分离状态发展成为一个有机系统的过程。政府在每个历史阶段对基础教育的改革都与当时社会的政治、宗教文化以及经济情况紧密相关。通过历史性的回顾，揭示法国教育体系形成的源头，有利于加深对教育体系内部现存的一些问题的理解。

一、初等教育：从单轨到教育系统中的基础层次

（一）从旧制度末期到1879年

这一时期法国教育基本的特点就是平民学校与贵族学校并存，这两类学校如同两条永远没有交叉的平行线轨道。这一状况形成于17世纪末，一直延续到第二次世界大战时期。平民学校教育面向平民阶层，为他们的孩子提供最基础的初等教育，其教育主要目的还停留在扫盲阶段。而贵族学校所提供的教育则面向的是贵族与新兴社会精英阶层的子女，这类学校内部建立了统一的基础教育系统。学校内部所设立的初级班承担了初等教育的职责，高级班则负责中学教育的教学任务。

对于这一时期平民学校的发展现状，历史文献记载相对有限，因此无法通过数据直观地呈现其详细的情况。究其原因，对平民学校数据统计的匮乏与当时法国的全国教育管理体制直接相关。帝国大学创建后，其作为全国教育总管理机构却并未将在平民学校任职的教师纳入到国家的管理体制中，因此，官方政府对平民学校的情况并未有详细的记载。然而，基于当时一些学者的阶段性调查和他们的个人研究成果，我们可以将这一时期的初等教育特点大致概括为三点[①]：教育发展水平地理分布的不均衡性、城市与乡村教育水平差异化、性别教育发展水平差异化。

---

① Pierre Albertini, L'École en France XIXe-XXe siècle: de la maternelle a l'université, Hachette, 1992.

这一时期平民学校授课所采用的教学内容与教学法也处于相对混乱状态。学校正常的教学周期经常受到各种社会仪式的影响。基于当时社会对平民学校的定位以及平民家庭对学校教育的需求程度，这一阶段的初等教育主要的目标是教会学生认字。由于当时绝大多数农民是文盲，所以无法意识到教育的重要性以及教育的其他社会功能。然而在城市里，文盲在当时已经属于少数群体。这些城市里的文盲为了自己的孩子不再受社会的歧视，而愿意把孩子送去学校学习读书、写字以及算数；也期望通过教育改变孩子的生存状态及其未来的命运。此外，在19世纪整个时期的社会发展过程中，随着越来越多新型职业的产生，有过一些教育经历的人拥有了更多的就业机会。一些新型职业也开始面向懂得用法语写字的平民阶层的孩子，例如军队、商业、行政管理等领域的一些职位。在某种程度上，社会的需求促进了教育的进一步发展。

国家公共财政在这一时期对平民学校的资助是相当有限的。从王朝复辟到七月王朝时期（1815—1848年），学校在数量上得到了发展。到19世纪中期时，男性受教育的机会基本得到了保障。在1933年基佐（Guizot）法实施之前，公共权力机构一直很少涉及初等教育方面的问题。19世纪初所建立的平民学校多由市政府或是教会资助，学校教师的工资多由市镇政府支付，部分来自学生家长所缴纳的教育费用。基佐法实施之后，根据其规定，每个镇都须拥有一所学校；每个省要创建一所男子师范学校；对各类学校进行统一化设置。然而，政府在改革方案中却并未提及如何为学校提供实质性的资助来推进这些具体措施的实现。因此，新一批学校的建设以及教师聘用所需的花费并非由国家财政资助。虽然这一时期国家公共财政对初等教育的投资相当有限，但是根据1816年政府颁布的法令规定，初等教育归帝国大学管理；然而，事实证明这种隶属关系也仅仅是停留在理论上。一方面，小学教师并不是由帝国大学培养出来的，另一方面，帝国大学作为管理机构，所讨论的重大问题中鲜有涉及初等教育的内容。因此，这一阶段的初等教育更多的是受制于教会。

（二）1880—1968年期间

在费里改革法案推行之前，绝大多数民众的孩子已经获得接受初等教育的机会。而且自第二帝国以来，初等教育免费化已经在一些城市存在且有推广的趋势。在1882年教育义务化的原则推行后，受教育人数增至442多万人①。然而人数的增长却无法掩饰教育实践中存在的问题。在一些农村地区，即使在《费里法案》实施后，学生在农忙时期的缺课率依旧非常高，而这一情况却是无法通过法律手段来解决的。同时，第三共和国时期对初等教育投资是巨大的，包括校园建设、设施配置以及物资资助等方面。随着办学规模的扩大，初等教育也慢慢得到了社会的重视。自1880年始，政府投资26 400万②用来建造并国有化20 000所初等教育学校，又翻新了14 000幢校园③。从费里改革到20世纪60年代期间，初等教育没有经历根本性的变革。受教育人数的增长已经进入了稳定阶段，教学的组织机构也一直沿用1882年的模式。虽然这期间也进行了几次改革（1887年、1923年、1938年与1945年），但是教学内容并未发生大的变化，学校教授的科目包括：道德与公民教育、读与写、语言与法国文学基础、历史与地理（尤其是法国）、科学基础与农业、卫生与工艺艺术方面的应用、手工制作、体育。

虽然第三共和国对初等教育的设想与当时的社会现实存在着一定的差距，然而费里的改革大大地促进了初等教育的大众化发展，增强了国民对国家身份的认同感；同时，国家语言、历史、文学、地理等科目的教授让学生对国家有了具体的概念，培养了学生的爱国主义精神。在这一时期，天主教对教育的干涉问题即使在实行了政教分离法令以后始终没有停止。1940年9月维希政府颁布的法律取消了1904年所通过的教会成员不能从事教育的规定，同时也关闭了部分师范院校，重新将宗教教育纳入课程中。

（三）20世纪60年代之后④

数据统计显示，1965年仅有7.9%的学生接受过三年的幼儿园教育⑤。

---

① Pierre Albertini, L'École en France XIXe-XXe siècle: de la maternelle à l'université, Hachette, 1992, p. 71.

② Pierre Albertini, L'École en France XIXe-XXe siècle: de la maternelle à l'université, Hachette, 1992, p. 71.

③ Pierre Albertini, L'École en France XIXe-XXe siècle: de la maternelle à l'université, Hachette, 1992, p. 71.

④ Pierre Albertini, L'École en France XIXe-XXe siècle: de la maternelle a l'université, Hachette, 1992, p. 133-146.

⑤ Viviane Bouysse, L'école primaire, au cœur de la refondation, in Christine Szymankiewicz (ed.) Le Système éducatif en France, 4e édition, pp. 159-169, La documentation Française, p. 159.

在 20 世纪 80 年代末期，三岁儿童入学率已经达到了百分之一百，且儿童来自各个社会阶层的家庭。传统意义上，幼儿园招收三岁到六岁的儿童，分为小、中、大三个班级。小学的学制为五年，分为预备班、两年基础班与两年中级班。80 年代末期随着幼儿教育的普及，为幼儿与小学教育的衔接打下了良好的基础。1990 年 9 月 6 日政府颁布法令，将幼儿教育与小学教育结合在一起，划分为三个教学阶段：入学学习阶段，基础知识学习阶段（大班、小学一年级、二年级），教育深入阶段（小学三年级、四年级、五年级），为学生进入初中学习做准备。然而，由于对幼儿教育中大班学生双重身份的界定在不同官方文件中出现定位差异，在 2013 年时幼儿教育又重新成为一个独立的教育阶段。

2005 年 9 月 23 日政府推出《为了学校的明天导向与课程组织法案》，制定并推出了学生知识和能力的"公共基础"。为了促进教育的连贯性与一致性，法案对中小学生能力的培养提出了基本的规定和要求。这项法案在 2013 年 7 月 8 日进行了适当的修改，修改后规定：要保障每个学生都有足够的资源以达到"公共基础"中所提出的知识与能力以及文化基础方面的要求；保证学生能够继续深入学习，制定自己的学习与职业规划，为做好公民做准备。为了实现教育的连贯性，小学最后两年的教育要和初中一年级的教育紧密地联系在一起，形成一个新的过渡阶段。这一举措具有巨大的创新性，将初等教育和中等教育两个完全不同层次的教育领域进行了融合。

2006 年 7 月 11 日政府制定的法令中对"公共基础"给出了官方定义，然而并未遵循以学科为基础的分类而是提出了对学生能力培养的七方面要求，每一种能力都是基于学生当前基础知识与能力的培养，让学生获得足够的知识和技能去面对未来不同的社会形势，应对不同情景的需求，培养学生在终身教育过程中应持有的基本态度。这七方面的能力诉求包括：掌握法语、一门外语、基础数学与科技文化知识、人文主义文化、社交与公民能力、自主与创新能力。

自初等教育成为教育体系中第一级教育后，能否培养出更能适应中等教育教学且能取得好成绩的学生成为其效率性的直接体现。1989 年，国家展开对小学三年级（CE2）与初中一年级学生学习能力的全国性评估，其目的在于调查小学学生以及初一入学学生的学习基础，尤其在法语与数学科目方面的学习表现。同时，这一国家评估测试结果也能反映出有学习困难学生在学生群体中所占的比重，从而引起学校和社会对基础教育的关注并找到相应的解决方法。虽然各个地方统计数据的方法有所差异，但学习困难学生比重逐年上升的趋势则比较明显。2013年所推行的重建学校法案也重申了教育要实现的终极目标：即要使小学生能够达到"公共基础"中所要求的水平，同一年龄段的中学生通过bac考试者能够占到应考人数80%的比重，50%的同一年龄段学生能够拿到高等教育文凭；中期目标则为缩小优先教育区小学生与其他地区小学生的学习差距。

以学生的需求为基础的个性化教学一直是初等教育追求的目标，这在1989年的导向法中得到了充分的体现。随着普及化教育的开展，受教育人数的增多以及学生背景的多样化，实现人性化以及个性化的教育，保证每个学生都能达到公共基础知识与能力的要求显然困难较大。为了更好地帮助学生克服学习中遇到的困难，2005年政府设立了《教育成功个性化方案》并在2013年的教育改革中将其保留，由学校校长或负责人，联合家长或学生的法定监护人共同执行这一方案，确保有困难的学生能够得到帮助，实现"公共基础"中对于学生的知识与能力方面的要求。鉴于小学的运营由所属市镇来管辖，因此对小学教育进行的改革，每个市镇可根据实际情况适当进行调整。

二、中等教育：从贵族特权、精英教育到普及化与义务化

（一）从旧制度末期到1879年[①]

与只能接受初等教育的平民阶层不同，这一时期的贵族与社会精英阶层的子女可以在贵族学校中享受更高层次的教育。中等教育机构起源于文艺复兴时期的人文主义学校，它是汇集文化研究、教育架构以及教学模式于一体的精英教育机构。中等教育在当时的内涵与现在有极大的不同，主要体现在受教育的学生的年龄、性别、社会阶层、教学内容、教学机构的性质、组织结构、教学团队的组成、教学资格以及教育目标等方面。中等教育概念的产生源于教育结构与教学法的统一。当时的通识文化教育基于对古语的学习，教育任务与从教人员资历以所属的不同类型中等教育学校而有所差异。七月

---

① Philippe Savoie, La construction de l'enseignement secondaire 1802-1914, ENS, p. 502.

王朝时期，中等教育概念从行政意义上已经形成，而真正的中等教育机构在1830年才得以出现。

国立中学是由拿破仑在1802年5月1日颁布法令所建立的。其运作类型是仿16世纪时期的文艺学院附属学校，招收对象为持有奖学金的学生以及付费的寄宿生与外来生。这类学校主要教授语法学，且依据学生的学习水平进行分班授课。上课以外的时间由专门的监督员对学生进行一对一的辅导，这些监督员一般多为高年级学员。国立中学的教学方法多为做练习与重复之前所学的知识。帝国政府为了吸引优质生源，给予每个省份一定名额的奖学金，选拔成绩优异者进入国立中学就读。这一方案的实施旨在培养学生的爱国主义精神以及对帝国的忠心，通过国立中学的创建以及专门学校的创立，选拔成绩优异者，并提供优质且实用性强的教育为帝国的发展培养军事、基建、行政管理等方面的人才。

这一时期，在人力与财力有限的情况下，精英教育机构由国家直接管制。同时，政府吸纳与国立中学形成竞争趋势的中等教育学校到国家公共教育体系中，对其进行统一管制。尽管市立中学与私立中学所提供的教育与国立中学相似，但是它们的社会地位是不相同的。市立中学和私立中学的教育内容受到了一定的限制，而国立中学却可以为学生提供更广泛的综合教学内容。正如福尔克拉（Fourcroy）所描绘的一样，国立中学所教授的内容"是普通市立中学与原中心学校的教学内容总和"[①]。政府不但给就读于国立中学的这些成绩优异的学生提供奖学金，而且还同时承诺为学生提供一个美好的职业。例如，早期军事专科学校的学生都是从国立中学的毕业生中进行选拔，同时奖学金的大部分名额会授予为帝国效力的官员的子弟。因此，在这一时期，国立中学教育功能与政治功能并重是不言而喻的。

国立中学这个名称曾在1815—1848年的官方文件中消失，更名为皇家中学，旨在与当时的市立中学进行区分，凸显它的社会地位。到1812年时，全法已设立37所国立中学，1842年时增至46所，在1865年时达到83所[②]。虽然国立中学的数量在不断增加，但并不是所有的省份都有一所

---

① Philippe Savoie, La construction de l'enseignement secondaire 1802-1914, ENS, p. 35.

② Pierre Albertini, L'École en France XIXe-XXe siècle: de la maternelle à l'université, Hachette, 1992, p. 12.

国立中学。它只会设立在国家城市体系中级别比较高的，且处于行政管理交点的重要城市。以巴黎为例，1802 年时巴黎就已经拥有 4 所国立中学，包括亨利四世中学、路易大帝（Louis Le Grand）中学，孔多塞（Condorcet）中学与查理大帝（Charlemagne）中学。而也正是这四所中学谱写了巴黎 19 世纪教育的发展史。巴黎的中学与其他省份中学在管理、师资配置以及教学内容方面都有所不同。在巴黎，附属于大学的那些国立中学要承担艺学院的教学任务，同时还包括一些高级学院（神学院与法学院）的课程：例如索邦神学院的一些课程。这类国立中学往往是巴黎大学的组成部分之一，管理者多为大学的毕业生（maître ès arts）。因此这类学校在某种程度上是被大学所控制的。在大学管辖之外所建立的中学，其运营制度是完全不同的。这一时期不同的中等教育机构之间的差异主要体现在教育模式而非教育水平层次上。

巴黎的国立中学的繁荣发展，吸引了很多外省人才集中流向巴黎，从而导致在外省出现了严重的人才流失现象。国立中学由帝国大学直接管理，国家财政支持，拥有较多素质较高且专业能力强的教师，而且教师待遇较好。相较之下，市立中学一般设立在不太重要的城市，一般只要由六位及以上教师组成即可。教师团队整体水平较低，从教人员一般只拥有 bac 学位资格（下面章节将会进行详细介绍），也有部分教师已获得执教资格。市立中学同样隶属国家管制与监督，其中部分市立中学由于所处市区经济比较发达，当地政府对其投入较多，当地资产阶级群体规模较大，并且学校学生 bac 考试通过率以及参加其他类型比赛成绩突出，这样的市立中学在发展一段时间后即可升级为国立中学。

在 1800—1879 年这个阶段，中等教育主要在贵族学校中开展，面向贵族和社会精英阶层家庭。数据显示这一时期接受中等教育的人数比例非常低，同一年龄组的男性只有 2%～3% 才有机会进入中等教育机构学习。这一比率甚至要低于当时接受高等教育的人数比例[1]。中等教育学费昂贵，国立中学学生的注册费可高达 1000 法郎，相当于当时一个技工平均一年的收入。除了昂贵的学费，中等教育的另外一个特点就是其教授内容以及人才培养目标与社会精英文化的高度契合。国立中学设有基础班和高级班，基础班招收 7 岁或 8 岁以上的儿童，学生在结束基础阶段学习后可以继续攻读高级

---

[1] Pierre Albertini, L'École en France XIXe-XXe siècle: de la maternelle à l'université, Hachette, 1992, p. 12.

班的课程。国立中学主要培养从事文化事业、与雄辩口才相关的职业以及为国家公共体系服务的人才。学校实行小班授课式的精英教育，且对受教育群体的智力与文化背景有一定的要求。同时，只有在天主教区直接管辖范围之内，中等教育才可以将受教育群体扩展到比较富裕的农民阶层。在当时的社会环境下，这种教育轨道的设置以及人才培养目标的设定就好像一道阀门，对于稳定社会、阻止社会阶层流动、防止学位贬值起到了重要控制作用。这个阀门在保护社会精英阶层利益的同时，也堵住了平民阶层上升的通道。

正如前面所提及的，中等教育教学内容着重古典主义学科的教授，因此与社会发展的需求有些脱节且不实用。学生在中等教育毕业后，既不能直接从事教学工作也不一定能进入高等教育机构学习。有鉴于此，一个介于初等教育和中等教育之间的中间层次的高级初等教育得以问世。1833年出台的《基佐法》中规定[1]，凡拥有6 000个居民的市镇都需要设立一所高级初等教育学校，教授实用科学学科、歌唱、法国历史与地理等科目；然而由于学生响应积极性不高，缺乏合格的授课教师且社会对其认可度不高，因而未能成功。在1841年以后，高级初等教育学校被规制到了国立中学内部。在迪律依执政期间，重新采用了基佐的想法，这种中间层次的教育专门为想从事商业或者工业领域工作的学生而设立，依旧隶属中等教育体系。虽然高级初等教育班所教授的课程在1829年时的市立中学已经存在，但官方政策的出台体现了社会对它的一种认可，同时也打消了学生家长的顾虑。此外，在1865年改革中，政府还设立了专门教育，学制为四年。专门教育的专业性与实用性使其取得了空前的成功。1876年时已有22 700名学生选择专门教育，其毕业生就业率极高[2]。但专门教育所提供的课程的实用性却无法掩盖它本身存在的一些明显的劣势，由于没有自己的校园，专门教育学生只能在国立中学或者传统中学上课，这极大地影响了它对传统中学教育的竞争力。此后，对中等教育内容的改革尝试一直存在，却都未能成功。究其原因，教会从社会层面、政治层面以及教育层面对整个教育体系的控制和影响导致了教育现代化改革的失败。

---

[1] Pierre Albertini, L'École en France XIXe-XXe siècle：de la maternelle à l'université, Hachette, 1992, p.52.

[2] Pierre Albertini, L'École en France XIXe-XXe siècle：de la maternelle à l'université, Hachette, 1992, p.52.

（二）1880—1968 年期间

与其他层次的教育不同，中等教育一直以来都保持着精英教育的传统，而且法国的资产阶级以及国立中学的教师也希望它能够保持贵族特色。1926—1930 年期间，国立中学与市立中学推行免学费政策，同时增强了初中入学考试的选拔性。

1870 年共和派的教育家提倡百科式教学，反对拉丁文在经典教育中根深蒂固的传统。在 1880 年政府推行的改革中，费里取消了拉丁文在国立中学基础班的教授，并且降低了其在高级班课程中教授的比重。同时，在 bac 考试改革中，法语在同年取代拉丁文，成为在 bac 考试以及其他选拔性考试中的必考科目。此外，政府规定，在当时新兴的专门教育科目中不开设拉丁文课程。这一时期政府所推行的一系列对拉丁文教育的改革措施，直接体现在 bac 考试类别的发展变革中（作者在第二章中对此进行详细介绍）。此外，女子中等教育在这一阶段也取得了一些发展。卡蜜儿·赛针对女子教育的改革方案在 1880 年推行后，女子中等教育学校的数量也逐步增加。到 1914 年时，接受中等教育的女性人数增至 35 000 人[①]。

1900—1940 年期间，中等教育体系架构问题成为社会争议最大的问题。法国的教育体系自 18 世纪以来实行的都是双行单轨制，面对民众的初等教育与面对社会精英阶层的中等教育并存。这种双行单轨体制决定了两种教育层次是没有交集的，而且当时的中等教育也并非是初等教育的延伸。出身平民阶层家庭的孩子在完成初等教育后，只可以进入高级初等教育班继续学习，为之后的就业做准备。而只有进入中等教育机构的学生，才可以获得通往高等教育机构的机会。因此，在一定意义上，中等教育垄断了学生通往高等教育的途径以及其获得高等教育学位的权利。如何解决这一问题成为当时社会讨论的热点。

此外，中等教育内容的改革也是这一时期出现的另外一个重大问题。长期以来，经典传统的中等教育主要以文科教育为主，在 1945—1960 年期间，中等教育课程问题再次成为热议话题。在 20 世纪 50 年代，法国许多数学家和物理学家开始强调科学学科教育对学生发展的重要性，并大力倡导开展科

---

① Pierre Albertini, L'École en France XIXe-XXe siècle: de la maternelle à l'université, Hachette, 1992, p. 97.

学学科教育。同时，随着国际比赛的兴起，以美国和德国为代表的世界强国展现出超强的科学实力，这也让法国政府意识到发展科技的必要性。因此，为了培养更多的工程师，政府加大了科学学科在中等教育学校教授的比重。

1880—1960年这一时期见证了教育成为社会阶层上升的通道的过程，也被称为"教师的时代"[1]。学校教育对国家和家庭的期待给予了很好的回应。各级学校的教师在社会上也得到了高度的尊重，学位在社会再生产过程中所起的作用越来越重要。

（三）20世纪60年代之后[2]

1975年哈比教育改革以后，普通中学与中等教育中学合并成为统一中学。统一中学的建立旨在让所有的青少年都能接受统一的普通中等教育，在提升社会普通教育水平的同时，也能够降低社会阶层出身对学生受教育机会所产生的先决性影响。在统一中学普及化以后，学校所面临的主要问题包括一方面如何管理同一班级中不同教育背景与学习水平的学生群体；另外一方面则是如何解决由于地理因素造成的不同中学之间的差异。

自1975年以来，初中教育也经历了几次重大的改革。总体而言，现今初中运营体系与模式是在1996年5月29日政府颁布的法令基础上组织的，在2005年时进行了适当的调整。1996年的法令中规定，初中教学的组织要分为三个阶段：第一个阶段为观察阶段，包括小学最后一年和初中一年级；第二阶段为主要阶段，包括初中二年级和三年级；第三阶段为导向阶段，包括了初中四年级，完成与高中的衔接。这种划分保障了基础教育体系内部的连贯性与一致性。2005年时，政府对其做了一定修改，规定初中阶段不再设置任何专业方向；以学生群体的多样化为基础，学生的需求为导向，来寻求适当方法帮助学生达到公共知识与能力基础中所提出的要求。此外，初中毕业生能否获得初中毕业证（DNB）须参照以下几个方面的考核成绩，其中包括公共基础能力与知识掌握是否达标、艺术史的口试成绩、毕业考试成绩、考核成绩、平时学习表现成绩。

---

[1] Pierre Albertini, L'École en France XIXe-XXe siècle: de la maternelle à l'université, Hachette, 1992, p. 117.

[2] Jean-Paul Delahaye, Le collège: une construction inachevée, in Christine Szymankiewicz(ed.)Le Système éducatif en France, 4ᵉ édition, pp. 43-64, La documentation Française, p. 175-189.

值得一提的是，学生学习导向问题自20世纪末以来成为初中教育开展的重要组成部分。对职业信息、社会经济环境、教育类型与继续学习等方面信息的传播一直贯穿着学生的整个初中生活，尤其是在最后一学年。2009年5月20日教育部发布的新的规定指出，针对初中四年级的学生，学校要有规律地组织与学生及家长一对一的面谈，由学生班主任、教育导向老师以及心理顾问共同参与。这一措施实施的目的在于及时了解学生的情况，降低学生的辍学率，并更有效地帮助学生完成与其高中阶段学习的对接。学习导向的过程是持续性的，在家长、学校、教师以及其他相关教育辅助人员共同帮助下完成，以对学生长期的观察、学生学习进展情况、个人背景信息以及家长信息的了解，以及教师团队与家长谈话为基础，发现学生的潜质，保障女生与男生拥有同样的接受教育的权利。

这一时期的高中教育也面临各个方面的改革。为了适应初中群体的多样化，更有针对性地完成与初中教育以及与不同类型高等教育的衔接，高中教育也划分为普通类、技术类、职业类。鉴于这三类高中教育在这一时期的变革与bac考试制度的改革密切相关，作者会在后面的章节对此着重介绍。

第三节　法国高等教育的沿革与现状

法国双轨制的高等教育体系形成至今已有二百多年的历史。有别于英美等国家的高等教育院校所采用的分类标准，法国的高等教育体系始终保留着历史的传承。总体而言，法国的高等教育机构大致分为两种类型：公立大学（包括短期高等教育）和大学校。法国的公立大学主要是开展教学与科研的公共性服务教育与文化机构，面向所有bac考试成绩合格的高中毕业生。根据2015年7月24日法国高等教育与研究司发布的最新统计显示，法国目前拥有81所公立大学，准确而言，是具有大学头衔的高等教育机构，这其中也包括了一些"大教育机构"（grand établissement）内部的成员大学。为了迎合欧盟教育与研究共同体的构建，目前法国的大学教育分为三个阶段（医学专业除外），第一阶段为本科教育，学制三年；第二阶段为硕士研究生教育，学制为两年；第三阶段为博士生教育，学制为三年。相较于公立大学，法国的大学校则主要提供专业性强、职业化程度较高的教学与培训。根据法国高等教育与研究部官方网站在2013年时对大学校的界定，大学校包含了工程师学校、国立高等师范院校、商校以及兽医科学校；这类学校的学制由三年到六年不等，且学校可授予等同于硕士学位的文凭，设有高强度的入学选拔机制。随着近年来公立大学与大学校之间合作的不断加强，两类高等教育机构在教学和科研方面的交叉越来越多。本节着重回顾高等教育双轨制的形成与发展历程，便于读者更好地了解其现状以及面临的问题。

一、法国旧制度时期

法国大学的发展史可以追溯到中世纪巴黎大学的形成时期。在13世纪初，教师私自开设班级授课的现象在巴黎非常盛行，多以教授文艺、法律和神学为主。随着这种私立学堂数量不断增加，为了维护行业的发展以及教师自身利益，这些从业者渐渐地联合起来。对于这一组织的形成与扩展，罗马教廷给予了一定的支持，而且世俗的权力机构也并未反对。Verger认为，巴黎大学的产生是蓬勃发展的私校与天主教双方妥协的产物[1]。巴黎大学从一开始就是以教师为主体的一种组织机构，采用以教师为中心的运营模式，且这种模式一直深深地影响着大学内部系统结构的发展与变革。在此后的与世俗权力的斗争中，巴黎大学得到了罗马教廷的多次庇护。涂尔干指出，"教廷与教授团体之间，无论在物质上还是道德上都相隔遥远，却形成了一种奇特的联盟"[2]，而这也成为巴黎大学的基本特征之一。巴黎大学也因为拥有教师行会与罗马教廷的双重维护，而一直未能获得法国世俗政权的信任。在13世纪到15世纪之间，由于教会和世俗政权机构在罗马教廷的许可下都有权创建大学，因此，在这段时期大学的数量得以增加。然而，中世纪大学在经过两个多世纪的辉煌发展后，其教学内容及教育方式与当时的社会实际都出现了严重脱离，不再能推动社会思想的进步与回应社会科技发展的需求。

一直到16世纪时，巴黎大学依旧垄断了高等教育的发展，仍以神学、法学、医学和艺学为主，拒绝引进其他新兴学科与新理论。经院主义与神学在巴黎大学所占据的绝对优势，造成了当时学者教授与研习的方式仅停留在辩论上，无助于培养学者与学生各方面的能力。随着文艺复兴运动的大力开

---

[1] Verger, J. Patterns. In Ridder-Symoens, Hilde de (ed.), A History of the University in Europe. Vol. 1: Universities in the Middle Ages (pp. 35-74), 2003, Cambridge University Press, p. 51.

[2] 爱弥儿·涂尔干：《教育思想的演进》，李康译，世纪出版集团，2006年，第95页。

展,巴黎大学自我封闭的局面已经使其无法在社会的进步中扮演积极的角色。1530年,法国国王弗朗索瓦一世创建皇家学院,后称法兰西学院。他决定在学院中开设当时巴黎大学未准许或引进的学科,采用较为开放的教育理念,并为研究者提供较大的学术自由,支持大胆的创新性研究与教育活动,大力发展基础性研究。法兰西学院创建后,在后来几任法国国王统治期间又分别成立了耶稣会学院(1563年)、法兰西文学院(1653年)、自然历史博物馆(1636年)、法兰西科学院(1666年)等机构。这些机构主要从事专门学科的基础性研究,其中一部分一直存在发展至今。

此外,在16、17世纪时,法国的国王们还建立了一些小型的教育与研究机构,其中也包括了一些专门学校,也就是现在的大学校的前身。相较于巴黎大学所教授的学科,这些专门学校设置的课程以满足社会经济与科技的发展需求为基础,采用实用性教学与人才培养模式。这些学校注重专业化教学,以培养基建、管理与军事方面的技术人员为主要的目的。这类学校相较于当时的大学,其规模较小,便于管理与控制。早期所创建的专门学校主要以军事方面的教育为主,其中包括:路易十五(1715—1774年)在位时于1720年所创建的炮兵学校(École d'artillerie),其目的在于为争夺海外殖民地培养军事人才,还有军事工程学校(1749年)、造船学校(1765年)和骑兵学校(1773年)等。18世纪时,随着专门学校数量的不断增长,学校类型也在增加,出现了一批民用基建等方面的专门学校,其中就包括了世界上两所最老的工程师学校——路桥学校(1747年)和矿业学校(1783年)。这类民用专门学校的发展大大满足了当时社会对技术人才的需求,学校的专业性与实用性教育也获得了社会的认可,专门学校的产生开启了技术性与专业化高等教育的发展史,也打破了大学对于高等教育的垄断。

二、法国大革命与第一帝国时期

在大革命的前夕,法国大学的运行还遵循着旧制度时期的模式。在新兴资产阶级革命派人士看来,当时的大学已经无法满足社会发展的需要,其存在成了旧制度时期遗留下来的旧事物。1793年9月15日通过的改革法案,关闭了共和国土地上的所有中世纪大学[①]。直到一个世纪后,1896年行政改革法令中规定,将当时的学院重新合并成为大学,从此大学的称谓才重新

---

① Christophe Charles & Verger Jacques, Histoire des universités. 2012, PUF, p.73.

回到高等教育体系中。Renant（1995，援引 Musselin 2001）[①] 提出这也是在法国大革命之后大学这个名词首次重新出现在官方行文中。在大学消失的这近一百年的时间，小型的专门学校和其他教育研究机构都得到了蓬勃的发展。此外，在法国大革命期间，当时的政府还创建了几所著名的专门学校，如巴黎综合理工学院（1794 年）、巴黎高等师范学院（1794 年）、国立工艺学院（1792 年）等，同时，这些学校的招生录取制度打破了之前的贵族特权，而选择了精英教育模式，启用选拔性考试筛选有才能者。

大学的管理在这一时期也发生了重大改变。在旧制度时期，大学拥有独立的管理权。在法国大革命期间，政府将公共教育视为国家职能的一部分，并交由内政部来进行管理。拿破仑成立第一帝国后，于1808 年 3 月 17 日创建帝国大学。帝国大学作为等级化协作式的组织，聚集了政治、管理与教学方面的管理层，包括学院的教授们、国立中学行政、教学与监督人员、市立中学的校长和管理者，其他教育机构的负责人以及寄宿学校教师（私立学校的负责人）等。根据1808 年 3 月 17 日的帝国颁布的法令规定[②]（第 30 号条款），按照对应等级来任命国家公务员，自下而上需逐级晋升。即使处于等级的最低一层的公务员都需拥有帝国大学的文理学院所授予的资格证，而资格证只颁发给帝国大学管理体制内的在职从业人员，且职责等级制度森严。拿破仑将原来的中世纪大学简单地分拆成一些专业的学院，主要分为医学与法律学院、文理学院两个类别。当时法国的每个大学区都须分别设立这两类学院。其中，前者为帝国培养从事医科和法律方面的专业性人才；后者则是为学生继续攻读专业学位做准备。拿破仑利用帝国大学实现了对全国各层次教育机构中央集权式的管理，他在这一时期对高等教育进行的改革产生的影响具体体现在，一方面，高校教师的社会身份均被认定为国家公务员，由中央财政统一管理；另一方面，学科体系的国家化与组织化导致同一学科不同地域组织之间的关系比不同学科之间的横向合作关系更为紧密，而这一现象也一直持续到 20 世纪 90 年代。

同时，拿破仑在第一帝国时期还进一步发展了一批新的专门学校。他希望通过选拔成绩优秀的学生，给他们提供优质的实用性较强的教育来为帝国

---

① Musselin,C,La longue marche des universités françaises,2001,PUF.

② Savoie Philippe,La construction de l'enseignement secondaire,2013,ENS éditions, p. 44.

培养军事、工程、教学以及行政管理等领域方面的人才。此外，拿破仑还对一些专门学校进行了改革。例如，免除一些学校的学费，由帝国为学校任命管理层人员，调整入学考试内容以及学校教师聘用等。拿破仑对高等教育实施的一系列改革进一步强化了中央集权式的统治，促进了高等教育双轨体系的形成。

三、第一次世界大战以前

在1816年到1914年期间，中世纪大学基本处于消失的状态，高等学校以学院的形式存在并发展。而这一时期，专门学校却迎来了非常大的发展契机，学校的数量由7所增加到了85所①，学校的地理分布、社会地位以及专业类型的多样化都得到了进一步的拓展。从地理分布上来看，早期的专门学校一般都设在巴黎，被国家政府直接控制，主要培养为国家服务的技术性人员。在1816年以后，新创建的一批专门学校分布在各个省区。在经济因素的驱动下，一些私立的专门学校也开始出现。同时，随着社会经济的发展，出现了越来越多以培养经济与管理人才为目的的商科学校。此外，各类专门学校的地方化趋势更加突出，学校的课程设置与人才培养目标更加以地方性发展需求为基础来制定。虽然这一时期政府对专门学校也进行了一些改革，但是这类学校却一直保持着小规模、专业化的课程设置以及以社会需求为导向的传统。竞争性的入学选拔机制、学费制以及学生毕业后的就业保障也成为专门学校的标志性特征。然而，这些特征在某种程度上形成了一种人才选拔标准，间接地剥夺了出身平民或工人阶层家庭的孩子接受这类精英教育的可能，因此专门学校也被视为一种社会精英阶层再生产的垄断性机构。在这一时期，人们也开始用"大学校"这种称谓来形容这些学校，然而专门学校这个名称一直沿用至二战后期。Magliulo指出②，学校称谓的变化不能仅停留在对字面意义的解读，而应更关注其更名背后所掩藏的政治目的。他提出，学校更名的提议，最初是为了反对19世纪末建立统一化的高等教育体系的改革议案，而此后则是为了凸显这类教育机构所拥有的比大学更重要的社会地位。从教育方式的改革层面来看，在19世纪至20世纪期间，专门学校所推行的教育模式由培养某一领域的专业技术人才演变为培养专业化通

---

① Magliulo Bruno, Les grandes écoles, que sais-je?, 1982, PUF, p. 14.
② Magliulo Bruno, Les grandes écoles, que sais-je?, 1982, PUF, p. 67.

识人才。学校教育内容与培养目标的变化与当时科技发展与经济的转型有直接的关系。这类学校的毕业生受到了社会与业界的广泛认可,被视为社会的精英,他们所具备的知识和能力可以用来推动社会与经济的发展。从教学方面来看,专门学校将传统课程,如人文、历史与文学等,与技术以及专业化的课程,如数学、物理以及其他理科方面课程相结合,有利于学生在接受通识教育的同时也能更好地掌握与运用专业化的知识。从学校生源与就业方面来看,在当时,学生无法在完成中学教育后直接进入这类学校学习。专门学校所招收的学生必须具备以下几个条件:其一,在 bac 考试中获得优异成绩;其二,顺利完成预备班二年或三年的学科基础性课程学习;其三,通过学校的入学选拔考试。进入专门学校的学员,在经过二年或三年的学习后,几乎所有人都会获得一份较高级别的公务员工作。

  1880—1914 年期间,法国高等教育现代化发展势头迅猛。透过普法战争中法国的失败的教训,法国政府意识到人才培养的极度重要性。因此,向德国学习并赶超德国成为法国这阶段教育改革的指导思想。在法国大学重生之后,政府对其进行了一系列的改革。这些改革主要以德国大学模式为导向,为学者的教学和研究提供足够的自由,强调科学研究的纯粹性不应受到社会与经济发展因素的影响。然而,法国政府在希望通过对这种模式的模仿让法国在经济、政治以及军事等方面得到发展的同时,却忽略了法国高等教育体系自身的特点,中央集权式的管理以及教育以国家需求为导向的体制无法使得这一改革产生实质性的效果。此外,不同专业的学院之间的沟通与合作障碍也无法促进创新科研与跨学科协作,最终改革以失败告终。虽然这一时期的大学获得了法人的地位,然而其内部的学院依旧以学科的独立学院的形式存在与运行。学院的管理与运作模式由学院的负责人来决定,因此每个学院都有自己的管理团队,而大学管理层却无法直接进行干涉。

  这一时期的对高等教育的改革方案还包括其他一些具体措施的施行:首先,公共财政加大了对高等教育的投入,主要用于修建校园、实验室以及图书馆,并为学生设立了更多的奖学金名额。其次是学科重组,这个阶段政府对高等教育的投资比重呈现出不均衡性,专业型大学与学科型大学、同一学院不同专业内部获得的资助有所差异。与当时社会发展密切相关的学科领域得到的关注度较多且获得的扶植力度较大,其中政府对理学院的投入是最大的,在 1875—1925 年期间,理学院的教职工人数增长了 6 倍。再次,为了给公共中等教育学校培养更多的科学学科教师,政府还在各个省市创建了一批应用科学学院，主要涉及化学、农牧以及电力等学科。这些学院主要分布在图卢兹、南希与格勒诺布尔等省份，并拥有学校学位授予权。当时的政府希望这些应用科学学院可以与工程师学校形成竞争，打破工程师学校对工科专业人才培养的垄断局面。此外，医学院方面的改革则是加强了对学生物理、化学与自然科学方面知识的要求，同时推进专业多样化发展。最后，文学院在这一阶段主要肩负着为中学培养教师，为国家培养更多合格的教育从业者的任务。

四、第二次世界大战之后

两次世界大战期间，大学校的发展势头减缓。由于这一时期，法国的经济发展速度放慢，国家对高级职业人才的需求减少，对技术工人的需求增加。20世纪30年代，西方资本主义国家爆发经济危机，法国政府对高等教育发展支持力度大大降低。在这一阶段，高等教育体系内部的问题，尤其是知识与学科的等级性所导致的严重后果逐渐显露出来。高校学者对非传统学科的无知和抗拒，对创新性领域研究的不欢迎严重阻碍了法国在科技方面的发展。

二战以后，与所有欧洲国家一样，法国积极发展国民经济，并开创了三十年的辉煌时期（1945—1974年），国民生产总值实现了百分之五的年增长率。经济的高速发展也催生了教育领域的繁荣景象。工业化进程以及企业集团化的推进对高层次的管理人才和工程师的需求也大大增加。这一时期，大学校在数量、在校学生数以及毕业生数量等方面都实现了飞速增长。为了和大学校在生源与就业市场上进行竞争，大学也开始涉入职业教育领域，并创建了大学管理体系内部的短期技术学院。1966年1月7日，富歇（Fouchet）推行的改革方案提出，要大力发展法国的技术教育[①]，尤其是对中层技术骨干的培养。大学技术学院是以美国的学院和城市学院为模型而建立的，虽隶属公立大学体系，但招生录取具有一定的选拔性。在法国辉煌三十年的经济发展推动下，技术学院得到了业界的认可，培养出来的毕业生拥有较高的就业率，曾一度在和工程师学校的竞争中展现出一定的优势。

在20世纪70年代以后，由于经济危机以及社会对人才需求量的降低，

---

① http://fresques.ina.fr/jalons/fiche-media/InaEdu01803/la-creation-des-instituts-universitaires-de-technologie-iut.html.

大学技术学院的发展势头减弱。与大学的普通教育不同的是，大学技术学院和高级技师班教学内容更加职业化，并以就业为直接导向，学制为两年。随着欧盟高等教育一体化的建设以及国家经济发展对职业性人才的需求，1999年11月17日政府出台新的改革方案，设立职业型本科学位①（Licence Professionnelle），实现与技术学院以及高级技师班的对接。此外，高级技师班虽然隶属于高等教育体系，但其教学地点却设在高中。高级技师班以及短期高等技术教育在社会上的受欢迎程度，给大学校带来一定的冲击。而且，随着选择这些职业类教育生源人数的增长，大学校开始进行自我反思，推出了一系列的改革方案，尤其是对其教学、组织结构以及配套物资方面进行了深度整改，其目的是希望通过这些措施可以保持其对学生的吸引力以及在高等教育领域的竞争力。然而，好景不长，新一轮经济危机的爆发带来了新的问题。由于公司减少了雇佣职员的数量，这大大地影响了职业类短期技术教育毕业生的就业情况。相较之下，大学校的毕业生优势则更加明显。

五、高等教育现代化与大众化

20世纪60年代到90年代末之间，随着法国人口骤增，接受高等教育的人数也随之增加。大体上经历了两个明显的增长期，第一个是在60年代，尽管当时接受高等教育的人数已经较过去有所增加，然而同一年龄组中也只有仅20%的人获得高等教育学位。第二次发生在80年代到90年代中期，当时高等学位获得率已增至43%。这一时期大学和大学校的在校人数都呈现出相当数量的增长。教育的民主化发展为高等教育大众化打下了坚实的基础。后工业时代的到来以及知识经济的崛起②，见证了传统工业时代的终结以及以知识为经济发展主要动力时代的到来。信息通讯科技的发展让大学的地位变得空前绝后的重要，社会的发展需要更多受过高等教育的人。另一方面，教育的商业化也严重地挑战着传统大学的组织、管理、教学与科研方式。高等教育大众化给大学带来了一系列的问题，具体体现在资金不足、人力物力的匮乏、破败的校园、恶劣的学生公寓、教学科研的质量保障等方

---

① http://www.education.gouv.fr/bo/1999/44/sup.htm.

② Altbach, P. Reisberg, L. & Rumbley L-E, Trends in global higher education, tracking an academic revolution (A report prepared for the UNESCO 2009 World Conference on Higher Education, Excutive Summary) 2009, UNESCO. p. v.

面。在校人数的增加导致了高等教育机构师资的不足,为了解决这一问题,学校开始雇用助理和助教。然而,这些被雇用的教职员工的待遇和利益保障与休制内的学者与员工存在一定的差别,且这些员工在教学素质等方面都受到了学生的质疑。同时,这一时期接受高等教育群体的多样化,也给教育的展开提出了更多的要求。传统的运营模式,包括学科内容、教学方式、培养模式等方面遭遇到了前所未有的挑战,各种利益群体之间的紧张关系经过长期累积终于导致了1968年学潮的发生。

1968年法国政府推行《富尔(Faure)法案》(ACT),取消了旧的专业独立学院,创建多学科综合性大学,大学的校长由选举产生。Musselin提出,现行法国大学体系在1968年改革之后才出现。1984年萨瓦利改革赋予了大学新的身份,其组织架构与职责任务也有所改变。然而,这两次针对高等教育的改革都不曾涉及高度集中的管理机制。1988年若斯潘(Jospin)对大学日常运营资金进行改革,其中不包括教工的工资待遇。改革方案指出,政府资助中的微小比例的拨款(5%~10%)[①]将通过大学和教育部之间签署的四年合同协商而定,而非按照之间固定的参数,如以学生数量、占地面积等来分拨资助基金。大学需拟定一个未来四年的发展计划,通过和教育部协商来获得多年拨款,并用政府拨款来实现计划中制定的一些目标。Musselin指出这一改革起到了三方面的作用:首先,改革弱化了以学科为中心的学院组织权力,促进了大学作为一个有机机构的影响;同时,政府对大学的资助引入了评估机制,学科的课题研究须和大学的整体规划中的优先发展目标相一致;此外,改革强化了大学校长的权力。其次,改革促进了国家与大学之间关系的转换,两者之间由等级分明的上下级关系慢慢发展为较平等的一种相处模式。在这种关系转化中,大学校长成为大学和国家之间的对话者,合同化制度的建立弱化了政府对大学的集中控制权。最后,改革也是对大学自我管理能力的一种挑战。

同一时期,1982年政府推出地方分权法案之后,大学与地方发展之间的关系重建也在进行中。基于长期以来地方政府与高等教育机构之间的密切关系,80年代出台了国家与地区五年计划方案,地方政府加大了对大学的

[①] Musselin, C. & Paradeise, C. France, From incremental transition to institutional change. In C. Paradeise, E. Reale, Bleiklie, I. & E. Ferlie(eds.), University Governance: western European comparative perspectives(pp. 21-49), 2009, Springer, p. 24.

科研和教学方面的投入。同时，为了更好地获得来自于不同级别政府机构的资助，大学需制定对应不同层次需求的科研与教育方案及政策。然而，大学首先要立足于地方性的发展与规划，解决地方经济发展所遇到的问题与危机以及降低地方性失业率问题。地方政府与高等教育与研究之间的紧密关系在20世纪90年代时上升到了非常重要的地位。20世纪90年代初期教育部推出"University 2000"计划，此后又出台了"U3M"发展计划。在地方与政府的协作合同中，高等教育与研究也被纳入到了地方区域发展政策之中①。2007年8月份，政府推出《大学自主与问责法》，进一步强化了大学作为一个机构对内部组织和机构所拥有的权力。

在大学自主权扩大的同时，高等教育国际化进程也在慢慢地展开。1998年5月法国、德国、意大利和英国四国教育部长在巴黎签署《索邦宣言》，就统一欧洲高等教育系统的学位建设达成共识（Sorbonne Declaration, 1998）。宣言旨在建立一个欧洲高等教育区，统一成员国的高等教育体系中的前两个阶段，即本科和硕士学位教育设置结构，达成学位的相互认定，以促进学生流动。1999年，29个国家签署了《博洛尼亚宣言》，进一步重申了《索邦宣言》中各成员国达成的共识。宣言中再次提出创建欧洲高等教育区，增强欧洲在国际高等教育领域的竞争力，提升其在国际范围内的吸引力（Bologna Declaration, 1999）。此后，欧洲高等教育与科研一体化进程在不断的推进中也制定了一系列相关细则。法国作为其中的倡导者与参与者，其双轨制的高等教育体系深受欧洲高等教育和研究一体化政策和措施的影响。随着高等教育国际化不断深入发展，双轨制的法国高等教育体系也面临着结构与管理体制方面的改革。同时，加强大学与大学校之间的合作与互通也成为改革中不可缺少的组成部分。

---

① Musselin, C. & Paradeise, C, France: From incremental transition to institutional change. In C. Paradeise, E. Reale, Bleiklie, I. & E. Ferlie(eds.), University Governance: 2009, western European comparative perspectives(pp. 21-49), Springer.

第二章 法国高校招生考试制度的历史演进

前一章对法国教育体系进行了整体性与阶段性的历史回顾与现状介绍，本章将着重阐述法国高等院校招考制度的产生、发展与演变过程。法国的高等教育一直以来以高水平教育质量闻名于世，双轨制的高等教育架构更成为其标志性特色。大众化、综合性的大学教育与选拔性、专业性的大学校教育并存，增加了法国高等教育体系的复杂性。与英美等国家大学有所区别的是，法国公立大学隶属于国家教育部并由其统一管理。公立大学校以其所设立的专业为基础，分属不同类型的部委管理，部分大学校由教育部和其他的部委共同管理。双轨制院校体系决定了多样化的招生制度，本章将以法国高校全国统考 baccalauréat 考试制度（以下简称 bac 考试）为中心，梳理其发展与变革历程。运用历史的视角，揭示这一考试制度自产生到发展至今，与法国中等教育体系的形成与沿革之间密切的关系，以及不同历史阶段的社会、政治、经济等因素对这一制度发展的影响。

第一节 考试制度的形成与确立

一、中世纪大学学位与考试起源

baccalauréat 这一专业名词，在中世纪大学已经存在。作为一种考试类型，它最初使用 déterminance 来表示，被直译为辩定。它指的是以公开辩论的形式对学生进行考核。涂尔干曾提出，学位与考试体系与中世纪大学是一起出现的[①]。那么，这种考试和中世纪大学之间的关系如何，是怎样产生

[①] 爱弥儿·涂尔干：《教育思想的演进》，李康译，上海人民出版社，2006 年，第 137 页。

的，回应了当时的何种社会需求，这些问题是本节首要阐述的问题。

从形式上而言，bac考试只存在于当时巴黎大学的艺学院，是艺学院设立的三个考核级别（baccalauréat，licence，maîtrise ès arts）和学位授予系列中最基础的考试，由巴黎大学内部同乡会承办。涂尔干《教育思想的演进》① 一书，在论述巴黎大学形成的过程时指出，巴黎大学的结构具有双重性的特点：一方面，以学科和研究性质为基础，分为神学院、法学院、医学院和艺学院四个群体；另一方面，以师生的民族和语言文化亲和性为基础，又形成了多个同乡会组织的存在。然而，同乡会组织仅存在于艺学院之中。艺学院与其他三个学院不同，只能为学生提供基础教育，且招收学生的年龄一般为13岁。对想进入其他三个学院进行专业学习的学生，必须要首先进入艺学院学习。涂尔干认为艺学院虽隶属巴黎大学，却相当于现在的中等教育的高级阶段，而并非真正意义上的大学教育。艺学院学生从14岁开始便可以参加第一阶段的考核，即bac考试。与试者需符合多个条件，其中包括具有两年或以上在巴黎大学或其他大学（拥有六位以上高级别管理者的教育机构）学习逻辑学的经历；对于哲学与文法等学科有一定的认知基础（研修过波菲利、普利西安、亚里士多德所著的经典论著），拥有两年旁听或亲自参与老师辩论的经历等。符合这些条件的考生则可以以公开辩论的形式在同乡会内部参加考核，考试的形式、内容、时间安排及评审流程都具有极强的内部特殊性。考核通过者随即被授予资格证书，成为bachelier（业士），完成第一个身份的转化。学生参加bac考试，有的是为了以后可以从事教学工作，有的则是为了进入医学院或法学院进行专业学习。学生在通过bac考试以后，除了正常的学习之外，还要完成一定的教学练习，为之后获得执教权（licence）而准备。拿到执教权的学生，在半年后便可以获得艺学院最高的学位（maîtrise ès arts）。学位获得者会在自己所属的同乡会发表就职演说，完成就职礼。此后便正式成为艺学院教师队伍中的一员，以师傅的身份进入法团中。

从本质上而言，涂尔干认为，中世纪大学的学位与考试产生的根源与教师法团的形成密不可分。中世纪法团由同一行业的从业者组成，目的是维护行业的权利以及保障从业者自身的生存与利益。法团具有一定的封闭特性，内部设有严格的纪律用来约束其成员；同时，实现垄断的目的。教师法团也

---

① 爱弥儿·涂尔干：《教育思想的演进》，李康译，上海人民出版社，2006年。

兼具了这些特征。在与教会斗争的数百年中，教师法团发挥了不可忽视的作用。对于想进入法团的学生，需要经过层层考核，最终在获得教师身份后才能成为法团正式的一员。而在每一级考核之后，学生所获得的学位也被视为是逐步迈向终点的一种认可。简言之，bac 学位至今依旧被认为是第一个大学级别的学位资格证书，这与中世纪大学有直接的关系。然而，存在于中世纪大学的 bac 考试，基于其考核形式、内容、组织安排以及功能等因素，都与我们现今所熟知的 bac 考试有着本质的不同。

二、考试建制①

现行 bac 考试制度的产生与发展和 19 世纪初中等教育的发展、帝国大学的创建以及当时社会政治与经济发展需求有着密不可分的关系。18 世纪的法国社会，其经济发展模式以小农生产为主，实行的是自给自足的自然经济。正如《旧制度和大革命》②中所描述的，这一时期社会呈现出两种较为明显的阶级矛盾：一种为新兴资产阶级与封建贵族之间的矛盾。18 世纪随着封建贵族的没落，他们将土地卖给农民，依靠定期的租金来维持日常的生活。这一时期的资产阶级则从财富积累程度上已经远远超过了没落的封建贵族，而且所接受到的文化教育也和封建贵族没有差异，此外，他们还掌握着国家真正的管理权。然而，这些优势并没有让新兴的资产阶级获得相应的社会地位与礼遇，在某种程度上，这也引起了这一群体对于社会现状的不满。另一种则是农民与封建贵族及教会之间的矛盾。在以小农经济为主的社会，农民渴望拥有土地，他们可以穷尽自己全部的积蓄只为买到属于自己的土地。即使拥有了自己的土地，他们还是要向居住地附近领主（封建贵族）上缴土地税并向教会交付十一税。同时，农民还要接受领主的管制，随时去服徭役。农民对于来自封建贵族的盘剥十分不满，同时鉴于教会与封建的贵族阶级享受着同样的利益，农民也因此迁怒于教会。此外，18 世纪哲学思想的发展对神权以及皇权产生了极大的冲击，"天赋人权，人人平等"这样的观点对当时的人民，尤其是受过教育的社会阶层产生了一定的影响。同时，宗教的政治化制度对大众的控制，也激起了人民的不满。在以上所提及的显

---

① 托克维尔：《旧制度与大革命》，冯棠译，商务印书馆，2012 年。
PIOBETTA,J.-B,Le baccalauréat de l'enseignement secondaire,J.-B. Baillière,1937.
② 托克维尔：《旧制度与大革命》，冯棠译，商务印书馆，2012 年，第 28 页。

性和隐性的因素影响下，国家经济体系的最后崩溃引发了 1789 年的法国大革命。革命党（共和派）以摧枯拉朽之势废除了旧制度时期的封建社会制度。然而，企图摧毁一切与旧政府与旧传统相关的现存的权力形式以及社会风俗的做法，却最终导致了共和派的失败。在第一共和国（1792—1804 年）短暂存在时期，政府推行了一系列与宗教统治相悖的教改措施，期望能够达到教育世俗化的目标；然而做法过于激进，未能达到当时人们的观念与社会发展水平的要求。

1804 年 5 月，拿破仑创建第一帝国。执政后，他迅速地意识到教育对于稳定社会秩序以及发展经济的重要性。1808 年，在拿破仑所推行的一系列教育改革中，帝国大学的设立开启了国家对公立教育的中央集权式管理，帝国大学成为管理整个帝国教育与教学相关事务的机构。同时，拿破仑政府颁布法令创建 bac 学位作为中等教育的学历资格证，由文学学院创建文科类考试（baccalauréat ès lettres），理学学院创建理科类考试（baccalauréat ès sciences）。文学学院和理学学院负责组织两类 bac 考试，国立中学负责考试准备。法令中对考生资格进行了详细的规定，指出参加文科类 bac 考试的学生必须具备国立中学高年级班所授课程内容的基本知识。此外，参加考试的考生还需提供一份学习证明，证明考生曾在国立中学或者其他同等教育水平学校有过两年或以上修辞学和哲学课程的学习经历。对于希望参加理科类 bac 考试的学生，他们先要顺利通过文科类 bac 考试，再进行基础数学班所学科目问题的考试。参加文科类 bac 考试的考生年纪不能低于 16 岁。通过 bac 考试的学生，他们会获得中等教育的学历资格证并拥有特定的从业权利。他们可选择在市立中学或国立中学初级班做老师，抑或在私立学校做行政类型的工作；又或者继续去攻读神学，法律以及医学学位。与中世纪大学中的 bac 考试本质上不同的是，此时的 bac 考试已经成为中等教育的结业测试。同时，对考试的垄断也由原来巴黎大学的艺学院转到了成立不久的国立中学的手中。国立中学作为当时的精英教育机构，由国家直接管制。与其他中等教育类机构如地方中学相比，国立中学所提供的教学内容更具综合性，并能为优异的学生提供更多的奖学金，同时为毕业生提供良好的就业前景。其内部组织结构遵循了旧制度时期的中学模式，实行寄宿制，对学生的学习进行监管。国立中学所扮演的角色不但是为专业学校输送人才，为国家培养政治、军事、经济领域的后备官员；同时也要为初等教育学校提供合格的师资力量。

1808年10月18日政府颁布法令，对文科类考试相关细节问题进行了详细的规定，其中包括考试时间与次数、评审的组成、考试的宣传、注册考试费、考试成绩公布、考试通过证明等。根据规定，一年可以举办两次 bac 考试，第一次考试时间在年终两周之内，第二次在学院开学前两周之内。考试评审委员会由三名成员组成，其中最多两名来自文学学院。考试内容基于中学所教授的课程，考前准备由中学来负责。bac 考试以口试方式进行，对公众开放。bac 考试成绩在评审结果出来后立即对外公布并为通过 bac 考试的学生当场颁发中学学历资格证，顺利通过这一考试是通往高等教育的必经之路。

1809年政府举办第一届 bac 考试，当时有 32 位考生顺利通过考试；其中包括了31位文科考生与1位理科考生。1811年，通过 bac 考试的人数已经增至1 000人，其中包括983位文科考生和43位理科考生[①]。在当时除了报考医学院的学生要参加理科 bac 考试之外，绝大多数考生还是选择文科 bac 考试。经过了一段时间的发展，bac 考试逐渐得到了社会的认可。1820年9月19日，政府发布通报指出，bac 文凭已经成为从事社会民事职业的敲门砖，成为应聘者能力体现的最基本证明。在 bac 考试的社会价值逐步形成的同时，考试的科学性也得到了不断强化。1810年2月16日政府颁布的条例，指出 bac 考试的内容应基于高中最后两年[②]的科目内容。1820年9月19日政府颁布的新条例中则增加了考试科目难度的规定。除哲学和修辞学外，又加入了希腊语与拉丁语著作以及历史与地理科目的考核。这些科目都是皇家中学（即之前的国立中学）设立的新增科目。1821年3月13日，公共教育皇家议会提出对有能力的考生可以加试基础数学与物理两门科目。这项提议自1823年10月1日起推广实施。此外，哲学考试改用拉丁语应试。公共教育皇家议会还为报考医学类院校的考生创建了物理与自然科学学科 bac 考试（bac ès sciences physiques et naturelles）。至此，bac 考试作为一种制度已经逐渐建立并被社会所接纳，然而随着政权的更替以及中等教育体系的逐步形成与变革，bac 考试制度及考试内容、形式、组织与类别等方

---

① PIOBETTA, J.-B, Le baccalauréat de l'enseignement secondaire, J.-B. Baillière, 1937, p. 32.

② la classe de rhétorique = Première（高中二年级），la classe de philosophie = Terminal（高中三年级）.

面在此后两百多年历程中经历了多次重大改革。

第二节　考试制度的发展沿革

自 bac 考试制度建制发展至今长达 208 年，它随着政权的更替以及中等教育体系与高等教育体系的演变而经历了多次变革。就整体而言，bac 考试制度的前期改革（19 世纪中期）多集中于考试形式、时间安排与评价机制的构建；随着中等教育体系的逐步形成以及课程与教学法的变革，bac 考试制度发展中期（19 世纪后期）主要集中于考试科目的变更以及相对应的新的评价机制的创建；bac 考试制度后期的变革（这里指的是二战以后—20 世纪 80 年代以前）则主要集中于不同类型 bac 考试的创建与考试内容的变化，从而完成与中等教育课程改革与教育方案的对接。目前所运行的 bac 考试体系形成于 20 世纪 80 年代以后，虽然变革依然存在，但是这个体系已经趋于稳定。下面将对 bac 考试制度的沿革过程中的几次重大改革及具体措施进行简单的历史性回顾。

一、bac 考试重大改革方案与措施[①]

（一）1840 年文科类 bac 考试重大改革

政府在经过一段时间的调研之后，于 1840 年 7 月 14 日颁布新的规章。新规章旨在整合所有学区的 bac 考试的组织与操作流程，制定最能考查学生能力的考试标准。新规章内容包含了考生在行政手续层面的预注册以及 bac 考试对中学教学方面的要求。为了避免考试作弊行为的发生，规章中指出，考生须在每个学区的中心城市参加考试。同时，为了考查学生的书写与写作能力，笔试（以拉丁语应试）正式引入到文科 bac 考试中。考生笔试的结果将决定其是否有资格进入口试阶段。口试分为两个部分，第一部分是考查考生对希腊、拉丁以及法国作者及其作品的阐释；第二部分则是针对哲学、文学、历史、地理、数学和物理学科目问题。口试时长至少为 45 分钟。考试评审委员会为通过考试的考生颁发资格证，并将考生表现等级划分为：优

---

① Philippe Marchand（dir），Le baccalauréat，1808-2008. Certification française ou pratique européenne? Revue du Nord, hors série, n°24, INRP, 2010.

秀、良、中等三个级别。

（二）福图尔（Fortoul），卢兰德（Rouland）与迪律依三位历任公共教育部部长期间所推行的改革

随着 bac 考试制度的发展，文科考试中所应用的问题考核形式被认为是对学生记忆力的一种检测，这一形式遭到了人们的诟病。这种考核的方式也导致了集中备考班的盛行，大大地降低了 bac 考试成绩的可信度，并影响了学生真实能力的体现。在这种背景下，福图尔（1852—1856）在任职公共教育部部长期间，为了提高 bac 考试的考核水平，在 1852 年 9 月 5 日所颁布的规章中提出加试一门笔试（应试语言为拉丁语或法语）。可是，这一改革并没能达到预期的效果。此外，福图尔任职期间还于 1852 年 4 月 10 日颁布法令，重新统一了理科类 bac 考试且将其独立于文科 bac 考试之外。

卢兰德（1857—1863 年）担任公共教育部部长期间坚持了福图尔所推行的改革路线，仍然采用两门笔试考试。稍微有所改动的是，加试中的笔试是以一段拉丁语话语来考查学生的解读能力。1852 年 9 月 5 日的规章中指出，bac 考试时间改为三个阶段，第一阶段为每年的 8 月 1 日到 9 月 1 日，第二阶段为 12 月 1 日到 12 月 15 日，第三阶段为 4 月 15 日到 5 月 1 日。依据公共教育部的决定，可以加试一场。卢兰德在 1857 年 8 月 14 日政府通报中对理科 bac 考试做出了调整，创建了限制性的理科 bac 考试系列，只适用于希望就读医学院的考生报考。

迪律依（1863—1869 年）任职期间，在简化 bac 考试科目与形式、增强考试价值方面进行了改革。1864 年的一份帝国议会纪录中提到，迪律依建议要增加笔试科目而且提高笔试所占的比重；取消考试科目中所涉及的著作作者与问题的参考单，缩小口试科目范围，仅限于高中最后两年所教授科目及其内容；同时，引入考试科目分值系数到成绩评定系统中。1864 年 11 月 28 日出台的章程规定，将 bac 考试的笔试分为三科，其中包括了拉丁文翻译（应试时间为 2 小时）、拉丁文作文（3 小时），以哲学主题为题目的法语作文（4 小时）。考生每通过一门科目考试就能够获得一定的票数，这些票数将记录考生 bac 考试的最终成绩。考试科目根据设定的考试系数不同，而拥有不同的票数。Bac 考试口试阶段的考核内容包括了：首先，考生对希腊、拉丁与法国作者背景及其作品内容方面的知识，以问答的形式进行；其次，考核考生对哲学、历史与地理知识的掌握程度；最后，考核考生对高中最后两年官方规定课程中所学的理科知识的掌握，以问答的形式进行。考生

的最终成绩以其在每门科目考试中所获得的票数累计来呈现,总成绩被划分为六个等级：0. nul（0 分）；1. mal（差）；2. passable（合格）；3. assez bien（中等）；4. bien（良好）；5. très bien（优秀）。迪律依所推行的这一考试改革方案将考试的考核重点集中到了高中最后两年的课程上,同时也增强了笔试部分所占的比重。

值得一提的是,这一阶段法国产生了历史上第一位女性 bac 学位拥有者 Julie Victoire Daubié,她在里昂通过 1861 年举行的 bac 考试。然而 bac 考试正式向女学生开放却要到 1900 年。据统计[①],1861 年,2871 位考生通过文科 bac 考试,2103 位考生通过理科 bac 考试。这一数据间接地体现了理科课程在中学教育中所占比重的日益增长,以及社会发展对理科的重视程度在不断地提高。

（三）第三共和国时期（1870—1940 年）考试科目的变革[②]

1870 年法德战争中法国的战败,引起了法国社会对其社会精英培养体系的强烈质疑。社会的质疑主要体现在对法国中等教育机构当时所应用的教学法,尤其是古典语在中等教育阶段的教授与所占比重等方面。在这种社会背景下,公共教育部高等议会于 1874 年 7 月 5 日颁布法令,正式将文科 bac 考试分为两部分。第一部分,在高中二年级学期末进行,包括两门笔试科目与口试环节。其中笔试内容为拉丁语与法语作文。口试则包括了作者介绍（希腊、拉丁、法国）、历史与地理、修辞学和文学科目主要概念的问答。每门考试拥有一个记分票。第二部分考试在一年后进行,同样包括两门笔试：哲学论文与一篇法语翻译（源语言为现代语言）；口试部分包括哲学、历史与地理、数学原理、现代科学以及现代语言科目问答。其中哲学论文占有两个记分票,其它科目各占一个记分票。

在对考试的组织方式与内容进行修改后,bac 考试在 1880 年至 1881 年期间又迎来了新一轮反拉丁霸权改革。且随着共和党派的上台执政,传统的中学教育改革也再次被提上议程。根据 1880 年 8 月 2 日《学习规划方案》,国立中学初级班以及市立中学中的拉丁语科目被取消,希腊语的教授改为从

---

① Philippe Marchand (dir), Le baccalauréat, 1808-2008. Certification française ou pratique européenne? Revue du Nord, hors série, n°24, INRP, 2010, p. 22.

② Philippe Marchand (dir), Le baccalauréat, 1808-2008. Certification française ou pratique européenne? Revue du Nord, hors série, n°24, INRP, 2010.

初中教育第三年开始。这一方案推动了公共教育部对文科 bac 考试的改革。1880 年 6 月 19 日颁布的法令中规定，第一个考试部分中拉丁语话语分析的考核由法语作文取代；第二个考试部分中的拉丁语考核部分被现代语取代，并增加了高中三年级的理科课程考察科目。此外，1881 年 8 月 4 日颁布的法令提出创建特殊中等教育 bac 考试。1882 年 7 月 28 日发布的法令明确规定了这个新类别的 bac 考试只能面向报考理学院与医学院的考生。它的创建回应了当时社会的需求，因此获得了社会的认可。

在前两次重大改革实行几年后，时任公共教育部部长的法利埃在 1889 年 2 月 10 日发布的政府通告中声明，将对 bac 考试改革成效以及改革后的现状进行一次大规模的调查。基于这一调查结果，法国政府于 1890 年 8 月 9 日颁布法令，进一步推进对 bac 考试的改革。其主要内容包括两方面：一方面，统一中等教育架构，取消文科与理科两类 bac 考试之间的差异，统一为传统中等教育 bac 考试。该考试由两部分组成，第一部分是统一考试，所有中学生都必须参加；第二部分的考试分两科，哲学科考试（以高中三年级的课程为基础的哲学论文）与数学科考试（以基础数学知识为基础，采用问答的形式考核学生数学与物理科目内容）。另一方面，则是教学方法上的重大变革，考生在应试时可以从所给出的三个笔试作文题目中选其中之一作答；笔试与口试的成绩考核开始实行 0 到 20 分计分制。此外，考生在应试时可以提供自己的学籍卡，以展示考生在高中一、二、三年级的学习表现以及各个科目老师的评价。然而，这一措施在实践中遭遇了不少困难。传统中等教育 bac 考试改革方案在推出后的第二年遭到了社会的质疑。1891 年 6 月 4 日法国政府颁布法令，将特殊中等教育改为现代中等教育，翌日创建了现代中等教育 bac 考试。

法国政府在 1902 年推行的改革中，对中等教育结构开始进行重组。中等教育被划分为两个阶段，第一阶段为初中一年级到初中四年级，第二阶段为高中一年级到高中三年级。在第一阶段的学习中，学生可以根据个人学习兴趣在两类班中进行选择：A 类班，学习拉丁语与另外一种语言（从初中第三年开始，学生可以选择希腊语或第二种语言）；B 类班，不需要学习拉丁文。在第二阶段的学习中，学生可以根据个人兴趣与科目基础，在高中一年级与高中二年级时从四类班中进行选择：A 类（拉丁语＋希腊语），B 类（拉丁语＋其他语言），C 类（拉丁语＋理科课程），D 类（理科课程＋一门语言课程）。这四类班级的学生在升入高中三年级时，还需要在哲学班与基础班中再进行选择，选择结果直接影响到学生在参加 bac 考试第二阶段中的应试科目。中等教育的重组直接促使了对 bac 考试的再次改革，因此，1902 年 5 月 31 日所颁布的法令中规定，把 bac 考试第一部分改为四个类别，回应了四类班级设置的需求。第二部分的考试则未发生改变。这一改革措施保证了各类 bac 考试中不同类型专业方向之间的平等性，通过 bac 考试第一部分科目的考生（理科课程＋语言）也可以被医学院与理学院录取。

此外，1902 年的改革中还强调拥有高级别学衔的或者是拥有博士学位的中学教师可以参与 bac 考试的评审过程。此后，对 bac 考试评审委员资格的要求在 1928 年时被提升。数据显示[①]，在 1902 年有 1 809 位考生通过现代 bac 考试，5 739 位考生通过传统类考试。

（四）第五共和时期（1946—），教育体系的变革

20 世纪初到 20 世纪 50 年代这几十年的改革更多的是针对 bac 考试分类的修订。20 世纪中后期，随着法国教育体系内部发生的重大变化，bac 考试也迎来了新一轮的改革。下面以表格的形式将主要的改革进行简述，见表 2-1。

表 2-1　1946 年后 bac 考试主要变革内容

年份	改革内容
1965	创建技师类 bac 考试（bac de technicien），旨在发展技术教育
1968	确立普通类 bac 考试的四个子类别方向：A（lettres-philosophie 文学-哲学），B（lettres-sciences économiques et sociales 文学-经济与社会学），C（mathématique-physique 数学-物理），D（sciences expérimentales 实验科学）
1985	创建职业类 bac 考试（bac professionnel）
1986	创建技术类 bac 考试（bac technologique），取代技师类 bac 考试
1993	实现普通类（bac général）与技术类（bac technologique）考试分科的架构重建。 -普通类 bac 考试包含四类 littéraire（L 文科），économique et sociale（ES 经社科），scientifique（S 理科） -技术类 bac 考试包含 sciences médico-sociales（SMS 社会医学类），sciences et technologies industrielles（STI，工业科技），sciences et technologies du laboratoire（STL，实验室科学），sciences et technologies tertiaires（第三产业科技）
2009	职业类 bac 教育改三年学制

---

①　Philippe Marchand（dir），Le baccalauréat，1808-2008. Certification française ou pratique européenne? Revue du Nord，hors série，n°24，INRP，2010，p. 26.

整体而言，近年来法国政府对 bac 考试的改革一方面是回应社会经济发展的需求；另一方面，则是与高中教学内容与课程变革以及高等教育培养方向紧密相连。尽管对于 bac 考试的细节仍旧在不断地修改，然而其基本框架已经趋于稳定。

现行的 bac 考试整体分为三类：普通类、技术类、职业类，且每一大类内部又分不同的学科方向。普通类的 bac 考试分为文科、经社科与理科，考试内容以普通类高中教授的主要课程内容为主，考试目的是为高等教育机构输送人才。一般情况下，普通类 bac 教育与技术类 bac 教育大多是在同一所综合类高中进行，普通类与技术类的学生在高中一年级时所学课程也是相同的。两类 bac 教育的学生在高中一年级学年末进行具体的专业方向选择，学生所选择的专业方向与其参加 bac 考试时的应试科目相对应。另需注意的是，技术类 bac 教育中酒店业及音乐与舞蹈专业方向的学生不属于这一情况，选择这两个学科方向的学生要在高中一年级时就进行选科并完成三年的专项课程学习。技术类 bac 考试共分为八科：经管科、设计与应用艺术科、工业与可持续性发展科、实验技术科、医疗与社会科、农艺学与生命科学、音乐与舞蹈技术、酒店业。技术类的 bac 考试内容将基础知识与专项技能相结合对考生进行考查。技术类 bac 教育对学生的培养有两个导向，且两个导向并重，即学生可在通过 bac 考试后或继续接受高等教育，或者直接进入就业市场。绝大多数的技术类学生在通过考试后会继续接受高等教育，主要以高等专业技术培训类为主，如高级技师培训（BTS）课程或大学技术类专科学位（DUT）课程。学生可以根据高中时所选的具体的科类方向来决定在高等教育机构中所学的专业。成绩合格或优异者可以在取得 BTS 或 DUT 之后继续学习大学本科最后一年的课程，以获得所学专业的本科学位。普通类和技术类 bac 考试都包含两组考试，评分体系实行的是 20 分计分制。其中第一组考试包括两轮考试，所有考生都必须参加。第一轮考试在高中二年级学期末进行；第二轮在高中三年级学年末进行。在第一组考试中，平均成绩为 10 分及 10 分以上的考生直接通过 bac 考试，获得 bac 学位；平均成绩在 8 分到 10 分之间的考生需要参加第二组考试；平均成绩达不到 8 分的考生被直接淘汰。第二组考试，也称为口试补考，仅限于第一组考试中平均成绩在 8 分到 10 分之间的考生参加。考生可以从第一组考试所考科目中选择两门，以口试方式应试。2002 年以后，法语科目也可以作为口试补考科目供考生选择。考生可以选择同一应试科目在第一组与第二组考试中的较高成绩来计入最终 bac 考试成绩。参加第二组考试的考生，在完成两门口试后，如果总平均成绩达到 10 分或以上，直接授予 bac 学位证书。在第一组考试中被淘汰的学生会获得中学毕业证书。学生 bac 考试成绩分为三个等级：AB. 中等，平均成绩介于 12 分到 14 分，包括 12 分；B. 良好：平均成绩介于 14 分到 16 分，包括 14 分；TB. 优异：平均成绩在 16 分以上，包括 16 分。相较普通类和技术类 bac 考试内容，职业类的 bac 考试则更为复杂。在经过 2008 年的改革后，职业类的 bac 的学制从 2009 年开始改为三年，截至目前已设有近 90 种职业专业方向，且将职业学业资格证（BEP）考试与职业能力资格证（CAP）考试纳入其全日制教学中。通过职业类 bac 考试有两种方式：一种是参加考试，一种是以执业经历获取相等水平的资格认证。以考试方式参与的考生群体包括：在学校接受全日制教育的学生、学徒、成人职业教育学院（继续教育）的学生；参加工作三年及以上的报考者可以以独立考生的身份参加。以执业经验来获取同等学力的认定的申请者，需在报考的专业领域拥有不少于三年的工作经验，从事技术性工种或拥有专业领域的从业资格。职业类 bac 学位是全国性的统一学历与职业资格证，通过考试者可选择直接就业。

二、bac 考试与女子中等教育

bac 考试在 1808 年创建后，并未立刻对女子开放。这与当时社会所赋予女性的角色以及女子中等教育的发展水平直接相关。

（一）女子中等教育学校的建立

女子教育在很长的一段时期都是由教会学校所垄断，拥有特别的课程设置。迪律依在 1867 年 4 月 10 日颁布法令，组织并创建女子小学；并在同年 10 月 30 日所发出的政府通告中提出发展女子中等教育并交由地方与私立机构管理的设想。然而，由于时间与空间的限制，这类女子中等教育机构在当时只接收了约 2 000 名女学生[①]。1879 年 8 月 9 日《贝特法改革法案》通过，法案规定在每个省份创建一所女子师范学校。1880 年 12 月 21 日政府通过《卡蜜儿·赛改革方案》，公共女子中等教育学校正式建立，其中包括

---

① Françoise Mayeur, L'Éducation des filles en France au XIXe siècle, Hachette, 1979, p.130.

女子国立中学和女子市立中学。政府于 1881 年创建赛夫尔（Sèvres）国立高等师范学院，隶属于中等教育管理体制。师范学院的首次入学考试于当年 11 月份举行。按当时的规定，申请者必须拥有高级初等教育毕业证，据史料显示，当年的申请者很多都曾是小学教师。这一系列法律的推出与学校的设立从政治层面为女子中等教育的发展奠定了一定的基础。然而，由于当时社会对于女子角色的定位依然停留在妻子与母亲的层面，因此限定了女子中等教育的内容设置与教育导向。

1879 年，卡蜜儿·赛提出女子教育不应该只成为教会的责任。他指出："法国不是一座修道院，法国的女性来到这个世界上不是为了宗教信仰，而是为了成为妻子，成为母亲。"[①] 卡蜜儿·赛这句话虽然攻击了当时教会对于女性教育的定位，却也直接体现了他对于女子教育目标的设定：成为妻子与母亲。事实上，费里改革的初始内容中并未涉及对女子教育的改革。在卡蜜儿·赛的大力坚持下，女子教育的改革方案才得到费里的支持。《卡蜜儿·赛改革方案》的通过背后所呈现的政治与宗教因素不言而喻：一方面是执政党派为了和当时的右派势力划清政治立场；另一方面则是要坚决抵制教会对于教育，尤其是女子教育的绝对垄断和控制（这部分内容在第一章已经介绍）。

卡蜜儿·赛女子中等教育改革具体内容如下[②]：

第一条：由国家创建一些中等教育学校，主要面向年轻的女子，学生在通过省与市举办的考试后可以入校接受教育。

第二条：这些学校一般为非寄宿性质。在市政府委员会的要求下，在与政府协商后，可以提供寄宿。这些学校与市立中学享受同样的待遇。

第三条：奖学金由国家与各省市共同设立，用来支持寄宿生或半寄宿生、学生以及学生-教师的学习。奖学金的数额由公共教育事务部（教育部前身）、学校所在省与市共同协商来决定。

第四条：教学内容包括：1. 道德教育；2. 法语，大声朗读，至少一门现代语；3. 古代文学与现代文学；4. 地理与天文地理学；5. 国家历史与通史概览；6. 算术、几何学基础、化学基础、物理基础与自然科学史

---

① Françoise Mayeur, Histoire de l'enseignement et de l'éducation 1789-1930. p59, T. 3, Nouvelle Librairie de France 1981, Édition Perrin, 2004, p. 185.

② http://www.senat.fr/evenement/archives/D42/loi21880.html.

基础；7. 卫生；8. 家庭经济；9. 缝纫课；10. 日常法律术语；11. 画画；12. 音乐；13. 体操

第五条：在学生家长及不同宗教部长们的要求下，可以在学校正常教学以外的时间对学生进行宗教教育。这些不同宗教的部长们必须经过公共教育事务部部长的准许，宗教部长不得为学校内部人员。

第六条：可以组织一门教学法课。

第七条：任何学生未通过考试，不能证明其具备相应的学习能力者不予录取。

第八条：公共中等教育学校在学生通过学校学业考试后，可为其授予学校学位。

第九条：每所学校都由一位女校长管理。任课教师、无论男女都必须拥有常规的学位（师范学院文凭或同等学力）。

通过对以上条款的解读，我们不难发现改革内容有几个特点：首先，女子中等教育实行的是现代教育，课程内容中并未出现拉丁文，而是开设了法语与一门现代语、科学学科入门课程、历史以及手工课程。课程设置与科学学科教授内容都与同一时期的男子中等教育有一定的水平差异。家庭经济课与缝纫课作为学习科目体现了教育的女性化特色。其次，入学考试以及毕业考试具有一定的选拔性。再次，宗教教育已经弱化为道德教育的一部分。最后，女子中等教育实行的是学位制教育，教育的职业价值与职业化导向却从一开始创建就没有给予清晰的定位，这与当时的初级高等教育有明显的不同；此外，女子中等教育学位也并非是通向高等教育学院的通道，这方面则显示了它与 bac 学位的不同。因此，当时的共和派虽通过了女子教育改革方案，却并无意愿通过教育使女性改变当时的社会地位，获得真正的解放。

（二）女子中等教育与男子中等教育的同化进程[①]

20 世纪初，社会对女性的定位不再仅限于婚姻与家庭，对女性职业发展需求的社会公共意识增强。随着世俗化教育改革的进一步推进以及教会女

---

① 参考资料：

Françoise Mayeur, L'Éducation des filles en France au XIXe siècle, Hachette, 1979.

Françoise Mayeur, Histoire de l'enseignement et de l'éducation 1789-1930, T. 3, Nouvelle Librairie de.

France 1981, Édition Perrin, 2004.

子学校的关闭，公共女子中等教育学校所接收的学生数量骤增。随着生源的增多，以及教学内容的增多，女子中等教育学校的女教师工作量也大幅度增加。超负荷的工作，相较于男性教师较差的待遇，以及社会上对女性教师的敌意，使得这一时期的女性教师在心理和身体上都承受了巨大的压力。因此，这一时期女子中等教育应该如何定位以及如何妥善解决女子中等教育学校师资人员招聘成为政府亟须处理的核心问题。

从女子中等教育定位方面来看，正如第一小节中提到，政府在 1902 年对中等教育进行的改革措施（未涉及女子中等教育），创建了新的 bac 考试类型：拉丁语—语言方向，并将希腊语排除在外；且对学生掌握科学学科知识程度要求不高。新的 bac 考试类型的产生被认为是降低了传统 bac 考试的难度，然而这一改革却给女子中等教育学校创造了一个契机。在当时，除了未开设拉丁语课程，女子中等教育学校的课程设置非常符合新的 bac 考试对考试科目的要求。因此，自 1902 年起，很多私立学校开始开设拉丁语培训班，为女学生参加新类型的 bac 考试做准备。私立学校的这种做法引起了公立女子中等教育学校的担忧，而由此引出当时女子中等教育的更深层次的问题。女子中等教育学校所授予的学位应该如何定位再次成为争议的核心问题。一部分人认为，中等教育学位应该和初等高级教育毕业证拥有同等效力；另一部分人则更希望中等教育学位和 bac 学位拥有同等的功能。为了能够将"同等"两个字去掉，赢得社会真正的尊重与认可，女性必须要和男性通过相同的考试才能进入高等教育机构。在私立学校的推动下，女子国立中学和市立中学也开设了学制为两年的拉丁语学习班。到 1913 年，巴黎所有的国立中学和外省的一些国立中学都基本开设了 bac 考试准备班。

第一次世界大战的爆发直接影响到女子中等教育的发展。1914 年开学季，女子中等教育学校的生源出现大幅度减少，许多任课教师因为战争的原因被困在外地无法回校授课。同时，男子中等教育学校因为战争而出现了大量的教师职位空缺。由于战争持续时间比预计的要长，学校教育仍需正常运行，因此男子中等学校教师职位的空缺开始由女性教师进行填充。这一在和平时期会被耻笑的做法在这个特殊时期得以实现。这一措施给女性教师创造了在男子中学任教的机会，促进了男性学生对女性教师教学技能的了解。同时，女性教师在战时依然从事教学的行为也得到了男性学生家长的尊重。这也成了一个历史性的转折点，向女性教师争取与男性教师享有同等的待遇与社会地位的方向迈出了决定性的一步。

1916 年政府最高委员会在皮安勒维（Painlevé）部长的倡导下推出了一项重组女子中等教育的计划。这项计划对当时的女子中等教育的组织构架进行了调整，将其延长至六年。其中，第六年的课程学习主要是为学生获得学位而做准备。在拉丁科目或科学学科课程考核中获得良好成绩者，可以无须参加 bac 考试的第一部分。而第七年的学习课程则分为两类，一类是为参加 bac 考试第二部分考查的学生进行考前准备；一类则是面向不参加 bac 考试的学生，学校为他们安排了一些实用课程，旨在进一步完善学生的智力培养，保证学生毕业后和 bac 学位持有者拥有同等的就业机会。

1917 年 1 月 2 日政府颁布法令，设立委员会专门审查女子中等教育的组织结构与规章制定。委员会的讨论主要围绕三个问题进行：女子中等教育教学组织，学位授予与 bac 考试。从 1917 年开始的这场声势浩大的讨论最终并未形成任何具体的措施。1924 年，女子中等教育同化改革方案推出，里昂·贝哈德（Léon Bérard）提议在所有的中等教育学校重新恢复希腊语-拉丁语人文课程。1924 年 3 月 25 日，政府签署法令，正式推行女子中等教育与男子中等教育的同化措施。1930 年，女子中等教育在课程设置、学时、学位上都实现了与男子中等教育的一致。虽然这一时期的女子中等教育与男子中等教育依然分离，但是男女混合班开始出现。到 19 世纪 60 年代时，这种混合班得到了不断的发展，究其原因，主要来自：一方面，面对教育民主化所带来的生员的增多，混合班级更容易管理；另一方面，可以保障两性的平等与和谐的发展，也能够充分利用有限的物资与教学资源。1975 年 7 月 11 日政府通过 Haby 教育改革法，1976 年 12 月 28 日政府颁布法令，规定各级学校所开设班级必须为男女混合班。至此，女子教育最终实现了与男子教育的平等化进程，这也为女性学生参加 bac 考试以及进入高等教育机构夯实了基础。

三、bac 考试与技术教育的发展

bac 考试经过了长达二百多年的演变历程，现行的分类中包含了普通类、技术类与职业类 bac 考试；分别面向来自不同类型中学的学生群体，且不同类型 bac 考试内部的分科与学生进入高等教育院校后所选择的学科保持一致。与普通 bac 教育有所不同的是，技术类与职业类 bac 教育早期都属于技术教育范畴。技术类与职业类 bac 考试创建时间不同，产生的社会背景与经历的变革也有所差异。技术类 bac 考试创建于 1968 年，职业类 bac 考试创建于 1985 年。那么，它们是在何种社会背景下产生？为何同属技术教育，职业类的 bac 教育却只存在于职业类中学而技术类 bac 教育却可以和普通 bac 教育共同存在于普通和技术中学？厘清技术教育的发展史，对深入了解 bac 考试类型的变革以及技术与职业类高等教育类型的发展起着关键的作用。

（一）技术教育的起源与发展①

正如在第一章介绍法国双轨高等教育体系时所提及的，在旧制度时期，为了培养国家急需的军事、海事、铁路、矿业等方面的人才，一批专业学校得以创建。它们其中的一部分学校一直留存至今，也被认为是大学校的前身。19 世纪初为了发展工业，国家也建立了一些工业领域的专业学校，例如 1829 年创建的工艺制造中心学校（École centrale des arts et manufactures）。这一时期，新一批工程师学校也开始向巴黎以外的地区进行扩展，用来支持当地工业的发展。然而，工程师学校数量上的增多未能解决社会对中等技术人才的需求。这恰好为以培养介于工程师与工人之间的中等技术人员为主要目标的技术教育的发展提供了契机。

1880 年在技术教育发展史上是具有里程碑意义的一年。费里的教育改革不但涉及了初等教育、女子教育的方案，同时，费里还建立了一些新式学校。1881 年 7 月 30 日，政府将新式学校分为两类并给出了准确的定位：一类是在当时的商务部倡议下建立的首批国家职业学校，例如：手工学徒学校（École manuelle d'apprentissage）；一类为由公共教育部提议创立的职业高等初级学校（Écoles primaires supérieures professionnelles），隶属初等教育的体系。这两类新式的学校由商务部和公共教育部共同管理。由于两部门在职业教育的内容以及经济投入预算方面都存在分歧，因此，1892 年 1 月 26 日出台的财政法规定，职业高等初级教育归属商务部管理，且其教育机构更名为工商实用学校（Écoles pratiques de Commerce et d'Industrie）。然而早期建立起来的一些国家职业学校依旧由商务部和公共教育部共同管理，这一状况一直持续到 1900 年 4 月 23 日新的财政法出台，最终这些学校归商务部统一管理。1900 年 12 月 27 日，在当时的商务部长 Alexandre Millerand 不懈的努

---

① 参考资料：Françoise Meylan, De l'école nationale professionnelle au baccalauréat de technicien ou l'évolution d'une filière de l'enseignement technique, Formation Emploi, 1983, vol. 4, n°1, pp. 29-46.

力下，巴黎职业学校（Écoles professionnelles de la ville de Paris）也收归商务部管理。到 20 世纪初，所有工商技术教育学校以及相关领域的工程师学校管理都已收归到商务部的管辖范围。商务部在其总部设立了一个负责技术教育专门事务办公室，1900 年，事务办公室升级为独立的技术教育管理处。这个管理处在技术教育的发展进程中起到了重大的作用，主要职责是为技术教育制定发展目标并探索实现的途径。技术教育一体化的管理体系促成了技术教育独特的发展模式，特定的教师群体以及与工商行业自然形成的紧密关系。此外，这一时期的初等教育和技术教育之间也建立了紧密的联系，技术教育学校还接收了一部分初等教育学校毕业的优秀学生。

1919 年 7 月 25 日政府颁布《阿斯提尔（Astier）工商技术教育法》，它成为现代技术教育学校章程。商务部对技术教育学校的监管在 1920 年时出现了反转。曾任商务部部长的 Alexandre Millerand 在担任最高委员会主席时，提出应将技术教育移交给公共教育部管理。1920 年 6 月 20 日，政府出台新的财政法，完成正式的转移程序。这一决议的实施遭到了商务部以及国会的大力反对。为了平息不同利益团体之间的争论，保障技术教育的自主权与原创性，政府设立了专门的一个机构。这个机构的设立用于开展不同部级部门之间的沟通与协调工作，同时也有利于相关部门了解在技术教育的开展中存在的问题。这一特殊的机构一直保留到 1937 年，且技术教育管理处一直到 1960 年在国民教育部重组时才解散。从 1919 年到 1958 年，技术教育作为一个独立的教育体系，其发展极大地满足了当时社会对技术人员的需求。

从 1880 年新式职业学校的创建到 1960 年，技术教育的体系可以归纳为：第一类是国家职业学校，这类学校为国立性质，设有工商科与理论科。工商科学生毕业后授予学校文凭；理论科学生毕业后进入工艺工程师学校继续学习。国家职业学校学制为四年到五年，学生要通过国家考试后才可录取。第二类是工商实用学校，一般情况这类学校为市立性质，学制为三年。学生毕业后依据选科不同可授予工业教育文凭（BEI）、商业教育文凭（BEC）、酒店业教育文凭（BEH），1941 年，这类学校更名为技术市立中学。1949 年，BEI、BEC 与 BEH 文凭由公共资格考试取得。1952 年，学校改制为四年，采用考试录取制。第三类为职业学校（Écoles des métiers），由不同行业的组织创建，1941 年更名为技术市立中学。从 1920 年开始，技术或职业科教育在普通国立中学与市立中学以及补习班（cours complémentaires）中都有所发展。其中，补习班属于初等教育体系内部机构，主要是为职业能力资格证（CAP）、工业与商业教育文凭考试做准备。整体上来看，技术教育具有两个明显的特点：第一，目标的双重性，一方面培养社会经济发展所需要的技术人员；另一方面，给学生提供就业保障。第二，自主性，技术教育学校拥有独立的教学场所、特定的教师群体以及与行业的紧密关系。当然，绝对的独立性是不存在的，技术教育与普通中等教育以及初等教育之间建立了不错的合作关系。

（二）技术教育融入普通教育体系与职业教育从技术教育中分离[1]

20世纪30年代爆发的经济危机，推进了技术教育多样化的发展。1939年二战爆发后，国防部急需军事工业方面的工人，政府在同年的12月21日创建了职业集训中心（centres de formation professionnelle accélérée），工人们在中心的培训时长为六个月。1940年法国战败后，为了解决青少年失业问题，鼓舞士气，中心以不同的形式发展起来。1944年10月时，这类集训中心已有850多家[2]。二战结束后，职业集训中心更名为学徒培训中心，隶属技术教育管理处。1943年10月4日政府发布对1942年8月4日通过的法案补充方案，规定国家为技术教育学位唯一授予机构，且国家以法令的形式确立了技术教育学位的授予须以公共考试成绩为基础。1945年政府创立ENNA（écoles normales nationales d'apprentissage），专门为学徒培训中心培养教师，这类专门学校的建立也将职业培训与其他技术类学校划分开来。学徒培训中心在1949年被认定为技术教育学校，主要负责培训工人与获得资格认证的员工。培训中心的学制并无明确规定，一般情况下招收年龄为14岁的学生，学制为三年，学生通过培训后可获得CAP资格证书。

为了进一步鼓励技术教育的发展，1947年政府创建了Bac E（数学与技术）考试，专门面向国家职业学校对应学科的学生以及工艺工程师学校预备班的学生。Bac E（以下简称E科）在行政管理方面由普通类bac教育统一管理；在课程设置与招生方面，则更接近1965年创建的技师bac教育。选择E科考试的学生多数会在当时的技术中学接受教育。在结束了第一学年的学习后，选择E科的学生会和技术中学的机械科与电力科的学生一起接

---

[1] Campinos-Dubernet Myriam. Baccalauréat professionnel, une innovation? Formation Emploi, 1995, n°49, pp. 3-29.

[2] http://rhe.ish-lyon.cnrs.fr/sites/default/files/bode_chronologie_et.pdf.

受工作坊培训。不同于其他技术中学专业的学生，E科学生所接受的教育没有特定的职业导向性，且专业性不强。然而，与普通类bac教育学生相比，E科学生中的大部分都有比较清晰的职业规划与职业定位。E科教育中数学与物理课程与普通类bac教育的理科设置是一样的，这两门课程的成绩对学生在高中二年级选专业方向起了决定性的作用。

1952年是技术教育结构发生巨大变化的一年。国家职业学校的学制改为五年，学生的毕业文凭和bac学位证具有同等学力。同时，技术市立中学的工业学科改制为四年。1952年也标志着短期高等技术教育的开始，1952年2月19日政府颁布新的法令，增设技师资格证，它是介于CAP、职业资格证与工程师学位之间的技术资格证。技师资格证是统一授予的国家文凭，考试内容包括实验室或工作坊主要科目、通识基础考核以及与职业相关专业知识。随着技术教育机构的增多以及新学位的设立，在《阿斯提尔法》的基础上，1955年政府决定要推行《技术教育法典》。法典内容对不同类型技术教育机构进行了等级式划分。1957年8月26日颁布法令，规定国家职业学校和部分技术市立中学可以开设技师资格证考试预备班，学制为两年，学生毕业后授予技师资格证。国家职业学校的学生毕业后，可直接进入预备班；同时，技术国立中学工业教育文凭获得者也可进入这类预备班。经济的需求在这两类技术学校中催生了很多新的专业方向，这些专业的发展也推进了传统技术教育的中等化进程，且逐渐地与学徒培训中心的职业教育形成两极化趋势。技师资格证在1962年时更名为高级技术人员资格证，而技师资格证则取代了国家职业学校学生的毕业文凭。

技术教育学校的蓬勃发展，使得国家职业学校人才培养模式被认为最适合当时工业发展的需求。1954—1955年由大学区长Sarrailh组织的调研委员会，将技术人员的培养和当时的社会职业等级进行对接，提出了技术教育人才三个级别：

- ❖ 技工：取代工业教育文凭与商业教育文凭
- ❖ 技师：取代国家职业学校文凭
- ❖ 高级技术人员

1959年贝图安（Berthoin）推行新的改革方案，建立了由幼儿教育到高等教育在内的统一教育体系，对技术教育部分的改革采用了Sarrailh团队调研报告中的部分提议。技术教育被划分为三个连续的层次：技术国立中学承担长期技术教育，目标为培养技师，学生毕业后可获得技师资格证；技术教育市立中学负责短期技术教育，学制为三年，为学生准备CAP资格考试；学生完成义务教育后，进入学徒培训中心完成终点式教育，为就业直接做准备。

1959年改革中所颁布的法令并未对技术教育的结构进行改变，而是将所有中等教育学校更名为 lycée（原指国立高中），技术市立中学更名为技术 lycée，国家职业学校更名为国家技术 lycée。法令中规定，技术教育从初中教育的第三年开始，前两年的教育为学生学习的观察期；同时，取消之前技术教育学校所实行的入学选拔与考试制度，技术教育开始被纳入普通教育体系，且逐渐成为一种学习导向选择。贝图安改革主要为了满足当时具体的社会需求，人口出生率的增长需提高学生的入学率，而社会经济的转型需要更多的技术教育人才。

在1959年之前，不同技术教育学校的教师群体都是存在差异的。从1950年到1956年，政府整合了国家职业学校与技术市立中学的教师团体。1959年政府创建了技术教育学校教师资格 CAPET，它类似于 CAPES（创建于1950年，中等普通教育学校教师资格），并在国家职业学校和技术市立中学更名为技术国立中学后，对获得这一专业资格的具体条件进行了重新设定。

1960年技术教育学校进行了新一轮的重新命名，其中学徒培训中心更名为技术教育国立中学，国家职业学校和技术市立中学改名为技术国立中学。1961年政府创建了学徒教育中心，取代了之前的职业教育培训班（阿斯提尔改革时建立），1971年将其认定为学徒培训机构，但不属于教育型学校。1962年设立高级技术人员资格证（BTS）。1963年推行的富歇改革，对于贝图安改革进行补充，设立中等教育市立中学（CES）为中等教育第一阶段，学生在初中最后一学年进行学习导向选择。这项改革方案的实施一方面是为了避免学生过早地进行学习导向选择，从而能够实现教育民主化；另一方面是为了更好地回应经济领域对于所需工作人员通识教育水平的要求。此外，这一时期义务教育的年龄推迟到16岁，这也为技术教育延长教育年限打下了基础。CAP的学制（从初中第二学年开始）减少为2年，与此同时，政府设立新的BEP文凭。1969年政府首次组织BEP资格考试，面向初中四年级学生，学制为2年。与CAP相比而言，BEP教育的专业化程度更加广泛一些。简言之，CAP主要是针对一种职业的资格考试，而BEP则是培养适应某一个行业的人。1970年，政府将技术教育正式引入初中三年级和四年级的传统与现代班级。1971年，政府颁布《技术教育导向法》，为了重新体现技术教育的价值，技术教育这一特定专业词汇由 enseignement technique 改为 enseignement technologique；而技术教育可以从中学四年级开始一直延伸到高等教育层次。选择技术教育的学生必须参加职业认知实习，可以通过全职方式、交互方式，或与上课同时进行。此外，CAP 重新改制为 3 年，面向中学二年级学生。1975 年，哈比教育改革统一了中等教育体系，改革的主要目的是为了减少社会阶层之间的不平等，实现所有人都能享受到同样的教育。改革实现了在中等教育第一阶段取消专业设置，统称为初中，初中四年级之后的第二阶段统称为高中。1976 年，技术教育市立中学（CET）更名为职业教育高中，与传统高中、技术高中齐名，负责 BEP 和 CAP 教育培训。

在 1959—1979 年这二十年期间，独立于教育体系之外的技术教育逐渐被纳入国家教育体系中，技术教育体系内部结构也发生了巨大的改变，完成了由平行分离到相互依存与渐进的转化过程。同时，这一过程又与教育民主化进程密切相关。图 2-1 较为具体地呈现了技术教育体系内部的演变过程。

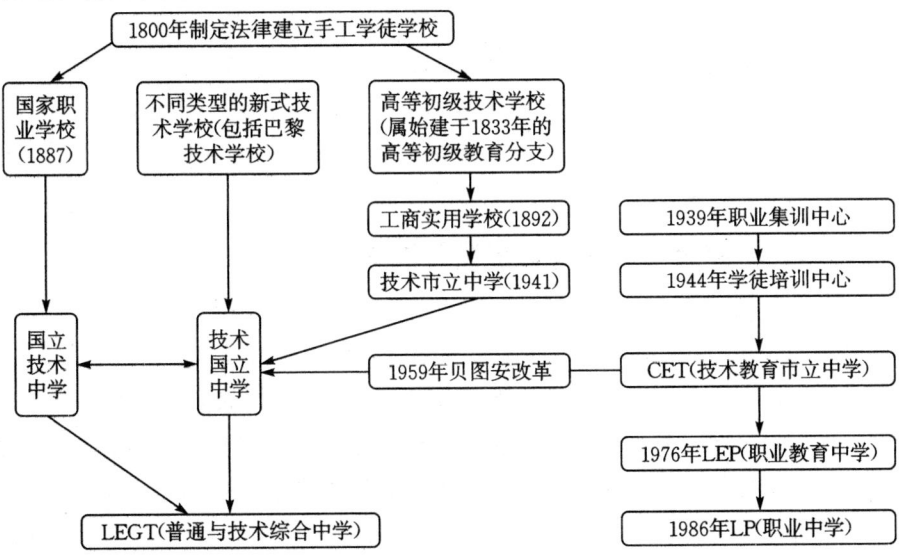

图 2-1 技术教育结构发展过程图

资料来源：Histoire de l'Enseignement technique, P. Pelpel et V. Troger (1933)①（表格为作者翻译，2016 年 4 月）

此外，为了平衡不同专业之间的等级化差异，1965 年政府创建了技师

---

① Campinos-Dubernet Myriam, Baccalauréat professionnel: une innovation? Formation Emploi, 1995, n°49, pp. 3-29.

bac 学位考试（Bac de Technicien，简称 BTn）。至今一些前沿的专业领域依然保留技师资格证。1968 年 11 月 20 日政府组织了首次 BTn 考试。同一时期，1966 年大学技术学院建立，它作为一种新式高等教育机构，为技术教育学生提供了短期高等技术教育机会，学制为两年。相对于工程师学校的教育，技术学院的课程设置弱化学科知识的理论化，以就业为直接导向。相对于技师教育，技术学院的课程设置更加注重学生综合知识的培养。虽然经过六七十年代的一系列改革，技术教育学校却失去了国家职业学校时期对学生的吸引力，并由原来的工人精英培训发展成了大众教育，由大学校高难度选拔入学演变成了普通教育体系内部的导向选择。

由于社会的变革与经济的转型合并，技术与职业教育在 1979 年之后面临了一定的危机。1985 年创建职业类 bac 学位，职业类 bac 教育包含了学生在企业的培训部分，考试将学生的培训成绩计算在内。这一规定改变了企业与学校之间的关系。职业类 bac 学位的设立促使职业教育高中更名为职业高中。1986 年 3 月 7 日政府颁布法令，技术类 bac 学位（baccalauréat technologique）成为中等技术教育国家学位，学位获得者拥有技师从业能力，取代之前的技师 bac 学位。

（三）职业类 bac 学位的创建与发展

普罗斯特（Prost）、卡皮诺-杜波尔内（Campinos-Dubernet）与皮耶（Pillet）都在他们的研究中对职业类 bac 创建过程进行过分析，并且解释了当时社会每个利益团体在参与决策过程中所持有的立场及其扮演的角色。普罗斯特认为，职业类 bac 学位的创建更多的是执政者当时因政治需求所做的一个决定，而并非是对当时社会经济行业雇主需求的一种回应。

这场针对中等教育体系的革命是由当时的执政党社会民主党所领导并最终付诸实践的。在 1985 年之前，法国的教育体系主要被划分为三个阶段：第一个阶段为初等教育（幼儿园＋五年的小学教育），第二个阶段为综合性初中（学制四年），第三阶段为高中（学制三年）。当时，政府在第一阶段与第二阶段，第二阶段和第三阶段的衔接处设立了具有选拔性质的考试机制，即小学生不能直接升入中学，初中毕业生不能直接进入高中学习。他们中的一部分学生会"被选择"（教育导向）进入职业教育高中攻读 BEP 文凭。据统计①，1985年，法国的初中毕业生人数达550 000，其中63％进入高中学习；27％进入职业教育高中准备BEP资格考试；9％的学生辍学。在当时正常情况下，初中毕业生的年龄为16岁。能够进入到高中学习，尤其是接受理科bac教育的学生被认为是最优秀的，是未来可以进入精英大学校学习的群体。而选择人文与社科方向的bac教育的学生，大部分会在通过bac考试后进入大学学习。教育部在1986年发布的数据统计显示②，在1983—1984年期间，78％的初中毕业生申请进入高中学习，而仅有60.6％被录取。在职业教育中，当时已存在的文凭包括了BTn，这是高于BEP文凭的职业教育中最尊贵的文凭。BTn培训课程的教授在高中进行，且毕业生多选择进入短期大学技术学院，接受两年的高等职业教育。

正如前面已经提及，在19世纪到二战爆发之前，职业培训基本是由行业与工作坊组织进行。二战爆发后，因急需军工领域方面的技工，教育部门主持设立许多新的培训中心。战争结束后，建筑业和机械行业依旧缺少熟练的技工。鉴于之前的培训中心运作的效率性，这些工业家们选择了教育培训中心模式来培养他们所需的技工。

1984—1985年期间③，学生在完成两年的初中学习后，对学习不感兴趣且成绩不好者便会选择离开。其中5％选择辍学，9％会选择进入工作坊开始学徒培训；17％进入职业教育中学准备CAP文凭；69％会继续初中学习，其中的66％能够顺利完成初中的学业。初中毕业生中41％进入高中接受bac教育，22％进入职业教育中学准备BEP文凭。1985年5月22日，当时的法国总理法布斯（Fabius）在电视讲话中宣布，政府将提高中学生获得bac学位的比例，并将目标定为80％；同时，为了提高技工的培训水平，宣布创立新的职业bac学位。法布斯总理认为，这一举措是很好的选择，一方面，将提升职业教育的水平；另一方面也可以减少当时的青年的失业率。最

---

① Antoine Prost, The creation of the Baccalauréat Professionnel: a case study of decision making in French education, Journal of Educaiton Policy, 15, 2000, 1, p. 20. 引 DEPARTMENT OF EDUCATION Repères et Références statistiques sur les enseignements et la formation 1986 (Paris: Imprimerie nationale).

② ibid, p. 20.

③ Antoine Prost, The creation of the Baccalauréat Professionnel: a case study of decision making in French education, Journal of Educaiton Policy, 15, 2000, 1, p. 21. 引: DEPARTMENT OF EDUCATION Repères et Références statistiques sur les enseignements et la formation 1986 (Paris: Imprimerie nationale).

终，新的职业类 bac 学位是在 1985 年 11 月 27 日以法令的形式正式建立。

普鲁斯特认为 1985 年的教育改革不是偶然的，而是不同权力主体在较量中形成的一种妥协，这些权力主体包括了总理与教育部长、教师工会、企业家行会等相关机构。自 20 世纪 70 年代以来，职业教育的发展一直是教育部门主要关注的问题。曾担任过雷诺汽车集团的副董事长的 Beullac，1978 年被任命为教育部长。在他与教师工会及企业家行会的协调下，企业的培训被引进 BEP 的教学课程设置中。这一举措使行业与学校之间建立了一种新型的关系。为了解决职业培训如何更有效地回应不断变化的经济发展，设置怎样的文凭课程以及其内容如何设计等问题，1979 年底，政府在高中监督体系内部成立了智能团，参与者皆为在工人培训与职业资格研究方面的高水平专家（CEREQ: Centre d'Études et de Recherche sur l'Emploi et les Qualifications）。此后，政府的更替并未停止对职业教育的改革。首先，是来自企业的倡议：在当时，持有不同职业资格的毕业生在学业的选择与在企业内部所从事的工作分工是不同的。例如，持有 BT 资格的学生会选择直接就业，在企业承担中层技术性工作；而持有 BTn 文凭的学生多数会选择继续攻读两年的高等技术教育，毕业后在企业担任高级技师的角色。同时，少数 BTn 文凭持有者在进入工业领域后，企业对其职责的定位却不是很清晰；而且这种文凭的持有者很少会进入这些工业领域，因此当时的机械与电气工业的工业家希望能够解决这一方面的人力资源短缺问题。其次，是来自职业教育高中的呼唤，主要是针对职业教育学校在国家教育体系内部的地位界定。1984 年 3 月，职业高中负责人在工会大会上提出希望能够在学校体系里设立更高的学位文凭。这一提议的目的主要是为了改善学校、教师与学生在教育体系内部以及社会上的地位，并提升他们的形象。

1984 年萨瓦利在改革失败后辞职，为了提升社会党在 1986 年的总统大选中获胜的概率，新上任的法布斯总理以团结法国民众，推进法国现代化进程为指导纲领进行了一系列的社会改革；在与教育部部长让-皮埃尔·舍韦内芒（Jean-Pièrre Chevènement）及其团队的努力下，制定了 bac 考试通过率 80%的目标，创建了职业 bac 学位，并改职业教育高中为职业高中。在当时，对于新设立的职业类 bac 的命名遭到了一些学者的质疑。普罗斯特将其总结概括为[①]：第一，以学位命名，但并不直接指向高等教育。课程设置

---

① Antoine Prost, The creation of the Baccalauréat Professionnel: a case study of decision making in French education, Journal of Educaiton Policy, 15, 2000, 1, p.26.

中包含12到16周在企业的培训时间,因此与其学位之名不符。第二,如果以bac学位命名,毕业生很可能更愿意进入大学而非企业工作,这与提升职业教育水平的初衷是相违背的。第三,命名容易产生混淆,因为当时人们对bac学位的认知多半与严格的考试相关联。

职业类bac学位的创建为出身社会阶层较低的家庭开通了获得高级职业资格的通道,为这些家庭的子女提供了新的提升社会阶层的机会。一方面,职业类bac文凭的设立整体提升了职业教育的水平,加强了综合知识的传授。另一方面,它为无法进入普通与技术中学学习的学生提供获得bac学位的机会,为学生获得BEP资格给予了最低保障。此外,它促使企业与学校之间的关系更加紧密,企业可以将技术与人才要求告知学校,学校通过课程设置以及制定人才培养目标而满足企业的需求。职业类bac学位成为第一个全日制学校与企业联合培养的学位教育。获得BEP资格的学生可以继续攻读职业类bac文凭(学位+就业资格证)。当时的实际情况说明,由BEP进入技术bac教育的概率比较小,因为这些学生已经是普通与技术中学拒绝接收的,与其让他们去克服自己的短处,不如让他们发挥已经具备的能力[①]。此外,政府也希望通过设立这个学位来重塑职业教育。在设立职业类bac学位时,不同类型的bac学位持有者可选择的教育上升渠道是比较固定的。简单来讲,职业类bac文凭的获得者可以直接进入就业市场;技术类bac教育是为短期高等技术学院输送生员,即STS或者是IUT;而普通类bac教育则为进入长期高等教育院校如大学或大学校的学生的选择。此后,经过二十多年的变革,这些上升的渠道彼此之间建立了平行的桥梁,实现了形式上的真正民主化。1900—1991年期间[②],数据显示攻读CAP文凭的学生在职业高中内几乎消失了,而攻读BEP以及在高中攻读普通类bac教育的学生人数骤增。同时,高中生群体的人数出现了极大的增大趋势,bac学位获取率由1991年58.3%上涨到1996年的63.6%。这一数字在此后一直不停地上

---

① Daniel Bloch, La création et le développement du baccalauréat professionnel. In Philippe Marchand (dir.). Le baccalauréat 1808-2008: certification française ou pratique européenne. INRP: Revue du Nord, 2010, pp. 207-218.

② Antoine Prost, The creation of the Baccalauréat Professionnel: a case study of decision making in French education, Journal of Educaiton Policy, 15, 2000, 1, p. 21. 引 DEPARTMENT OF EDUCATION (1992) Repères et Références statistiques sur les enseignements et la formation 1992(Paris: Imprimerie nationale).

升,近二十年的数据分析将在下面的章节具体进行。

职业高中的基础定位,一方面回应就业市场对于技术工人的需求,另一方面以国家教育目标和规范来组织和运营(Pelpel & Troger, 2001)。他们的发展遵循了两种逻辑,一方面与就业市场的发展紧密相连,体现了职业性逻辑;另一方面依靠教育政策改革,体现了教学的逻辑。而教育的这两种不同的终点在教育法典中已经得到很好的体现,即《中等职业教育要将通识教育与高水平的专业技术知识相结合,主要以就业为导向,提供继续进修的可能》(article L337-1)《职业 bac 文凭的获得者授予业士学位,证明获得者拥有从事高级职业活动》(article D337-51)。在 2009 年入学季,政府将职业高中的四年学制改为三年①,同时增设补考口试环节。一方面,政府希望通过缩短学制,从形式上达到了和普通与技术综合中学的一致性,巩固职业中学的教学逻辑;另一方面,职业 bac 教育最终的目的还是就业,这点在教育法典以及职业教育的专业设置方面已经得到了体现。此外,通过缩减一年的课程,也能够让学生更早地获得就业资格证,进入就业市场②。

---

① http://eduscol.education.fr/cid49114/brochure-textes-relatifs-a-la-renovation-de-voie-professionnelle.html.

② Pierre-Yves Bernard & Vincent Troger, Le baccalauréat professionnel en trois ans:une nouvelle voie d'accès a l'enseignement supérieur? Notes du CREN n°3,mai 2011.

第三章　法国高校招生考试制度当代实践——考试篇

　　学生通过 bac 考试后获得 bac 学位，既标志着中等教育的终结，也是进入高等教育的通行证，或成为直接就业的职业文凭。bac 教育类型与学生就读的高中类型，以及所选择的学科方向直接相关。学生在完成初中学业后，经过分流，进入两类高中继续学习：普通与技术综合高中或职业高中。在 2009 年职业高中改革后，两类高中的学制均为三年。公立高中具有公共地方性学校的身份，隶属于地区政府管理。普通与技术综合高中包括三个年级，其中一年级为综合班，不分学科方向；学生从二年级开始选择普通类或技术类专业，并同时选择相对应的学科方向；学生的选择与最后所参加的 bac 考试类别与专业方向相对应。职业高中的教育开放了两个通道，第一种为两年制的课程，学生在通过考试后获得 CAP 文凭并直接就业；第二种为三年制职业类 bac 教育，在三年的学习中，学生可以参加 CAP 或 BEP 资格考试。此外，三类不同类型的 bac 教育之间设立了单向转换的桥梁，即普通类 bac 教育学生可以在高中二年级学期结束之前重新选择技术类或职业类专业，但是职业类或技术类 bac 教育学生不可以重新选择普通类专业。本章节主要介绍与 bac 考试实践相关的内容，包括了不同类型 bac 学位考试的形式与内容、考试组织以及学位授予条件等主要问题。此外，关于与 bac 考试相关的行政流程、考试违纪处理以及报考指南的信息在附录中有详细介绍。

第一节　普通类高中教育[①]

一、考试组织

　　普通类 bac 考试每学年组织一次，考试日期与方式由教育部统一决定；普通类 bac 考试中心的名单与考试注册方式则由考生所在学区的区长确定。所有考生，除学区长授权的免试生外，必须在考试前去其高三年级就读中学所属学区报到；非在读生去住所所属学区完成报到程序。每位考生每年只能注册一次普通类 bac 考试且只能选择一个学科方向。

　　普通类 bac 考试的笔试题目由教育部部长或教育部部长代表与学区长选定。如果考生由于不可抵抗外力的原因不能参加最后一学年或学年末组织的所有考试科目或科目的部分考试，可在学区长授权下，参加下一个学年初组织的相应的替场考试，但其中不包括体育考核与选考科目。不同学科方向的科目考试或同一科目的部分考试，在适当的情况下，可以使用视听通信设备来组织进行。需要使用视听通信设备来组织的考试科目，由教育部来确认技术条件是否完善；考点为保障考试的顺利进行，须做好一系列相关防范措施；在考场技术设施与条件允许的情况下，视听通讯设备可面向全部考生或部分考生。考生在入考场前须提供身份证，且只有通过核查的考生才可以进入考场。一些科目的考试或同一科目的部分考试，根据教育部条例规定，可以由公立学校或与政府签订合约的私立学校组织。

　　普通类 bac 学位由评审委员会最终授予，由组织考试的学区长颁发。所有获得 bac 学位者，无论学科方向与考试成绩等级，拥有同等的权利。评审委员会委员由学区长任命，委员会由一名大学教授或副教授主持，主席人选由大学校长提名，学区长任命。评审委员会主席可以由副主席来协助或替补。副主席人选由学区长从中学高级教师或在公立中等教育学校中拥有执教资格的教师中选出。bac 考试评审委员会由以下人员组成：1. 在职或退休大学教授、副教授或其他教研人员，其他公立高等教育院校教师团队成员；

[①] https://www.legifrance.gouv.fr/affichCode.do;jsessionid=15164A2445339349373DC7A2F90EDDF7.tpdila17v_2?idSectionTA=LEGISCTA000006137643&cidTexte=LEGITEXT000006071191&dateTexte=20151215.

2.学区督导—地区教学督导;3.公立中等教育学校教师,正在或曾经在普通与技术综合中学或普通与技术农业中学从事过高一、高二、高三年级教学;4.高级教师、具有执教资格教师、教学助理、隶属于合约私立中学教师、合约私立中学的合约教师,正在或曾经从事普通与技术类高一、二、三年级教学。学区长可任命考官助理与评卷助理与评审委员一起参与评估或对一些科目的试卷进行批改。考官助理与批卷助理可在适当情况下,参加委员会决策过程,并对考试成绩的评估或批改提供咨询意见。涉及专业艺术教育考试部分如需专业人士参与,所选专业人士可参与评估过程并成为 bac 考试评审委员会委员。设立在国外的考试中心的评审委员会组成方式与本土相同。然而,在海外考试中心缺少高等教育机构成员来主持评审委员会的情况下,可以任命一位教育学术服务主任代表学区长,或由一位中等教育高级教师来承担这一职责。对于授予国际类或双国籍 bac 学位的评审委员会,学区长可以任命督导组成员或从事外国教育人员为委员,但其所占比例不可以超过委员会成员的一半,且这些人员不可以担任主席或副主席职务。除主席外,评审委员会委员、考官助理、评卷助理等可以通过视听通讯方式参加相关会议与决议,参与决策过程。

双国籍 bac 学位,指的是在与国外合作机构达成协议的前提下,通过考试的学生可同时被授予普通类 bac 学位与外国中等教育毕业证或由外国国家或公私立机构所颁发的特别证书。双国籍 bac 学位由教育部任命的学区长颁发给在国外学校就读的考生,bac 学位获得者可以进入法国以及协议国高等教育院校进行学习。同时,关于这类 bac 考试的组织与命题,法国与国外合作机构对考试类型、时长、方式等内容进行协商。

二、考试命题委员会

Merle 指出,在 1984 年之前[①],bac 考试命题委员会的成员是由大区的教学督导直接任命的,不需商议。被任命的教师在拟好题目提交之后,最终题目的确定由随即成立的命题委员会完成。然而,在当时,这种拟定题目的方式却造成了考试题目的难度与大多数学生的学习水平之间的不匹配问题。被任命的命题教师多数是高中的资深教师,为了向教学督导展示他们对自己学科的认知深度,他们拟定的题目难度系数很高,且并未考虑到考生的真实

---

① Pierre Merle, Les notes, secrets de fabrication. 2007, PUF, p. 117.

水平。而选定题目的这些教学督导通常曾经是高中资深教师，由于多年未从事教学，因此对学生的学习水平了解不足，而且缺乏相关信息的更新，最终导致在选题时，更加看重题目的原创性而并非适用性。bac 考试命题委员会的成员被视为考试公平公正的实现者与守护者，委员们拟定考试题目的过程不仅需要展现其作为考试设计者的专业能力，而且更重要的是须体现他们对教育公平的理解。命题委员会对命题的定位，直接揭示了 bac 考试最核心的本质问题：bac 考试应该定位为精英选拔式的手段，还是考量知识水平的标尺？这一疑问的回应在 1989 年政府出台的《教育导向法》中得以体现。《教育导向法》中所提出的延长学生受教育的年限实现了受教育由义务向权利的转化。与此同时，对 bac 考试的定位对此后考试题目的拟定起到了直接导向性作用。

2012 年政府对 bac 考试命题委员会成员的选拔提出了新的标准，规定法国本土行政区负责命题的学区可以拟定所有学区公用的题目；针对与职业考试相关的命题，负责拟定题目的学区可以拟定公用题目，供不同组别的学区使用（具体参考每年学校教育总署发布的列表）。法国海外省可以采用行政本土学区所提供的题目。考试题目的拟定由命题委员会负责，每个学区长依据教育总署所分配的命题任务来决定命题委员会成员的数量。为了保证命题的保密性，每个命题委员会在确保任务完成的情况下根据实际情况，可以选择支配最少的人力资源。一般情况下，委员会成员不得超过十个人，特殊情况除外。

考试命题委员会的运作方式由学区长确定，可以根据学科特色或地方性限制有所差异，大致可以分以下两种运作方式：

❖ 命题委员会成员的任命由地区教学督导或教育专业督导从学区内部推荐，命题委员会的成员负责对委员会以外的教师所推荐的题目进行研究并从中做出选择。在这种情况下，命题者的数量只需达到完成这一工作所需最少人手即可。在命题过程中，所有与命题工作相关的指示说明与文件都须交与命题者。且命题者与命题委员会成员须履行相同的义务。

❖ 命题委员会由学区的教师组成，共同完成命题，这种方式明确了命题者的问责制。

根据学区的具体情况，各学区长可选择最适合与稳妥的方式来组织命题过程。

每个命题委员会都是由教师和监督人员共同组成。普通类 bac 考试的命题委员会共设有两名负责人：一名国民教育总督导，人选由相关学科主任任命；一名学科高级教师，拥有六年以上高等教育院校工作经历，人选由学区长任命。命题委员会的成员由高中教师组成，人选由地区教学督导或国民教育督导推荐，学区长任命。委员会成员从具有多样化与代表性的学校、各种类型教学与培训机构中选出。人选须在每学年 bac 考试之前的第三个季度确定，不能晚于 bac 考试正式举行所在学年的伊始①；这样便于被选中的教师与所任职学校对其工作安排进行调整。委员会成员名单具有保密性。成员须签署声明，严格按照条例规定遵守保密原则，履行相关义务。命题所应用的学区或 bac 考试场次须对命题委员会委员保密。命题委员会成员具有一定的任期。普通类 bac 考试命题委员会成员一般任期为三年，特殊情况除外。

三、考试形式与内容②

自 1995 年开始，普通类 bac 教育包括三个专业方向：经社科、文科与理科，bac 考试以专业划分为基础进行。bac 考试内容以普通类高中教授的主要课程内容为主，bac 考试分为必考与选考科目两部分。考试目的主要是为高等教育机构输送人才。普通类 bac 考试分为两组：

❖ 第一组考试面向所有的考生，由两轮考试组成；其中第一轮考试在高中二年级学年末进行，第二轮考试在高中三年级学年末进行。在第一组考试中，平均成绩为 10（20）分或以上的考生直接被录取；平均成绩在 8 分到 10 分之间的考生需要参加第二组考试；平均成绩达不到 8 分的考生被直接淘汰。

❖ 第二组考试，也称为口试补考，主要面向在第一组考试中平均成绩在 8—10（20）之间的考生。考生可以从第一组考试所考科目中选择两门，以口试方式应试。自 2002 年以后，法语也可以作为补考科目供考生选择。考生所选补考科目最后成绩可以从第一组考试中的笔试分数或第二组口试分数中选择，以较高成绩为主。参加第二组考试的考生，在完成两门口试后，如果总平均成绩达到 10 分或以上的，直接颁发 bac 学位证书。在第一组考试中被淘汰的学生会在第二组考试之前获得中学毕业证书。

---

① 例如：2015 至 2016 学年的 bac 考试在 2016 年的六月份举行，因此命题委员会人员的确定需要在 2015 年第三季度，即 2015 年 7 月完成，最迟不能晚于 2015 年 9 月初。

② http://www.education.gouv.fr/cid145/le-baccalaureat-general.html.

学生的 bac 考试总成绩为第一组考试两轮成绩之和，对于须参加第二组考试的学员，第二组考试成绩也须算入总成绩中。bac 考试成绩分三个等级呈现。

通过第一组考试考生们的成绩将会分为三个等级。
▶ AB 中等：平均成绩介于 12 分到 14 分之间，包括 12 分。
▶ B 良好：平均成绩介于 14 分到 16 分之间，包括 14 分。
▶ TB 优异：平均成绩在 16 分以上，包括 16 分。

下面将对 bac 考试三个不同专业方向的考试形式与具体内容进行详细介绍。

（一）经社科

经社科属于跨学科方向，着重对学生所掌握的社会经济环境和社会现实方面的知识进行考察，兼顾历史、地理与数学方面的课程。

1. 必考科目

考试科目前面所标注的数字与学生在注册考试时的顺序保持一致。

第一轮考试（高二学年末）

考试科目	系数	形式	时间
1. 法语	2	笔试	4 小时
2. 法语	2	口试	20 分钟
3. 理科	2	笔试	90 分钟
个人学习报告	2（1）	口试	一组三人 30 分钟

第二轮考试（高三学年末）

考试科目	系数	形式	时间
4. 历史 & 地理	5	笔试	4 小时
5. 数学	5 或 5＋2（2）	笔试	3 小时
6. 经济与社会学	7 或 7＋2（2）	笔试	4 小时或 4 小时＋1 小时
7. 现代语言 1	3	笔试与口试（3）	3 小时（笔试部分）
8. 现代语言 2	2	笔试与口试（3）	2 小时（笔试部分）
9. 哲学	4	笔试	4 小时
10. 体育	2	课程考核	

续表

专业方向科目（选一）			
高等经济学	2	笔试	1 小时
或数学	2	笔试	包含在 5 号考试中
或社会政治学	2	笔试	1 小时
其他类型考试			
体育补充考试（4）	2	课程考核	

2. 选考

考生可在以下考试科目中最多选两门（5）。

考试科目	形式	时间
现代外语 3（外语或区域语言）	口试或笔试（视语言而定）	20 分钟或 2 小时
手语	口试	20 分钟
古代语或古代文化：拉丁	口试	15 分钟
古代语或古代文化：希腊	口试	15 分钟
体育	课程考核	
艺术：视觉艺术，视听影视，舞蹈，艺术史，戏剧	口试	30 分钟
音乐	口试	40 分钟

注释：
（1）所取得的分值在 10 分及以上才可以乘以科目系数 2。
（2）考生选择这门考试同时作为专业科目时，系数变为 5+2。
（3）口试评分在学年内进行，包括 10 分钟听力考查与 10 分钟口语表达。
（4）对于修学体育补充类课程的学生为必考科目。
（5）作为选考科目的首科或唯一一科，所得分值在 10 分以上，可以乘以系数 2。如果所选是拉丁文或希腊语，系数为 3。

（二）文科

文科方向的 bac 考试着重考察学生的分析与综述能力，兼顾文学、语言、历史与地理以及艺术。文科专业教育目的是为了培养学生的分析能力，审视问题的视角以及论证能力，并能从所学哲学课程中养成批判式思维方式。

1. 必考

考试科目前面所标注的数字与学生在注册考试时的顺序保持一致。

第一轮考试（高二学年末）

考试科目	系数	形式	时间
1. 法语与文学	3	笔试	4 小时
2. 法语与文学	2	口试	20 分钟
3. 理科	2	笔试	90 分钟
个人学习报告	2（1）	口试	一组三人 30 分钟

第二轮考试（高三学年末）

考试科目	系数	形式	时间
4. 文学	4	笔试	2 小时
5. 历史与地理	4	笔试	4 小时
6. 现代语 1	4 或 4+4（2）	笔试与口试	3 小时＋20 分钟
7. 现代语 2	4 或 4+4（2）	笔试与口试	3 小时＋20 分钟
8. 外国语言文学	1	口试	10 分钟
9. 哲学	7	笔试	4 小时
10. 体育	2	课程考核	
11. 专业方向科目（选一）			
古代语与古代文化：拉丁	4	笔试	3 小时
或古代语与古代文化：希腊	4	笔试	3 小时
或高级现代语 1 或 2	4	笔试与口试	包含在 6 号或 7 号考试之中
或现代语 3	4	口试	20 分钟
或数学	4	笔试	3 小时
或法律与当代世界重大问题	4	口试	20 分钟
或视觉艺术	3+3	笔试与实践	3 小时 30 分钟＋30 分钟
或试听影视	3+3	笔试与口试	3 小时 30 分钟＋30 分钟
或艺术史	3+3	笔试与口试	3 小时 30 分钟＋30 分钟

续表

考试科目	系数	形式	时间
或音乐	3＋3	笔试与口试	3小时30分钟＋30分钟
或戏剧	3＋3	笔试与口试	3小时30分钟＋30分钟
或舞蹈	3＋3	笔试与口试	
马戏团表演艺术/娱乐艺术	3＋3	笔试与口试	3小时30分钟＋30分钟
其他类型考试			
体育补充考试（3）	2	课程考核	

2. 选考

考生在以下考试科目中最多选两门（4）。

考试科目	形式	时间
现代外语3（外语或区域语言）	口试或笔试（视语言而定）	20分钟或2小时
手语	口试	20分钟
古代语或古代文化：拉丁	口试	15分钟
古代语或古代文化：希腊	口试	15分钟
体育	课程考核	
艺术：视觉艺术，视听影视，舞蹈，艺术史，戏剧	口试	30分钟
音乐	口试	40分钟

注释：
（1）所取得的分值在10分及以上才可以乘以系数2。
（2）选择这门考试同时作为专业科目时，内容包含在6号或7号考试中。
（3）对于专修体育补充类课程的学生为必考科目。
（4）作为选考科目的首科或唯一一科，所得分值在10分以上才会被采纳，并乘以系数2；如果所选是拉丁文或希腊语，系数为3。

（三）理科

理科的bac考试着重考查学生抽象能力、严谨态度以及逻辑推理，兼顾试验能力。课程设置与教学旨在培养学生良好的理科基础，并掌握试验性的学习方法。

1. 必考

第一轮考试（高二学年末）

考试科目	系数	形式	时间
1. 法语	2	笔试	4 小时
2. 法语	2	口试	20 分钟
个人学习报告	2（1）	口试	一组三人 30 分钟*

第二轮考试（高三学年末）

考试科目	系数	形式	时间
3. 历史和地理	3	笔试	3 小时
4. 数学	7 或 9（2）	笔试	4 小时
5. 物理和化学	6 或 8（2）	笔试与实践（3）	3 小时 30 分钟＋1 小时
6. 生命科学与地球科学	6 或 8（2）	笔试与实践（3）	3 小时 30 分钟＋1 小时
或 6. 环境学，农艺学与领土学**	7 或 9（2）	笔试与实践（3）	3 小时 30 分钟＋1 小时 30 分钟
或 6. 工程学	6 或 8***	笔试与口试	4 小时＋20 分钟
7. 现代语 1	3	笔试与口试（4）	3 小时（笔试部分）
8. 现代语 2	2	笔试与口试（4）	2 小时（笔试部分）
9. 哲学	3	笔试	4 小时
10. 体育	2	课程考核	
专业方向科目（选一）对于已选 6 号工程学为考试科目的考生，以下科目选择不是必需的			
11. 数学		包含在 4 号考试中	
或物理和化学		包含在 5 号考试中	
或生命科学与地球科学		包含在 6 号生命科学与地球科学考试中	
或计算机与数字科学	2	口试（4）	20 分钟
或环境学，农艺学与领土学**	2	口试	30 分钟

续表

其他类型考试			
体育补充考试（5）	2	课程考核	

2. 选考

考试科目任选最多两门（6）。

考试科目	形式	时间
现代外语3（外语或区域语言）	口试或笔试（视语言而定）	20分钟或2小时
手语	口试	20分钟
古代语或古代文化：拉丁	口试	15分钟
古代语或古代文化：希腊	口试	15分钟
体育	课程考核	
艺术：视觉艺术，视听影视，舞蹈，艺术史，戏剧	口试	30分钟
音乐	口试	40分钟
马学与马术**	课程考核	
社会文化实践**	课程考核	

注：

(1) 所取得的分值在10分及以上才可以乘以系数2。

(2) 当考生选择这门课程为专业科目时。

(3) 公立中学与部分私立中学（与政府签订合同）考生参与实践部分考核。

(4) 口试评分在学年内进行，包括10分钟听力考查与10分钟口语表达。

(5) 对于修学体育补充类课程的学生为必考科目。

(6) 作为选考科目的首科或唯一一科，所得分值在10分以上才会采纳，并乘以系数2。如果所选是拉丁文或希腊语，系数乘以3。

＊考试时间依据小组人数而定，每个考生最少有10分钟时间。

＊＊参加这门科目考试的考生来自于农业部所属的中学。

＊＊＊选6号工程学考试的考生可以选择11号考试科目之一，工程学考试成绩系数为6；不选择11号中任何科目，工程学考试成绩系数为8，因为考试涵盖了必考基本内容与专业内容。

四、学位授予条件

学生的bac考试总成绩为高中二年级末与三年级末由国家统一组织的两

次考试成绩之和。考试顺利通过者将获得继续进入高等教育院校学习的资格。bac 考试分为必考与选考科目两部分。教育部在设立新的考试科目时，须先以选考的形式试行，依试行结果来确定是否设立，试行时间不超过三年。学生的考试科目为所选学科方向的必修课或高中二、三年级的选修课。考试科目分为两组，第一组考试包括了所有必考科目，在适当情况下也包括选考科目。第二组考试包括考查科目，为第一组必考、提前考核中所涉及的科目。考生所选选考科目不可超过两门。不同学科方向的考试科目、考试类型、考试时长、考试科目系数与一些考试评判条件可以参考现行学年考核结果，以上项目都由教育部以条例规定执行。公立高中与合约私立高中考生体育考试与一些选考科目成绩为课程考核成绩。其他类别考生在适当条件下，须参加考试。bac 考试中的语言科目考试由教育部于考试组织当年确定。注册 bac 考试的考生通常情况下要完成所有必考科目，针对某些特殊情况，以教育部具体条例规定为主。科目考试内容以高中三年级所实行的官方课程为主。由教育部确定提前考查科目名单。提前考核（第一轮考试）科目内容以高中二年级课程为主。提前考查科目成绩将会与高中三年级末组织的考试（第二轮考试）所有科目的成绩一起计入总成绩。如有特殊情况，以当年教育部的规定为准。已获得其他学科方向 bac 学位者，根据教育部条例规定，可免试一些科目，且免试科目不标注考试成绩等级。由于健康原因无法参加考试的考生，须出示由教育医疗领域认可的医生所出具的证明。具有免考资格的残疾考生如果自认为有能力参加体育测试，可以申请参加，具体实施方式以教育部规定来进行协调。

　　bac 考试每门考试成绩以整分记，20 分为满分。没有出示证明的缺考考生缺席科目以零分计。每门必考科目成绩在算入总成绩时须乘以科目系数。教育部条例规定一些必考科目成绩在 10—20 分之间才可以乘以科目系数。选考科目成绩只有在 10 分以上才能够乘以科目系数。考试最后的成绩源于第一组和第二组考试成绩；其中第一组成绩决定考生考试成绩等级。考生的最后平均成绩以总分除以考试科目系数计算。第一组考试结束后，评审委员会直接宣布平均成绩为 10 分及以上的学生通过 bac 考试。平均成绩不足 8 分的考生直接淘汰。平均成绩在 8 分及以上的考生准许参加第二组考试，具体条件由教育部条例规定为主。第二组考试在评审委员会决议后进行，第一组与第二组考试平均成绩至少为 10 分的考生顺利通过考试。参加第二组考试通过的考生不给予成绩等级标准。残疾考生可分几次完成 bac 考试所涉及的所有科目。评审委员会只宣布考生所参加的科目的成绩，并在考生的成绩单上标注"最终结果待定"的决议。这类考生参加第二组考试的具体情况以教育部条例规定为准。所有学科方向的 bac 考试，考生所获得的 bac 学位证书可标注"欧盟系列"、"东方语言系列"或"国际系列"。考生平均成绩为 8 分及以上的可授予中学毕业证，由负责组织考试的学区长颁发。

bac 考试评审委员会所审定的资料包括：其一，考生科目考试成绩；其二，考生在学校中取得的一些考试科目的学年成绩与教师评语，某些情况下，考生可提供科目作业或作业摘要，具体实行方式以教育部条例规定为准；其三，对于由公立高中和合约私立高中所组织的考查科目，考查者给出成绩与评语，考生的作业或作业的摘要；其四，考生的学籍档案，在教育部条例规定中特定的情况下，可由考生自己建立。考生最终成绩以评审委员会决议为准，每位参加 bac 考试的考生都须提交学籍表，评审委员会不能在未审核学籍表的情况下淘汰任何考生。考生考试成绩等级将会记录在学籍表上，并且附有评审委员会主席签名。在第一组第二轮普通类 bac 考试中，评审委员会成员不可以评审自己的学生。笔试试卷以匿名形式评阅。评委会宣布考生考试结果时，考生姓名与就读学校信息须保密。

非在校生、已工作考生、成人教育实习生、求职者、体育部认定的高水平竞技人才与巴黎国家剧院舞蹈学校的考生，这几类考生在经历过一次 bac 考试失败后，可以继续参加接下来的四次 bac 考试，且可以申请保留考试中取得 10 分及以上分数的科目成绩，这样在考生下一次参加 bac 考试时，作为在校生或以上所提及的任何一种身份，只需参考未通过科目考试。上面所提及的情况只适用于持续报考同一学科方向 bac 考试的考生，如有例外，以教育部条例规定为准。对于拒绝享受保留科目成绩的考生，其科目成绩以考生最近的一次成绩为准来颁发学位。对于上面提及的几类考生，每次 bac 考试成绩以之前保留的科目成绩与新取得的科目成绩计算平均成绩。选择保留科目成绩的考生，获得的 bac 学位不标注成绩等级。

与以上所提及的几类考生相似，残疾考生也可申请保留第一组取得 10 分及以上分数的科目考试成绩。残疾考生在第一次 bac 考试失败后，仍可参加接下来的四次考试以通过所有考试科目。在之后的 bac 考试中只需参加前一次未通过的科目考试即可。这类考生每次 bac 考试成绩的计算为保留科目成绩与最近一次考试科目成绩的平均成绩。

第二节 技术类高中教育

现今的技术类 bac 考试包括八个学科方向：STMG（经营与管理）、STD2A（设计与应用艺术）、STI2D（工业与可持续发展）、STL（实验技术）、ST2S（医疗与社会）、STAV（农艺学与生命科学）、TMD（音乐与舞蹈技术）、酒店业。每个学科方向中都设有不同的子专业。

一、考试组织[①]

技术类 bac 考试与普通类 bac 考试在考试组织方面具有很大的相似度，其考试日期的安排与形式的确定也是由教育部决定。考试中心的名单与考试注册方式则由考生所在学区的区长确定。教育部可以在国外设立考试中心。所有考生，除学区长授权的免试生外，必须在考试前去其高三年级就读中学所属学区报到；非在读生去住所所属学区完成报到程序。每位考生每年只能注册一次技术类 bac 考试且只能选择一个学科方向。

考生由于不可抵抗外力的原因不能参加最后一学年或学年末组织的所有考试科目或科目的部分考试，可在学区长授权下，参加下一个学年初组织的相应的替场考试，但其中不包括体育考核与选考科目。不同学科方向的科目考试或同一科目的部分考试，在适当的情况下，可以使用视听通信设备来组织进行。需要使用视听通信设备来组织的考试科目，由教育部来确认技术条件是否完善，考点为保障考试的顺利进行，须做好一系列相关防范措施。在考场技术设施与条件允许的情况下，可面向全部考生或部分考生。考生在入考场前须提供身份证，且只有通过核查的考生才可以进入考场。

技术类 bac 学位由评审委员会最终授予，由组织考试的学区长颁发。农艺学与生命科学方向的 bac 学位由学区长与食品农林地区主任共同颁发。所有获得 bac 学位者，无论学科方向与考试成绩等级，都拥有同等的权利。

评审委员会委员由学区长任命，委员会由一名大学教授或副教授主持，主席人选由大学校长提名，学区长任命。评委会委员主席可以由副主席来协

---

① https://www.legifrance.gouv.fr/affichCode.do?idArticle=LEGIARTI000006527143&idSectionTA=LEGISCTA000006166856&cidTexte=LEGITEXT000006071191&dateTexte=20151215.

助或替补。副主席人选由学区长从中学的高级教师与拥有执教资格的教师中选出。bac 考试评审委员会由以下人员组成：1. 在职或退休大学教授、副教授或其他教研人员，其他公立高等教育院校教师团队成员；2. 公立学校教师与至少一位来自私立学校的教师（特殊情况除外），正在或曾经在普通与技术综合中学或普通与技术农业中学从事高一、高二、高三年级教学；3. 三分之一的评审委员会成员为对技术教育学位感兴趣的专业人士、雇主与员工代表。如果这个比例因为一个或几个成员的缺席而未能达到，委员会的决议依然有效。涉及专业艺术教育考试部分如需专业人士连续参与，所选专业人士可参与评估过程。国外考试中心的评审委员会组成方式与本土相同。然而，在海外考试中心缺少高等教育机构成员来主持评审委员会的情况下，可以任命一位教育学术服务主任代表学区长，或由一位中等教育高级教师来承担这一职责。除主席外，评审委员会委员与上面提及的专业人士可以通过视听通讯方式参加相关会议决议与决策过程。

二、考试形式与内容[①]

技术类的 bac 考试将基础知识与科技知识相结合对考生进行考查，技术类专业课程基本授课时间为两年。技术类的学生在读完高中一年级普通类或技术类课程后，在二年级时选择技术类具体的学科方向。其中，两个学科方向例外，即酒店业、音乐与舞蹈专业，这两个专业方向的学生要在高中一年级时就完成选科，专业课程学习时间为三年。技术类 bac 教育对学生的培养有两个导向，一部分学生在通过 bac 考试后，可以选择继续接受高等教育；一部分学生可以选择直接进入就业市场；而且这两个导向并重。从实际情况来看，绝大多数的学生在通过考试后会继续接受高等教育，主要以高等专业技术培训类教育为主，如 BTS（高级技师资格）课程或 DUT（技术类大学专科学位）课程。学生可以根据高中时所选的具体的科类方向来决定在高等教育机构中所学的专业。一小部分学生在取得 BTS 或 DUT 学位后，会继续进入大学本科完成最后一年的本科学位学习，也有极少数成绩优异者进入大学校中学习。技术类 bac 考试与普通类 bac 考试一样，整体划分为两组：

❖ 第一组考试面向所有的考生，由两轮考试组成，其中第一轮考试在高

---

① http://eduscol.education.fr/cid46806/epreuves-du-baccalaureat-technologique.html.

中二年级学年末进行，第二轮考试在高中三年级学年末进行。在第一组考试中，平均成绩为 10（20）分或以上的考生直接被录取；平均成绩在 8 分到 10 分之间的考生需要参加第二组考试；平均成绩达不到 8 分的考生被直接淘汰。

❖第二组考试，也称为口试补考，主要面向在第一组考试中，平均成绩在 8—10（20）之间的考生。考生可以从第一组考试所考科目中选择两门，以口试方式应试。自 2002 年以后，法语也可以作为补考科目供考生选择。考生所选补考科目最后成绩可以从第一组考试中的笔试分数或第二组口试分数中选择，以较高成绩为主。参加第二组考试的考生，在完成两门口试后，如果总平均成绩达到 10 分或以上，直接颁发 bac 学位证书。在第一组考试中被淘汰的学生会在第二组考试之前获得中学毕业证书。

学生的 bac 考试总成绩为第一组考试两轮成绩之和，对于须参加第二组考试的学员，第二组考试成绩也须算入总成绩中。bac 考试成绩分三个等级呈现。

通过第一组考试考生们的成绩将会分为三个等级：

▶AB 中等：平均成绩介于 12 分到 14 分之间，包括 12 分。
▶B 良好：平均成绩介于 14 分到 16 分之间，包括 14 分。
▶TB 优异：平均成绩在 16 分以上，包括 16 分。

下面将对技术类 bac 考试的八个学科方向的考试形式与内容进行详细介绍。

（一）经营与管理

经管科于 2012 年学年伊始取代了它的前身管理科。选择经管科的学生，在高中二年级所学的课程是统一的，主要以教授经营与管理方面的基础知识为主。学生可以基于对专业的认知，在进入高中三年级时进行具体专业选择。经管科所包含的子专业有：管理与金融、市场、人力资源与公共关系、信息系统与管理。经管科专业课程设置以基础概念与管理学的方法为主，为学生能够继续接受高等教育打下良好的基础。然而，与普通类 bac 教育中的经社科不同，经管科所属类别仍为技术类，因此，学生所学知识以及教师所采用的教学法具有更强的针对性与技能性特点。

1. 必考

以下关于考试内容、系数、形式以及考试时间的介绍以 2012 年 1 月 30 日政府所颁布的规定为主要参考依据。考试科目前面所标注的数字与学生在注册考试时的使用顺序一致。

第一轮考试（高二学年末）

考试科目	系数	考试形式	考试时间
1. 法语	2	笔试	4 小时
2. 法语	2	口试	20 分钟
3. 管理学	（1）	口试（2）	

第二轮考试（高三学年末）

考试科目	系数	考试形式	考试时间
4. 体育	2	课程考核（3）	
5. 历史和地理	2	笔试	2 小时 30 分钟
6. 现代语1	3	笔试与口试（4）	2 小时（笔试部分）
7. 现代语2	2	笔试与口试（4）	2 小时（笔试部分）
8. 数学	3	笔试	3 小时
9. 哲学	2	笔试	4 小时
10. 经济与法律	5	笔试	3 小时
11. 组织管理学	5	笔试	3 小时
12. 专业科目	12	笔试与实践（5）	4 小时（笔试部分）
体育补充课程（6）	2	课程考核	

2. 选考

考生可以在以下考试科目中最多选两门（7）。

考试科目	考试形式	考试时间
手语	口试	20 分钟
体育	课程考核	
艺术：视觉艺术，视听影视，舞蹈，艺术史，戏剧	口试	30 分钟
音乐	口试	40 分钟

注释：

（1）所取得的分值须在 10 分及以上才可以乘以系数 2。

(2) 科目评估在学年内进行。
(3) 课程考核。
(4) 口试评分在学年内进行。
(5) 实践评分在学年内进行，科目的每个部分评估成绩系数为 6。
(6) 对于专修学体育补充类课程的学生为必考科目。
(7) 作为选考科目的首科，所得分值在 10 分以上才会被采纳，并乘以系数 2。

（二）设计与应用艺术

依据设计与应用艺术科的课程体系的设置，主要考查学生三方面的能力，其中包括：基础文化知识与艺术知识、个人创造性、技术方面的知识与对基础技术工具的掌握程度。下面关于考试内容、系数、形式以及考试时间的介绍以 2011 年 7 月 22 日政府颁布的规定条例为主要参考依据。考试科目前面的数字与学生注册考试时的顺序一致。

1. 必考

第一轮考试（高二学年末）

考试科目	系数	考试形式	考试时间
1. 法语	2	笔试	4 小时
2. 法语	2	口试	20 分钟
3. 历史—地理	2	口试	20 分钟

第二轮考试（高三学年末）

考试科目	系数	考试形式	考试时间
4. 体育	2	课程考核	
5. 现代语 1	2	笔试与口试（1）	2 小时（笔试部分）
6. 现代语 2（2）	2	笔试与口试（1）	2 小时（笔试部分）
7. 数学	2	笔试	3 小时
8. 哲学	2	笔试	4 小时
9. 物理—化学	2	笔试	2 小时
10. 设计与应用艺术系统分析	6	笔试	4 小时
11. 设计与应用艺术项目	16	口试（3）	20 分钟（高三学年末口试）

续表

考试科目	系数	考试形式	考试时间
12. 设计与应用艺术专业现代语 1	（4）	口试（5）	
体育补充课程（6）	2	课程考核	

2. 选考

以下考试科目最多可选择两门（7）。

考试科目	考试形式	考试时间
现代外语（外语或区域语言）（8）	笔试与口试（1）	2 小时（笔试部分）
手语	口试	20 分钟
体育	课程考核	
艺术：视觉艺术，视听影视，舞蹈，艺术史，戏剧	口试	30 分钟
音乐	口试	40 分钟

注：

（1）口试部分评分在学年内进行。

（2）自 2017 年正式开始，2013—2016 年期间的科目考试为选考。

（3）科目考核在学年中进行，外加第三学年末的口试。考试的两部分成绩系数均为 8。

（4）所取得的分值在 10 分及以上才可以乘以系数 2。

（5）口试评分在学年内进行。

（6）对于修学体育补充类课程的学生为必考科目。

（7）作为选考科目的首科，所得分值在 10 分以上才会被采纳，并乘以系数 2。

（8）2013—2016 年期间考试科目，作为选考科目与必考科目考核方式一致，从 2017 年开始成为必考科目。

（三）工业与可持续性发展

工业与可持续性发展专业主要为学生开设跨学科课程，保证学生能够得到多方面的发展。其内部的专业设置包含四个方向：建筑与建造、能源与环境、技术创新与环保理念、信息与数字化系统。自 2011 年学年伊始，STI2D 取代了其前身 STI（应用艺术科除外）成为高中二年级的学科方向之一，在 2012 年学年成为高中三年级的专业学科之一，且 2013 年正式进入技术类 bac 考试。

1. 必考

以下关于考试内容、系数、形式以及考试时间的介绍是以 2011 年 7 月 22 日政府所颁布的规定为主要参考依据。考试科目前面的数字与学生注册考试时顺序一致。

第一轮考试（高二学年末）

考试科目	系数	考试形式	考试时间
1. 法语	2	笔试	4 小时
2. 法语	2	口试	20 分钟
3. 历史—地理	2	口试	20 分钟

第二轮考试（高三学年末）

考试科目	系数	考试形式	考试时间
4. 体育	2	课程考核	
5. 现代语 1	2	笔试与口试（1）	2 小时（笔试部分）
6. 现代语 2（2）	2	笔试与口试（1）	2 小时（笔试部分）
7. 数学	4	笔试	4 小时
8. 哲学	2	笔试	4 小时
9. 物理—化学	4	笔试	3 小时
10. 跨学科科技教育	8	笔试	4 小时
11. 专业教学项目（3）	12	口试（4）	20 分钟（高三学年末口试）
12. 科技教育专业现代语 1	（5）	口试（6）	
体育补充课程（7）	2	课程考核	

2 选考

考生可从以下考试科目中最多选两门（8）。

考试科目	考试形式	考试时间
现代外语（外语或区域语言）（9）	笔试与口试（1）	2 小时（笔试部分）
手语	口试	20 分钟

续表

考试科目	考试形式	考试时间
体育	课程考核	
艺术：视觉艺术，视听影视，舞蹈，艺术史，戏剧	口试	30分钟
音乐	口试	40分钟

注：
（1）口试部分评分在学年内进行。
（2）自2017年正式开始，2013—2016年期间的考试科目为选考。
（3）专业教育包括：建筑与建造、能源与环境、技术创新与环保理念、信息与数字化系统。
（4）科目考核在学年内进行，此外，叠加第三学年末所组织的口试。考试的两部分成绩系数均为6。
（5）所取得的分值在10分及以上才可以乘以系数2。
（6）科目评分在学年内进行。
（7）对于专修体育补充类课程的学生为必考科目。
（8）作为选考科目的首科，所得分值在10分以上才会被采纳，乘以系数2。
（9）2013—2016年期间考试科目，选考考试方式与必考考试方式一致，从2017年开始，正式成为必考科目。

（四）实验技术

实验技术专业包含两个子方向：生物科技、物理与化学实验技术。

1. 必考

关于考试内容、系数、形式以及考试时间的介绍以2011年7月22日政府所颁布的规定为主要参考依据。考试科目前面的数字与学生注册考试时的顺序一致。

第一轮考试（高二学年末）

考试科目	系数	考试形式	考试时间
1. 法语	2	笔试	4小时
2. 法语	2	口试	20分钟
3. 历史&地理	2	口试	20分钟

第二轮考试（高三学年末）

考试科目	系数	考试形式	考试时间
4. 体育	2	课程考核	
5. 现代语1	2	笔试与口试（1）	2小时（笔试部分）
6. 现代语2（2）	2	笔试与口试（1）	2小时（笔试部分）
7. 数学	4	笔试	4小时
8. 哲学	2	笔试	4小时
9. 物理 & 化学	4	笔试	3小时
10. 化学—生物化学—生物科学与专业教学（3）	8	笔试	4小时
11. 实验技能测试	6	实践	3小时
12. 专业教学项目	6	口试（4）	15分钟（项目介绍）
13. 科技教育专业现代语1	（5）	口试（6）	
体育补充课程（7）	2	课程考核	

2. 选考

考生可从以下科目中任选两门（8）。

考试科目	考试形式	考试时间
现代外语（外语或区域语言）（9）	笔试与口试（1）	2小时（笔试部分）
手语	口试	20分钟
体育	课程考核	
艺术：视觉艺术，视听影视，舞蹈，艺术史，戏剧	口试	30分钟
音乐	口试	40分钟

注：

（1）口试部分评分在学年内进行。

（2）自2017年正式开始，2013—2016年期间的科目考试为选考。

（3）专业教育包括：生物科技、物理与化学实验技术。

(4) 科目考核在学年内进行，外加口试时对于项目的介绍。考试的两部分成绩系数均为 6。

(5) 所取得的分值在 10 分及以上才可以乘以系数 2。

(6) 科目评分在学年内进行。

(7) 对于修学体育补充类课程的学生为必考科目。

(8) 作为选考科目的首科，所得分值在 10 分以上才会被采纳，乘以系数 2。

(9) 2013—2016 年期间考试科目，选考考试方式与必考考试方式一致，从 2017 年开始，正式成为必考科目。

(五) 医疗与社会

医疗与社会专业所开设的专业课程包括：人类生物学、个体与群体心理认知、时事与健康问题研究、社会卫生制度。

1. 必考

以下关于考试内容、系数、形式以及考试时间的介绍以 2012 年 1 月 30 日政府所颁布的规定为主要参考依据。考试科目前面的数字与学生注册考试时的顺序一致。

第一轮考试（高二学年末）

考试科目	系数	考试形式	考试时间
1. 法语	2	笔试	4 小时
2. 法语	2	口试	20 分钟
3. 跨学科练习	(1)	口试 (2)	

第二轮考试（高三学年末）

考试科目	系数	考试形式	考试时间
4. 体育	2	课程考核 (3)	
5. 历史—地理	2	笔试	2 小时 30 分钟
6. 现代语 1	2	笔试与口试 (4)	2 小时（笔试部分）
7. 现代语 2	2	笔试与口试 (4)	2 小时（笔试部分）
8. 数学	3	笔试	2 小时
9. 哲学	2	笔试	4 小时
10. 物理和化学	3	笔试	2 小时

续表

考试科目	系数	考试形式	考试时间
11. 生物与人类病理生理学	7	笔试	3小时
12. 科技项目	7	口试（5）	15分钟（高三学年末口试）
13. 卫生与社会	7	笔试	3小时
体育补充课程（7）	2	课程考核（3）	

2. 选考

考生可从以下科目中任选两门（8）

考试科目	考试形式	考试时间
手语	口试	20分钟
体育	课程考核（3）	
艺术：视觉艺术，视听影视，舞蹈，艺术史，戏剧	口试	30分钟
音乐	口试	40分钟

注：

（1）所取得的分值在10分及以上才可以乘以系数2。

（2）科目考试在学年内进行。

（3）科目考核在授课过程中进行。

（4）口试考试在学年内进行。

（5）科目考核在学年内进行，外加高三学年末的口试成绩。学年考核成绩系数为4，口试成绩系数为3。

（6）对于修学体育补充类课程的学生为必考科目。

（7）作为选考科目的首科，所得分值在10分以上可被采纳，乘以系数2。

（六）农艺学与生命科学

农艺学与生命科学专业只开设于农业高中，主要由四个子方向构成：农艺学、食品业、环境学、领土学。这一专业的考试包含了九个必考科目，其中一门科目在第一轮考试中进行，即高二学年末；其他八门科目在第二轮考试中进行，即高三学年末。此外，这一专业方向还包括两门（至多）的选考科目。学生必考科目的最终成绩将参考其在学校所取得的科目平时考核成绩，见表3-1。

表 3-1 农艺学与生命科学专业专试科目表

考试科目	课程考查成绩系数	考试成绩系数
E1 法语，文学与其他方式书面表达（第一轮考试科目）	1	3
E2 外语知识与实践	1	2
E3 体育	3	
E4 数学与信息技术和多媒体	1	3
E5 哲学	1	3
E6 人文学	2	4
E7 生命学	2	4
E8 材料学	1	2
E9 技术知识	2	5

考生最多可选择两门选考科目，其中可以包括现代语、外语或区域语言。学生所取得的成绩在 10 分以上才会被采纳。顺利通过考试的学员可以继续接受高等技术专科学习，其中包括高级农业技师课程、高级技师课程以及大学专科学位课程。在学员完成专科学习后，成绩优异者可以进入大学的本科学位教育，极少数可以进入精英大学攻读相关专业的工程师学位。

（七）音乐与舞蹈技术

不同于以上的专业，音乐与舞蹈技术专业的学生在进入高中一年级时就需要进行专业选择，并完成三年的专业课程学习。音乐与舞蹈技术专业主要由两个子方向构成：乐器、舞蹈。这一专业的相关考试科目分组规则与技术类其他专业的考试极不相同。

❖ 乐器方向：

1. 基础知识考试科目

第一轮考试（高中二年级学年末）

考试科目	系数	考试时间
A1 法语（笔试）	2	4 小时
A1 法语（口试）	1	20 分钟

第二轮考试（高中三年级学年末）

考试科目	系数	考试时间
A2 数学与物理 或哲学	3	4 小时
A3 现代语 1（1）	3	20 分钟
A4 体育	1	30 分钟

2. 专业考试科目

考试科目	系数	考试时间
B1 音乐技能（听曲与分析）	3（2）	4 小时
B2 乐器表演	4	20 分钟
B3 音乐史	3	4 小时

3. 基础知识口试科目

考试科目	系数	考试时间
哲学 或数学与物理	3	(1) 20 分钟
A6 艺术与文明史	2	(1) 20 分钟

4. 选考性质的考核科目

考试科目	系数	考试时间
法语（1）	2	20 分钟
或		
数学与物理	3	(1) 20 分钟
或		
哲学	3	(1) 20 分钟

5. 专业考试科目

考试科目	系数	考试时间
B4 谱曲	2	4 小时
或		
调音	2	30 分钟

续表

考试科目	系数	考试时间
或		
识谱	2	10 分钟
或		
乐器学	2	20 分钟

6. 考核科目

考核科目	系数	考试时间
乐器弹奏	4	20 分钟

7. 选择性考试科目

考生可以从下面两门课程中选择一门或两门来作为选考科目。*

* 古代语或现代语（外国语或区域性语言）
* 视觉艺术

考核科目	考试形式	考试时间
古代语或现代语（外国语或区域性语言）（1）	口试	20 分钟
视觉艺术	口试	30 分钟

❖ 舞蹈方向：

1. 基础知识考试科目

第一轮考试（高中第二学年末）

考试科目	系数	考试时间
A1 法语（笔试）	2	4 小时
A1 法语（口试）	1	20 分钟

第二轮考试（高中第三学年末）

考试科目	系数	考试时间
A2 数学与物理		
或	3	4 小时
哲学		

续表

考试科目	系数	考试时间
A3 现代语 1（1）	3	20 分钟
A4 体育	1	30 分钟

2. 专业考试科目

考试科目	系数	考试时间
B1 乐器技术（辨音与分析）	3（2）	3 小时
B2 编舞	4	20 分钟
B3 音乐史	3	4 小时

3. 基础口试科目

考试科目	系数	考试时间
A5 哲学		
或	3	20 分钟
数学与物理		
A6 艺术与文明史	2	20 分钟

4. 选择性口试考核科目

考核科目	系数	考试时间
法语（1）	2	20 分钟
或		
数学与物理	3	（1）20 分钟
或		
哲学	3	（1）20 分钟

5. 专业考试科目

考试科目	系数	考试时间
B4 即兴编舞	2	30 分钟
或场景设计	2	30 分钟
或命题编舞	2	10 分钟
或解剖学	2	15 分钟

6. 考核性质科目

考核科目	系数	考试时间
编舞	4	20分钟

7. 选考科目

考生可从下面两门课程中选择一门或两门来作为选考科目。*

* 古代语或现代语（外国语或区域性语言）

* 视觉艺术

考核科目	考试形式	考试时间
古代语或现代语（外国语或区域性语言）(1)	口试	20分钟
视觉艺术	口试	30分钟

注：

(1) 口试

辨音成绩系数为1，分析成绩系数为2。

(2) * 成绩在10分以上会被采纳，作为选考科目的首科，所得分值在10分以上，可以乘以系数2。所得分数与基础知识考试科目成绩累加为最后成绩。

（八）酒店业

与音乐与舞蹈技术专业相同，酒店业的专业课程设置为三年制，即学生在进入高中一年级时就需要完成专业的选择。酒店业的课程设置与教学主要以培养酒店业方面的综合性专业人才为主，其中包括了三个子方向：饮食业、接待、住宿。

1. 必考

考试科目前面的数字与学生注册考试时的顺序一致。

第一组考试

第一轮（高中二年级学年末）

考试科目	系数	考试形式	考试时间
1. 法语（笔试）	2	笔试	4小时
1. 法语（口试）	1	口试	20分钟

第二轮（高中三年级学年末）

考试科目	系数	考试形式	考试时间
2. 哲学	2	笔试	4小时

续表

考试科目	系数	考试形式	考试时间
3. 现代语（A＋B）*	4	口试	30 分钟
4. 旅游环境	4	笔试	3 小时
5. 酒店管理与数学	7	笔试	4 小时 30 分钟
6. 应用科学与技术	4	笔试	3 小时
7. 专业技术	8	实践与口试	5 小时
8. 体育	1	课程考核**	课程考核**

考生可从以下科目中任选两门进行考核：法语、哲学、旅游环境、酒店管理与数学、应用科学与技术。

口试：准备时间与考试时长一致，特殊情况除外。

考试科目	系数	考试时间
9. 法语	2	20 分钟
10. 哲学	2	20 分钟
11. 旅游环境	4	30 分钟
12. 酒店管理与数学	7	40 分钟
13. 应用科学与技术	4	20 分钟

2. 选考

考生可以从以下科目中选择一门作为选考科目。***

考试科目	考试方式	考试时间
外国语 3 或区域性语言或手语	口试	20 分钟
体育	课程考核***	课程考核***
艺术类（视觉艺术/试听影视/舞蹈/艺术史/戏剧化表演	口试	30 分钟
	口试	40 分钟

注：

*两种语言中必须有一门是英语，欧洲班或东方语言班考生可以选择自己所学的必考 A 语言或 B 语言。

**授课过程中的考核方式，应用于公立学校或一些合约式私立学校。对于其他类的考生，考试官方日期确定后学生应试。

＊＊＊成绩在 10 分以上会被采纳，作为选考科目的首科，所得分值在 10 分以上，可以乘以系数 2。

三、学位授予条件

技术类 bac 考试也分为必考与选考科目两部分。考试科目为所选学科方向的必修课或高中二、三年级的选修课。考试科目分为两组，第一组考试包括了所有必考科目，在特定情况下，也包括选考科目。第二组考试包括考查科目，为第一组必考、提前考核中所涉及的科目，且考生所选选考科目不可超过两门。不同学科方向的考试科目、考试类型、考试时长、考试科目系数由教育部条例设定；农艺学与生命科学方向的科目考试由教育部与农业部共同商定。公立高中与合约私立高中考生体育考试与一些选考科目成绩为课程考核成绩。其他类别考生在适当条件下，须参加考试。教育部确定当年 bac 考试中语言考试中的语言种类，农艺学与生命科学方向的考生的语言选择由教育部与农业部共同商定。注册 bac 考试的考生通常情况下要完成所有必考科目，特殊情况除外，以教育部具体条例规定为主。

科目考试内容以高中三年级所实行的官方课程为主。由教育部确定提前考查科目名单，农艺学与生命科学方向的科目考试由教育部与农业部共同商定。提前考核（第一轮考试）科目内容以高中二年级课程为主。提前考查科目成绩将会与高中三年级末组织的考试（第二轮考试）所有科目的成绩一起计入总成绩。如有特殊情况，以当年教育部的规定为准；农艺学与生命科学方向的考生以教育部与农业部共同条例规定为准。已获得其他学科方向 bac 学位者，根据教育部条例规定或教育部与农业部共同实行的条例规定，可免试一些科目。免试科目不标注考试成绩等级。由于健康原因无法参加考试的考生，须出示由教育医疗领域认可的医生出具证明。具有免考资格的残疾考生如果自认为有能力参加体育测试，可以申请参加，具体实施方式以教育部规定来进行协调。

技术类 bac 考试的成绩计算与普通类 bac 考试具有一致性，在此不赘述。所有涉及农艺学与生命科学方向考生的相关事宜，以农业部的条例规定为准。

技术类 bac 考试评审委员会所审定的资料包括：其一，考生考试成绩；其二，考生在学校中取得的一些考试科目的学年成绩与教师评语，某些情况下考生可提供科目作业或作业摘要，具体实行方式以教育部条例规定为准；农艺学与生命科学方向的科目考试以农业部条例规定为准；其三，对于由公立高中和合约私立高中所组织的考查科目，考查者给出的成绩与评语，考生的作业或作业的摘要；其四，学籍档案在教育部条例规定中特定的情况下，或农艺学与生命科学方向，以农业部条例规定为准，可由考生自己建立。

非在校生、已工作考生、成人教育实习生、求职者、体育部认定的高水平竞技人才与巴黎国家剧院舞蹈学校的考生，这几类考生在经历过一次 bac 考试失败后，可以继续参加接下来的四次 bac 考试，且可以申请保留考试中取得 10 分及以上的科目成绩，这样在考生下一次参加 bac 考试时，作为在校生或以上所提及的任何一种身份，只需参加未通过科目考试。上面所提及的情况只适用于持续报考同一学科方向 bac 考试的考生，如有例外，以教育部条例规定为准。对于拒绝享受保留科目成绩的考生，其科目成绩以考生最近的一次成绩为准来颁发学位。对于上面提及的几类考生，每次 bac 考试成绩以之前保留的科目成绩与新取得的科目成绩计算平均成绩。选择保留科目成绩的考生，获得的 bac 学位不标注成绩等级。与以上所提及的几类考生相似，残疾考生也可申请保留第一组取得 10 分及以上科目考试成绩。残疾考生在第一次 bac 考试失败后，仍可参加接下来的四次考试以通过所有考试科目。在之后的 bac 考试中只需参加前一次未通过的科目考试即可。这类考生每次 bac 考试成绩的计算为保留科目成绩与最近一次考试科目成绩的平均成绩。

第三节　职业类高中教育[①]

职业类 bac 教育分全日制教育与学徒制教育两种类型。全日制教育招收对象包括初三毕业生、拥有职业资格五级认证者（BEP/CAP 文凭获得者）以及顺利通过学校水平测试的学生。职业类 bac 教育学生在三年学习期间，必须参加 BEP 或 CAP 考试。自 2009 学年开始，职业类教育改制为三年，正式引入补考口试机制。

一、考试组织

职业类 bac 考试每学年至少组织一次，由学区或者学区之间联合组织，

---

① http://eduscol.education.fr/cid47640/le-baccalaureat-professionnel.html.

具体运作方式依照教育部条例规定实施。考试题目由教育部或教育部的代表与学区长最终确定。涉及农业或海事专业考试科目由农业部或海事部来确定。考生每次只能选择注册一个专业方向的考试。考生由于不可抵抗的外力的原因而无法参加考试或部分考试，在学区长的准许下，可以参加由教育部授权的跨学区考试中心组织的替换考试，体育考试与选考科目除外。

职业类bac考试的评审会委员由学区长任命，评审会主任由一位高等教育机构教研人员担当，且可由一位副主席进行协助或作为替补人员来主持会议，副主席人选由学区长在高级教师或同级别的教师，或从职业中学教师或同等级别的教师中选出。评审委员会由以下成员构成：1. 公立学校教师与至少一位来自合约私立中学或学徒培训中心或学徒机构的教师，特殊情况除外；2. 至少三分之一的成员为对职业类bac专业感兴趣的专业人士，专业人士团队由同等比例的雇主代表与员工代表组成。因特殊原因，在这一人员构成无法达成比例的情况下，评审委员会的评审依然有效。学区长可任命考官助理与评卷助理与评审委员一起参与评估或对一些科目的试卷进行批改。考官助理与批卷助理可在适当情况下参加委员会决策过程，并对考试科目成绩的评估或批改提供咨询意见。

对于涉及与农业相关的专业考试，评审委员会人员由地区农业与森林部主任任命。由一位高等教育机构教研人员主持，评委会成员可从隶属农业部学校的教师中选出。对于涉及与海事相关的专业考试，评审委员会人员由海事部部长任命，且由一位高校教研人员或海事专业的教授主持，其他成员从海事学校教师中选出。

职业类bac学位由学区长颁发；与农业相关专业的学位由学区长与食品、农业与森林地区主任共同颁发；与海事相关专业的学位由学区长与海事事务地区主任共同颁发；特定专业或特定考生类别以政府所推行的具体法律条例为准。

二、考试形式与内容

职业类bac教育自2009年改制为三年，截至目前已设有近90种专业方向。且将职业学业资格证（BEP）考试或职业能力资格证（CAP）考试纳入其全日制教学中。通过职业类bac考试有两种方式：一种是参加考试，面向的学员群体包括：其一，在学校接受全日制教育学生；其二，学徒；其三，成人职业教育学员（继续教育）；其四，参加工作三年以上的报考者（包括三年），可以以独立考生的身份参加考试。对于选择考试方式的考生，可以通过一次性考试的方式，来通过所有科目的测试；也可以以渐进式的方式来选择自己希望参加的测试科目，分几次来完成所有考试与考核科目。另一种是以执业经历与工作经验来获取相等水平的资格认证，这类申请者，需在报考的专业领域拥有不少于三年的工作经验，且从事技术性工种或拥有从业资格。

职业类高中采取个性化教学，依据学生自身的特点与需求提供相应的培训与帮助。课程设置以每个专业的技能课程为主，除了学习基础课程之外，学生在三年的学习中进入企业实习的时间不少于22周，而且学生实习期的考核成绩也被列入其最后成绩的计算中。学生在职业高中三年学习期间，如果需要留级，必须以申请的方式或者在家长的批准下才能实现。职业类 bac 教育学生在顺利通过 bac 考试后，获得的职业类 bac 学位是全国性的统一学位。职业类 bac 考试包括七门必考科目，适当情况下，学生可以加入一门选考科目。每门科目对应一个或几个评估单元的要求。选择职业类 bac 教育的全日制学生在获得 CAP、BEP 或 bac 学位后可以直接工作，也可以继续接受高等专业技术教育，如 BTS 或者 DUT，见表 3-2。

表 3-2　职业类高中教育考试情况表

考试科目	系数	考试形式	考试时间
1. 法语	2，5	笔试	2 小时 30 分钟
2. 历史—地理—公民教育	2，5	笔试	2 小时
3. 应用艺术与艺术文化	1	课程考核	1 小时 30 分钟
4. 预防—卫生—环境	1	课程考核＋笔试	2 小时（笔试）
经济管理（适用于五十几个专业方向的考生）	1	课程考核＋面试	
5. 体育	1	课程考核（高三学年）	
6. 现代语	2	课程考核＋口试	15 分钟（口试）
7. 数学	1，1.5，2（依专业而定）	实践＋课程考核	1 小时 30 分钟（分两次，每次 45 分钟）
物理和化学（适用于绝大多数专业方向的考生）	1，1.5，2（依专业而定）	课程考核（实践）	1 小时 30 分钟（分两次，每次 45 分钟）

职业类 bac 考试中所引入的补考口试机制，是面向考试平均总成绩在

8 分（含 8 分）到 10 分之间的考生，且考生须在专业实践考核中获得 10 分及以上的成绩。补考以口试形式进行，每门科目时长为三十分钟，共计两门，考试成绩系数为 1。

三、学位授予条件

职业 bac 学位在国家专业资格认证目录中被认定为四级①。一方面，职业 bac 学位为学生提供了可以进入高等教育院校学习的机会。另一方面，职业 bac 教育为专业型教育，学位拥有者已具备从事高水平职业活动的能力。职业 bac 学位同时也是一种专业资格认证。每种专业认证的学位都会列出文凭获得者所必须具备的能力、专业知识与技能和对普通知识与技能的掌握程度，详细规定获得学位者所要达到的知识与能力水平。认证标准以评估单元形式进行组织，包括一套统一的与学位设定目的、所要求的能力、专业知识与技能水平等相关的标准。一些评估单元可适用于不同专业的资格认证。认证标准一般包括不超过三个评估单元所规定的能力要求，而且具有可选性。职业 bac 教育所包含的专业，经专业咨询委员会审议后，依教育部条例规定进行设置。涉及与农业和海事相关的专业，设置程序由教育部和农业部或海事部共同协商而定。对于每个专业的设置，政府都会出台相应的职业认证标准以及学位授予条件。职业类 bac 教育中所包含的学生在企业内部培训项目，其具体时长以及组织安排由学校负责。一般而言，学生在企业内部培训时长为 12 至 26 周，由教育部或农业部或海事部具体负责与企业达成相关协议。

职业类 bac 考生在进行考试注册时，可选择选考现代语来代替一门特定审核科目；且选考科目成绩为 10 分及以上，可计入总成绩。考生平均成绩为 8 分及以上可授予职业中等教育毕业证，由负责组织考试的学区长颁发。考生如缺席一门考试，不予授予职业类 bac 学位。对提供有效证明的缺考考生所缺席的科目则以零分计，且在符合相关条例规定下，可以授予学位。因无法提供有效证明且缺席而不能被授予学位的学员，可参加当年组织的替换

---

① 根据 2013 年发布的 Nomenclature relative au niveau de diplôme des candidats 中规定，CAP，BEP 文凭被认定为五级，bac 文凭为四级，BTS（两年制高等技术文凭）为三级，L（学士）与硕士一年级文凭为二级，M（硕士学位，工程师学位等）为一级，D（博士学位等）为一级。

考试。考生在企业职业培训期间未通过考核，不能被授予职业bac学位。由于健康原因无法参加考试的考生，须出示由教育医疗领域认可的医生出具的证明。具有免考资格的残疾考生如果自认为有能力参加体育测试，可以申请参加，具体实施方式以教育部规定来进行协调。

职业类bac考试评审委员会所审定的资料包括考生考试成绩与学籍档案表或受教育的记录。评审委员会不能在未审核学籍表或教育记录的情况下淘汰任何考生。考生考试成绩等级将会记录在学籍表或教育记录表上，并且附有评审委员会主席签名。职业类bac考试与普通类及技术类考试所不同之处在于命题委员会是由一名国民教育总督导来主持命题委员会，人选由相关学科主任任命。职业类bac考试命题委员会参与的每位成员教师任期为三年以上。

不同于普通类与技术类bac考试，职业类科目考试成绩为10分及以上，自成绩取得之日起五年内有效，由学区长给考生颁发成绩有效证明。对于在公立高中或合约私立高中就读的全日制学生、在公立机构接受继续教育的学生、在学徒培训中心或学区长认证的学徒机构就读的学徒而言，职业类bac考试所包含的科目具体包括：其一，三门或以上必考科目是以在学校日常教学过程中对学生的科目考核形式进行；其二，至少一门必考科目是以最终考试方式进行，考生成绩的评定可参考学生平时的科目考核成绩。考生bac考试平均成绩为在8分（含8分）至10分之间，且专业实践考核分为10分及以上者可以参加补考口试。考生bac考试的总成绩为第一组考试的平均成绩与第二组补考成绩的平均值，并以此成绩为颁发学位的依据。考生所获得的职业类bac学位所标注的考试成绩等级可分为AB、B、TB三个等级，分数区间划分与普通类与技术类bac考试一致。职业类bac考试中所涉及的所有专业方向，在通过由教育部条例所规定的特定审核标准后，都可在所授予的bac学位上标注"欧盟系列"。

第四章　法国高校招生考试制度的当代实践——招生篇

　　法国双轨制的高等教育体系内部的不同类型的高校招生制度可分为：开放性与选拔性，两者之间不存在排他性。法国公立大学的招生特点之一为开放性，此特性强调大学的招生标准主要与学生的 bac 成绩以及 bac 类型相关，但并不排除特定学科会因为教学容纳力有限，在一定程度上对申请者进行筛选。此外，这里的"大学的招生标准"之内涵并未包括大学技术学院的招生体系。法国公立大学校的招生体制的特点之一为选拔性，申请者的 bac 成绩只是一张必需的进入学校二次选拔的入场券，考生还需要经过由学校组织的考试，且成绩优异，再经学校综合评审后，才能最终被录取。与开放性的招生机制相比，选拔性机制具有多道筛选程序、面向的学生群体缩减以及考核内容难度提升且复杂多样等特点。本部分以世界大学学术排名以及 QS 世界大学排行榜为参考，以招生对象与录取方式为基本参数选取了几所法国高等院校进行案例分析。

　　此外，值得关注的是，自 2009 学年伊始，APB（admission post-bac）网站成为报考法国高等院校的官方门户网站。绝大多数的公立高校都使用这一网站作为其招生的主要平台，申报以下类型的高等教育的学员必须通过 APB 平台来实现网上报考、志愿填报、录取结果查询以及确认等程序，其中包括：大学本科一年级、PACES（医科以及医护类大学的一年级）、BTS（高级技师资格证）、CPGE（大学校预科班）、部分工程师学校一年级、部分商校一年级等[1]。为了更清楚地了解高校招生录取流程，读者可以在附录中阅读《2016 年 bac 考试指南》。由于每年 bac 考试时间及安排变化不大，因此具有较大的参考价值。bac 考试指南会以考生国籍为基础，分类进行阐

---

[1] http://www.admission-postbac.fr/index.php? desc=notices.

述,其中包括:法籍考生指南,面对欧盟、欧洲经济共同体或瑞士联邦国籍考生指南,以及其他国籍考生指南。

第一节 高校开放性招生

正如前面所指出的,法国的公立大学本科招生都要通过 APB 平台来实现。本节以上海交通大学所发布的《2015 年世界大学学术排名》[①]为参考,选择皮埃尔与玛丽居里大学(巴黎六大,排名 36 位)与巴黎十一大(排名41 位)为开放性招生制度代表,对两所大学的招生录取进行案例分析。

一、皮埃尔与玛丽居里大学(UPMC,巴黎六大)[②]

巴黎六大于 2007 年更名为皮埃尔与玛丽居里大学,是原巴黎大学理学院与医学院的主要继承者。它是一所法国公立研究型大学,也是索邦大学联盟成员之一,主要以理工科与医科研究闻名世界,尤其是在物理、化学、医学与数学等方面研究成果位于世界前沿。据数据统计,自 1903 年至今,该校有 19 人获得诺贝尔奖(居里夫人于 1903 年与居里先生获得物理奖,1911年获得化学奖),7 位获得数学领域的菲尔兹奖(包括校友与教研人员)。目前该校拥有在校生 31 000 名,博士研究生 3 000 名。教职工总人数达 9 600人次,其中包含 3 750 名教学科研人员。该校有 13 个校区,分布在 4 个大区。该校(医学院除外)设有本科生教育、硕士研究生教育、博士生教育以及工程师教育。本科阶段主要设立 9 个专业,包括化学专业、电子电力与自动化专业、计算机科学专业、数学专业、力学专业、物理专业、地球科学专业、生命科学专业、科学技术专业(新建立专业以学生主修专业与辅修专业为基准,主要面对本科二年级和三年级的学生,旨在帮助学生更好地完成进入专业学习的过渡阶段)。除医学院外,理论上本科教育为三年制、硕士生教育为两年制、博士生教育为三年制;工程师教育学制根据申请者已有的教育背景而有所不同。

根据申请者所属类型,巴黎六大的招生方式可分为三种。

---

① http://www.shanghairanking.cn/ARWU-Methodology-2015.html.
② http://www.upmc.fr.

第一种方式适用于首次在该校注册本科一年级的申请者或已在其他高校就读需进行院校重选的学生，这两个群体的申请者可通过 APB（admission post-bac）平台完成申请。自 2009 学年伊始，APB 网站成为报考法国高等院校的官方门户网站。绝大多数的公立高校都接受了将这一网站做为其招生的主要平台。其中申请以下高等院校的申请者必须通过 APB 进行网上报考、志愿填报、录取结果查询以及确认等程序：公立大学本科一年级教育、PACES（医科以及医护类大学的一年级）、高等技师短期培训、大学校预科班、部分工程师学校一年级、部分商校一年级等。申请者最多可以在网上提交 24 份申请，至多可以选择 12 个不同教育类型。具体的教育类型划分以及每个教育类型可提交的申请份数以 APB 平台所发布的官方规定为主。为了不错失机会，申请者应该进行多样化选择。考生的录取信息发布分为三个阶段，每个阶段考生会收到一个最优推荐录取。推荐录取主要以考生志愿排序、考生在报考学校中的排名以及前一个阶段录取中空出的名额为标准。考生对录取信息的确认有四种方式：完全接受、暂且接受等待更好的录取（如果考生在录取的下一阶段获得更好的学校的录取，最初的录取建议失效。如果考生未能获得更好的录取，则须重新确认自己的选择，等待下一阶段的录取）、拒绝等待更好的录取（考生做此决定时需谨慎，在拒绝当前的录取建议后，考生未必将会有更好的选择）、弃权（考生愿放弃所有的报考志愿）。此外，如果学生在申请时选择了学徒教育方式，且须以工作合同为基础，但考生未找到工作合同之前收到了申请志愿表排序靠后的学校的录取通知时，考生可以在录取最后阶段信息发出后仍旧选择"暂且接受等待更好的录取"这一选项，选择的有效性可以持续到当年的 9 月份。

第二种方式适用于来自欧洲国家以外且属于首次申请注册本科一年级的外籍申请者，具体申请细节要依照申请者所在国家设立的法国教育服务中心的具体规定来完成。

第三种方式适用于年龄在 26 岁以上且申请就读本科一年级的申请者，可通过巴黎六大官方 e-scolarité 进行网上申请。申请者被录取后，须在网上进行行政预注册。待学生交纳了注册费以及社会医疗保险费之后，再进行正式的行政与教学双注册，最终完成整个录取过程。鉴于法国公立高等教育具有社会服务性质，是社会福利制度的一部分，因此公立大学仅收取学生的注册费而无学费。2015—2016 年度本科注册费为 184 欧元／学年。学生可以根据自己的经济状况选择付款的方式，最多可分三次付款。学校会根据学生不同的家庭收入情况以及学生个人情况（例如：社会助学金持有者，或学徒，或获得大学校长批准的免学费许可的学生），在学生支付注册费后，根据其申请进行返还。

二、巴黎十一大（Paris Sud）[①]

巴黎十一大也是原巴黎大学理学院的继承者之一。它创立于1970年12月7日，其第一任校长选举在1971年的秋天举行。巴黎十一大最初由奥尔赛（Orsay）理学院、克里姆林-比塞特（Kremlin-Bicêtre）医学院、夏特奈-马拉比（Chatenay-Malabry）药学院、索城（Sceaux）药学院与经济学院以及卡尚（Cachan）、奥尔赛与索城三个大学科技学院（IUT）合并而成。此后，FIUPSO（现在的巴黎十一大综合理工学院）以及体育卫生学院也相继加入。经过几十年的发展，目前，巴黎十一大的组成部分包括：以专业来划分的五个大学院：让-莫奈学院（法学—经济—管理专业）、医学院、药学院、奥尔赛理学院、体育学院，三个大学科技学院与一个工程师学校，它们分别分布于奥尔赛、索城、夏特奈-马拉比、克里姆林-比塞特以及卡尚。巴黎十一大以其科研实力著称，自创校至今，拥有两位诺贝尔奖获得者（Albert Fert，2007年物理奖获得者 Pierre-Gilles de Gennes，1991年物理奖获得者）以及四位菲尔兹数学奖获得者。此外，生物、化学、药学等领域的许多研究人员也取得了不菲的成绩。至2015年1月，巴黎十一大有在校生30 172名，且接受外国留学生人数超过4 800名。大学设有化学、计算机科学、物理、数学、生物、卫生学（药学与医学）、环境学、能源学、地球科学、电子学、力学、管理学、经济学、法律、市场学、人力资源、体育学、教师职业教育等十八个专业。

巴黎十一大招生程序与通道的介绍以2015—2016年度法律—经济—管理学院[②]的招生简章为基础，以表格的形式呈现。申请者国籍、已获得学位、居住地以及年龄被进行了详细划分，学校也为不同类型的申请者设置了不同的平台，见表4-1。

---

① http://www.u-psud.fr/fr/index.html.
② http://www.jm.u-psud.fr/fr/vie_etudiante/inscriptions_a_la_faculte.html.

表 4-1 2015—2016 年度法律—经济—管理学院本科一年级申请指南

现状	申请	时间段	行政注册	时间段
已获得或即将获得法国 bac 学位、欧洲 bac 学位、欧盟国家所授予的 bac 学位者	通过 APB 平台	1月20日至3月20日	通过 laprimo 实现，在 APB 平台上预约后，考生须带所需资料前往学院完成最后注册	7月
拥有法籍或欧洲籍者且拥有欧共体以外国家所授予的 bac 同等学位学生	通过 APB 平台	1月20日至3月20日	通过 laprimo 实现，在 APB 平台上预约后，考生须带所需资料前往学院完成最后注册	7月
已经就读于法国高等院校转专业学生	通过 APB 平台	1月20日至3月20日	通过 laprimo 实现，在 APB 平台上预约后，考生须带所需资料前往学院完成最后注册	7月
已获得外国学位且为外籍但居住在法国的学生	填写 DAP 绿表	11月15日至1月22日	须预约后提交相关申请文件	7月
已获得或即将获得外国学位、外籍且所居住国家没有设立法国教育服务中心	填写 DAP 白表	11月15日至1月22日	须预约后提交相关申请文件	9月
已获得或即将获得外国学位、外籍且所居住国家设立有法国教育服务中心	通过法国教育服务中心填写 DAP 白表	11月15日至1月22日	须预约后提交相关申请文件	9月
已获得法国或欧洲 bac 学位且年龄超过26岁的学生	通过 AIDE 申请	7月初截止申请	须预约后提交相关申请文件	7月

巴黎十一大其他学院对考生类别划分以及申请流程与法律—经济—管理学院大体一致，但不排除以下几种特别情况：其一，医学院对申请其第一年教育①的申请者，增加了一项专业性的要求：即欧籍以外的外籍申请者必须

---

① http://www.sciences.u-psud.fr/fr/vie_etudiante/inscriptions/candidatures-et-inscriptions/paces.html.

在本国已经获得进入医科专业学习资格或学位。所有申请者均可按照自己的实际情况，下载相应的表格以及申请材料，完成申请流程。与其他学院有所不同，医药科第一学年学员须接受通识教育，即对子专业进行再划分的情况下，所有学员接受医学与药学基础课程的学习，同时，也对学生是否拥有继续学医的能力进行考核。在医药科第一学年的学习中，学生如果两次不能通过医科入门考试，则将被淘汰。其二，理学院[1]在申请程序中增设一类考生，即大学校预科学生，这类考生的申请要通过 OPI 平台，申请时间段也与其他类考生有所差异。其三，巴黎十一大的三个科技学院所开设的课程既包括全日制教育，也为申请者提供了学徒式教育的机会。这两类教育方式的申请时间段以及申请条件有所不同。

与巴黎六大相同，根据 2014—2015 年度公立大学统一收费标准，巴黎十一大的本科注册费为 184 欧元/学年，此外学生须支付社会医疗保险 215 欧元/年以及图书馆使用费等相关费用，共计 454.1 欧元/学年。学生可以根据自己的经济状况选择付款的方式，可分三次付款。学校会根据学生不同的家庭收入情况以及学生个人情况（例如：社会助学金持有者、学徒或获得大学校长批准的免学费许可的学生），在学生支付注册费后，根据其申请进行返还。

在以上这两所大学招生录取过程中，学院以及具体的专业分支拥有录取的最终发言权：对于通过 APB 平台申请的学生，主要参照学生的 bac 考试成绩以及 bac 类别、学生的教育背景以及受教育的学校的地理位置等因素；对于个人申请的评审，则主要以申请者已具备的学习能力为基础，包括其所取得的学位、所修过的课程以及相关证明。学院会在录取名额有限的情况下，优先考虑未接受过高等教育的申请者。录取评审委员会由学院相关专业教学负责人以及授课教师组成。简言之，这两所大学所录取的学生并非是考进来的，因为学校并没有拟定录取分数线；同时，录取所参考的标准也是较为多样化的。可以看出，法国大学的招生入口有一定的门槛，但仍可谓是开放式的。然而不同学校及专业类型开放程度有所差异。此外，法国大学教育所实行的逐步淘汰制有利于保障其教育质量，不同专业之间的转换制度的设立也为学生提供了更多的机会找到适合自己的专业，实现其职业发展规划。

---

[1] http://www.sciences.u-psud.fr/fr/vie_etudiante/inscriptions/candidatures-et-inscriptions.html.

第二节　介于开放性与选拔性之间的院校招生

　　大学校预科班的存在可谓是大学校的衍生品,且具有明显的法国特色。作者在这里将其单独列出分析,主要是因为它可以被视作精英与大众之间的历练场。作为通向精英大学校路上的一道关卡,它为拥有优异 bac 考试成绩的学生提供了更大的机会进入法国的精英教育机构。顺利完成整个历练过程,成功者将会进入大学校进行学习;相反,由于学习表现或其他因素而未能通过考核的学生,也可以继续在大学进行学习。因此,大学校预科班成了横向连接精英教育与大众教育的一座桥。此外,大学校预科班系统内部也存在一定的等级性,这种等级性与地域因素以及协议大学校的等级密切相关。

　　预科班的产生与发展和大学校的发展史紧密相连,相互依存,尤其是与国家精英大学校的发展以及拿破仑统治时期国立高中的创建有关。Belhoste 曾对理科类大学校预科班 19 世纪的发展史进行了追溯[①]。他指出,直到 19 世纪初,只有一所理科学校是通过选拔性入学考试来录取新生,这所学校就是巴黎综合理工学院。这所学院的创建主要是为国家培养在民事与军事方面的技术服务性管理人员,以军事与军火武器方面的工程军官为主,详细的情况将在下一节进行详细介绍。Belhoste 认为,在巴黎综合理工学院实行入学选拔考试之前,即在旧制度时期,这种选拔性入学考试依然存在,主要是以数学考试为基础,应用在军队人才的选拔方面。而巴黎综合理工学院的创建则企图将不同军种人才的选拔与教育统一化,且将人才的选拔方式扩大到民事领域,尤其是路桥建设方面。在这种政治背景下,自 1798 年全国开始实行统一选拔录取机制,参与选拔的考官在全国进行巡考,面试各地的考生。当时的考试主要以口试的形式进行,以数学科目考查为主。录取委员会将考生的成绩进行排序,以当年学校的招收名额为基础,发布最终的录取名单。19 世纪中期时,巴黎综合理工学院的这种选拔录取方式在其他相似类型的学校得以推广。早在 1802 年之前,为了准备巴黎综合理工学院组织的全国性的入学选拔性考试,当时的政府就鼓励中央学校发展考试预备课程,

---

① Bruno Belhoste,La préparation aux grandes écoles scientifiques aux XIXe siècle:établissements publics et institutions privées,Histoire de l'éducation,n°90,2001,pp. 101-130.

在每个中央学校任命一位数学教师。在拿破仑创建国立中学后，便由国立中学继承之前在中央学校以非正式形式存在的这种类型的预备课程。国立中学的预科班得到了巴黎综合理工学院教师以及考官们的支持，将考试中心设立在国立中学内部。1809 年专门数学班在各个国立中学的开设，推进了预科班的发展进程。这类预科班主要集中在巴黎，被四所学校垄断，吸引了来自全国的优秀的学生，这种情况延续至今。这四所著名的中学是：路易大帝中学（音译路易勒格朗中学）、圣路易中学、亨利四世中学与查理大帝中学。Belhoste 认为，19 世纪大学校预科班的一些特点一直保留至今：从组织结构上而言，大学校预科班设立在中等教育机构内部，不同地区的预科班呈现一定的等级性，基本由巴黎垄断；从教学方面而言，预科班教学完全以通过大学校入学选拔考试为目标，以考试科目为基础，教师与教学法专业化，教师主要以讲授为主，学生以模拟选拔考试的练习为主[1]。

在经过了二百多年的发展与变革之后，大学校预科班作为专门为大学校输送精英人才的机构，其教育质量与社会地位都得到了社会各个阶层的广泛认可。现今的大学校预科班的学制一般为两年，面向已经获得 bac 学位的学生或者具有相同学历的学生。预科班生源的录取由学校的负责人决定。总体而言，大学校预科班具有两个明显的特色：一方面，作为高等教育机构设立在高中内部；另一方面，录取的学生须在其就读中学以及与此中学所签订协议的大学进行双注册。

大学校预科班旨在帮助已获得 bac 学位的考生提高自身的学科专业水平，并以通过大学校院校所组织的入学考试为目标。大学校预科班主要划分为三个专业方向：文学专业、经济与商业以及理科专业；每个专业同时涵盖不同的子方向。每个专业方向所授课程大纲由教育部和大学校院校共同制定，以规定条例的形式在全国推行。本节着重介绍大学校预科班三个不同专业的学习与选拔内容[2]，以路易勒格朗中学预科班为例来阐述这一类特殊的高等教育机构的招生与录取过程。

---

[1] Bruno Belhoste, La préparation aux grandes écoles scientifiques aux XIXe siècle: établissements publics et institutions privées, Histoire de l'éducation, n°90, 2001, p. 101.

[2] http://www.enseignementsup-recherche.gouv.fr/cid20182/classes-preparatoires-aux-grandes-ecoles-e.html.

一、经济与商业专业预科班[①]

经济与商业专业预科班主要面向报考高等商业与管理学院、卡尚高等师范学院的学生。在两年的学习中，预科班主要开设了数学、经济、外国现代语、历史与通识课程等课目。经济与商业专业预科班分为三个子方向：理科、经济科、技术科。下面的表格清晰地列出了预科班不同子方向专业所招收的学员的 bac 专业类型以及所对应的大学校院校专业入学考试，见表 4-2。

表 4-2　经商专业预科班子方向与大学校专业入学考试

招收已获得 bac 学位的学生专业类型	一年级与二年级	入学选拔考试与学校
普通类 bac 考试　理科所有专业方向 普通类 bac 考试　经社科数学专业方向	理科方向	商业大学校理科方向 卡尚高等师范学院 D2（经济：管理量化方法专业）理科方向
普通类 bac 考试　经社科所有专业方向 普通类 bac 考试　文科数学专业方向	经济科方向	商业大学校（经济科方向） 圣西尔军事学校 卡尚高等师范学院 D2（经济：管理量化方法专业）经济科方向
技术类 bac 考试　经营与管理专业	科技科方向	商业大学校（技术科方向） 卡尚高等师范学院 D2（经济：管理量化方法专业）技术科方向
普通类 bac 考试　经社科、理科、文科	经济与管理 D1 与 D2 方向	卡尚高等师范学院 D1（经济：法律与管理）与 D2（经济：管理量化方法专业）经管科方向 巴黎政治学院 国家统计学校

注：作者于 2016 年 5 月译。

二、文科专业预科班

文科专业预科班主要面向报考高等师范学院、国立文献学校、高等商业

[①] 本部分介绍以教育部网站信息为基础，信息最近更新时间为 2015 年 6 月 4 日。

与管理学校以及政治学院的学生，主要包括两个子方向：

❖A/L 文学：如报考巴黎高等师范学院，以古典文学为主；如报考里昂高等师范学院人文学科专业，以现代文学为主。学生须学习法语、哲学、历史、现代语、古代语（古典文学班学生）。

❖B/L 文学与社会科学：面向巴黎高等师范学院、里昂高等师范学院人文学科专业、卡尚高等师范学院。学生学习课程包括：哲学、现代语、经济、社会学、数学。

一些商业与管理大学校院校同样也设立了人文科入学选拔考试，接收文科专业预科班学生。下面的表格列出了预科班不同子方向专业所招收的学员的 bac 专业类型以及所对应的大学校院校专业入学考试，见表4-3。

表4-3 文科专业预科班子方向与大学校专业入学考试

招收已获得 bac 学位的学生专业类型	一年级	二年级	入学选拔考试与学校
普通类 bac 考试 文科专业 普通类 bac 考试 经社科与理科文学成绩优异者	文科	巴黎高等师范学院：Ulm	巴黎高等师范学院 Ulm 里昂高等师范学院（人文专业） 国立文献学校：B类考试免拉丁语 商业学校（人文专业）：英语为必考 政治学院
		高等师范学院：人文方向	里昂高等师范学院（人文专业），巴黎高等师范学院 Ulm 卡尚高等师范学院：外语方向（英语） 商业学校：人文专业，英语为必考 政治学院
普通类 bac 考试 理科（经社专业，文学专业）文学与数学成绩优异者	文学与社会科学预科班		巴黎高等师范学院 Ulm 里昂高等师范学院（人文专业） 卡尚高等师范学院：社会科学专业 商业学校：人文专业或文学与经济 政治学院 国家统计与经济管理学校（ENSAE）

续表

招收已获得 bac 学位的学生专业类型	一年级	二年级	入学选拔考试与学校
普通类 bac 考试 文科（经济专业，理科专业）拉丁语成绩优异者	文献专业预科班		国立文献学校：A 类选拔考试，拉丁语必考
普通类 bac 考试 文科（文学，经济，理科专业）	圣西尔文科预科班		圣西尔军事学校：文科专业
技术类 bac 考试 工业与持续发展专业科应用艺术专业；普通类 bac 考试文科，经社科与理科具有相当水平的艺术修养	卡尚艺术专业预科班		卡尚高等师范学院：艺术与工业创造专业

注：作者于 2016 年 5 月译。

三、理科专业预科班

理科专业预科班主要面向报考高等师范学院、工程师学校、国立农学院与兽医学院的学生。预科班一年级为学生提供了 7 个子方向：MPSI（数学—物理—工程师科学）、PCSI（物理—化学—工程师科学）、PTSI（物理—科技—工程师科学）、BCPST（生物—化学—物理—地球科学）、TSI（科技—工业科学）、TPC（科技—物理—化学）、TB（科技—生物）。二年级设立了 8 个方向：MP（数学—物理）、PC（物理—化学）、PSI（物理—工程师科学）、PT（物理—科技）、BCPST（生物—化学—物理—地球科学）、TSI（科技—工业科学）、TPC（科技—物理—化学）、TB（科技—生物）；同时，为获得技术学院文凭（DUT）或高级技师资格文凭的学生，设立了 ATS 方向。此外，还包括一个特别的方向：卡尚高等师范学院艺术与设计方向，主要面向技术类 bac 考试设计与应用艺术科学生。这一方向也同时面向部分普通类 bac 考试理科与文科的学生，这些学生须在高中阶段选读视觉艺术或曾经读过一年的应用艺术提高班。下面的表格列出了预科班不同子方向专业所招收的学员的 bac 专业类型以及所对应的大学校院校专业入学考试，见表 4-4、表 4-5。

表 4-4 理科专业预科班子方向与专业入学考试

招收已获得 bac 学位的学生专业类型	一年级	二年级	入学选拔考试与可进入学校
普通类 bac 考试理科	MPSI（数学—物理—工程师科学）	MP（数学—物理）	*高等师范学校题库（MP-PC） *综合理工学院（MP-PC-PSI）与巴黎化工与物理高等学校（PC-PSI） *矿业—桥梁学校联考（MP-PC-PSI） *中央学校—电力学校题库（MP-PC-PSI） *理工学院联考题库（MP-PC-PSI） *国立高等工艺学校与巴黎市政工程建筑工业学校等题库（MP-PC-PSI）
		PSI（物理—工程师科学）	
	PCSI（物理—化学—工程师科学）	PC（物理—化学）	
		PSI（物理—工程师科学）	
	PTSI（物理—科技—工程师科学）	PSI（物理—工程师科学）	*理工学院联考题库（MP-PC-PSI）
		PT（物理—科技）	*物理—科技考试 （大部分工程师学校招生通过这一考试）
	BCPST（生物—化学—物理—地球科学）	BCPST（生物—化学—物理—地球科学）	*农业与兽医学校选拔考试 *地质—水资源—环境专业学校选拔考试 *高等师范学院（Ulm，里昂与卡尚）与化学学校
技术类工业与持续发展专业科工业专业	TSI（科技—工业科学）	TSI（科技—工业科学）	*中央学校—电力高等学校—矿业—桥梁学校题库 *理工学院联考题库
技术类实验科学物理与化学专业	TPC（科技—物理—化学）	TPC（科技—物理—化学）	*化学学校 *农业与兽医学校选拔考试
技术类实验科学生化学—生物工程学专业 技术类农艺学与生命科学学科	TB（科技—生物）	TB（科技—生物）	

表 4-5 理科专业预科班申请学生学历与专业入学考试

申请学生学历	课程	选拔考试与可进入学校
技术学院文凭或高级技师资格文凭（工业领域）	高级技师进修班（一年课程）	国立高等电子与电子应用学校联考（34所学校）
技术学院文凭或高级技师资格文凭或高级农业技师资格文凭（生物与食品领域）		选拔考试：农业与兽医类学校

注：表格根据2007年信息而制定，作者于2016年5月译。

据2015年6月4日的官方发布的大学校预科班信息列表可以看出，预科班的三个不同专业在不同学区分布有所差异，即一个高中可能只包含文科专业、理科专业或是经济与商业专业的其中一个或两个；且部分高中只能提供预科班一年级的学习课程。此外，司法部、外交部、农业部以及国防部都设有自己部分管理的大学校预科班；还有部分合同私立高中也开设了大学校预科班，学生可根据家庭的经济与地理因素来进行选择。

大学校预科班主要招收两类学生：一类为法国或国外高中毕业生，这也是预科班的主要生源群体；一类为已就读于高等教育院校的学生，这类学生在重新选择教育导向时也可以申请大学校预科班。大学校预科班所有信息都可以在APB网站上查询，申请者也是通过这个平台进行注册并提交申请。每年学生注册时间为一月中旬至三月中旬；录取时间为六月中旬至七月初这段时间。对于错过报考时间或者没有收到任何高校录取的学生，大学校预科班设立了补充申请程序，这类学生的录取可以延续到新学年开学前一天。同时，大学校预科班与法国公立大学之间建立了畅通的"立交桥"。对于没有能够进入大学校院校继续学习的预科班学生，每个学生会获得一个学业证明。在这个证明中会详细地记录学生所取得的学分。学生在预科班所获得的学分被高等院校承认且可以累计。

四、路易大帝中学预科班招生案例[①]

路易大帝中学创建于1563年，至今已有四个半世纪的发展史。路易大帝中学开设了包括理科、文科与商业科三个专业的预科班。

理科专业一年级设有六个子方向，其中包括四个MPSI方向，以数学与

---

① http://www.louislegrand.org.

物理为主；二个 PCSI 方向，以数学、物理与化学为主。二年级主要由九个班级组成，其中包括 MP 方向的四个基础班（包括一个中级班）；一个 MP 专业班；一个 PSI 基础班与三个 PC 基础班（包括一个中级班）。进入理科专业预科班的学员，必须符合以下几个标准：其一，是普通类 bac 教育理科专业的学生；其二，在高中二年级与三年级的学习期间在数学与物理学科取得优异成绩；其三，在哲学、法语与现代语课程方面具有较高学习水平。此外，选择 MPSI 或者 PCSI 方向的学生，必须显示出极强的个人学习动机。

文科专业由两个古典高级文学班与两个综合班组成，开设的子专业方向包括哲学、历史、地理、古典文学、现代文学、英语、德语、西班牙语。对于被录取进入文科专业班的学生，必须在所有文科学科中取得优异成绩，且表现出较强的专业能力。高级古典文学班设有三个子方向供学员进行选择：拉丁语＋希腊语＋一门现代语；拉丁语＋两门现代语；希腊语＋两门现代语。

商业专业由理科方向的一个一年级班与一个二年级班构成。这两个年级只面向普通类 bac 考试理科专业学生，且要求学生在数学、哲学、法语、现代语（英语和另外一种语言）、历史与地理科目都有优异的学习表现。

预科班采用全国统一招生平台 APB 进行招生，面向就读于法国本土行政区与海外行政区高中的法籍或外国籍学生、国外法语中学以及国外法语教育机构学生、外国学生等群体。对于突尼斯籍的学生且就读于突尼斯的中学（法语中学除外），如申请路易大帝中学预科班，须参加由法国和突尼斯两国教育部门共同达成的协议中所规定的特殊录取程序。考生注册与录取信息公布全部通过 APB 平台完成，考生在理科、经济科与文科三个大的专业下可供选择 12 个志愿并进行排序，每个专业最多可选择 6 个方向。值得注意的是，在选择同一学校与专业方向时，寄宿与非寄宿形式被认定为两个志愿。寄宿生的名额一般情况下要少于非寄宿生名额，因此学校建议考生在申报时对于寄宿或非寄宿的选择排序要慎重。路易大帝高中给预科班提供寄宿生名额总数为 337 个，一年的总费用约计为 2 025 欧元①。预科班学生也可根据自己的食宿情况向路易大帝中学支付一定的费用。例如：2015—2016 年度第二学期住宿生须交纳 863.1 欧元；非寄宿生但学校食堂供给学生的一日三

---

① http://www.louislegrand.org/index.php/admissions-articlesmenu-31/admissions-en-classes-prratoires-1-annarticlesmenu-45.

餐所需缴纳费用为649.8欧元①。路易大帝中学与九所巴黎的大学签订了协议，其中包括巴黎一大、三大、四大与六大、五大、七大、九大、十大、十一大。预科班学生须同时完成在路易大帝中学和其协议大学的双注册，注册费用和大学本科注册费一致。预科班的学制为两年或三年，如学生未能通过大学校的选拔考试，可选择进入路易大帝中学的协议大学继续学习。根据协议中的规定，大学对学生在预科班所取得的学分、学习的课程等都给予相对应的认可。同时，预科班学生在路易大帝中学学习期间，也拥有协议大学所提供的部分资源的使用权。

第三节　高校选拔性招生

相比公立大学，法国的大学校无论从学校规模到学生数量都要小很多。然而却以精英教育闻名于世。大学校前身为专门学校（école spéciale），最早出现在十六七世纪。专门学校所开设的学科区别于当时的巴黎大学，主要以应用为导向，以当时的社会与经济发展需求为基础，以培养社会基建领域所需的管理与技术方面的高级技工以及工程师为主要目标。这类学校在18世纪时其发展规模得以扩大，学校所培养出的毕业生在社会科学技术以及军事等方面以其优异的表现赢得了社会的认可。进入此类学校在当时成为学生实现其社会阶层提升的一种保障，一种特权。

在经历了几百年的发展与变革后，历史留在大学校身上的印记、大学校在整个社会中的地位，以及大学校内部文化始终保持了下来。规模小、人数少、师资配置充足、专业化及职业化培训、学生就业前景好等成为描述大学校的关键词，同时，通过高难度的入学选拔考试为大学校选拔高水平的人才，既保证了学校教育质量，也为学生毕业后的就业提供了保障。

本小节以2015年QS世界大学排行榜为参考，选取了排名第23位的巴黎高等师范学院和第40位的巴黎综合理工学院为例来介绍大学校的招生选拔制度。不同于上海交通大学所发布的世界大学学术排名，QS所采取的指标为学术知名度（全球范围之内同行评价，40%）、毕业生雇主评价（10%）、师生比例（20%）、师均科研引用率（20%）、国际教科人员比率

---

① http://louislegrand.org/index.php/informations-pratiques/intendance/tarifs.

(5%)、国际生比率（5%）①。两所大学校在法国高等院校中排名为第一、第二，因此可以看出这些考核指标与大学校本身所具有的特色是十分契合的。此外，作者还选取了2015年QS商业与管理专业世界大学排行榜②上排名第十三位，全法排名第二的巴黎高等商学院（HEC）以及在政治学与国际问题研究排世界第五位，全法第一的巴黎政治大学。

一、巴黎高等师范学院（École Normale Supérieure de Paris）③

巴黎高等师范学院（以下简称巴黎高师）创建于1794年的法国大革命时期，并于1847年正式落户于圣·热内维耶夫山乌尔姆街。自19世纪中期以来，巴黎高师以其雄厚的科研实力闻名于世，前沿的研究成果以及领先的学术思想丰富了法国的知识文化界，同时也培养出了一大批法国总统、总理以及部长等政府高层官员。1985年它与创建于1881年的女子高等师范学院合并。巴黎高师是国家公立高等院校，由高等教育部部长直接领导管理，现由八个文科学院、七个理科学院以及八个行政技术服务部门构成。学校的核心管理团队由四人组成，分别为校长、分管文科学院的副校长、分管理科学院的副校长以及服务部分的总负责人。管理委员会制定学校的发展政策与策略以及财政预算。科学委员会负责对教学和科研相关问题提出意见和建议，并对教学与科研活动进行评估工作。巴黎高师主要以培养教研人员、研究院人员与教师为目标，同时也为政府与企业培养高层次管理与技术人才。目前，该校拥有在校生约2 400人，其中包括930名公务员实习生、400名学生、700名博士生与350名项目交换生。同时，巴黎高师拥有800位全职教研人员，其中包括170位本校教师，200位来自其他高等院校教师，420位来自其他科研机构，如国家科学研究院、国家医疗卫生研究院、国家信息与自动化研究所等的人员④。巴黎高师拥有15所文理学院，在其中设立了31个研究中心以及上百个研究团队。这样的师资配置很大程度上保障了高质

---

① http://www.topuniversities.com/university-rankings-articles/world-university-rankings/qs-world-university-rankings-methodology.

② http://www.topuniversities.com/university-rankings/university-subject-rankings/2015/business-management-studies#sorting=rank+region=+country=+faculty=+stars=false+search=.

③ http://www.ens.fr.

④ http://www.ens.fr/l-ecole-1/faits-et-chiffres.

量、精英化的教育水平，丰富的科研资源投入也保证了一流的科研产出。巴黎高师培养了13位诺贝尔奖获得者，涉及物理、化学、文学与经济领域，以及10位菲尔兹奖获得者。巴黎高师也拥有一个校友会，由11 500名校友组成。这些校友遍布国家政治、经济、文化等领域，为学校未来毕业生的就业编织了一个庞大的关系网。此外，巴黎高师教育与科研国际化程度很高，已与约两百所外国大学与科研机构达成合作关系，为在校生出国学习与实习创造了良好的机会。巴黎高师每年也会接待几百人次的短期外国访学者，同时接收伊拉斯莫斯项目以及其他项目交换生上百名。

巴黎高师第一年教育招生主要采用两种基本的方式：选拔性考试与文件申请。选拔基于申请者已有的知识储备、灵活运用能力，考察其是否具有创新能力与创造能力。被录取者分为以下几类：

第一类为通过了选拔性考试的学员，既可以是法籍也可以是外籍学员。考生参加考试前已经就读于高等教育院校二年至三年时间。这一类学员中绝大多数来自大学校预科班。通过选拔被录取的学员中，拥有法籍或欧盟其他国家国籍的学员在被录取后会获得公务员实习生身份，并获得由学校每月发放的1 250欧元（净收入）的工资。学校对这类学员的资助期限为四年。被录取的学员在顺利完成四年学习后会获得由巴黎高师颁发的国家硕士学位以及巴黎高师自己的学位文凭。这类学员在毕业后须在国家机关或公共教育机构任职服务十年，从业时间的累积从学员注册入学之日起来计算。

第二类为通过文件申请的学员，既可以是法籍也可以是外籍。申请者申请之前须已经就读于高等教育院校二年至三年时间。申请材料将由所申请的学院评审委员会审核，审核通过者将参加第二轮面试。通过面试被录取者不享有公务员实习生身份也不能获得学校提供的资助。这类学员在顺利完成学业后将获得巴黎高师颁发的自己的学位。

第三类为通过了国际选拔考试而被录取的外籍学员。这类申请者在参加巴黎高师所组织的国际选拔考试之前为国外大学在读本科生。巴黎高师每年招收此类学员20至30名。被录取者将在巴黎高师学习二到三年，他们不享有公务员实习生身份，但每月会获得学校所发放的1 000欧元左右的资助，直到顺利完成学业为止。

第四类为国际项目交换生，这类外籍学员通常在自己本国所就读的大学经过重重选拔，然后按照其就读大学与巴黎高师之间签署的协议，进入巴黎高师学习。这类学员在巴黎高师就读的时长为一至三年。在这期间，巴黎高师为此类学员提供住宿，学员可以参加学校的教学与各类活动项目。

2016年巴黎高师的招生计划指出，将通过选拔性考试为文理学院招收共计194人。其中，文科学院总计招收97名学员，包括72名文学专业与25名社科专业的学员。理科学院将招收97名学员，包括40名数学—物理—计算机科学专业学员、12名计算机科学专业学员、21名物理—化学专业学员、21名生物—化学—物理—地球科学专业学员以及3个第二次选拔考试录取名额。选拔性考试分笔试与口试，笔试题目从巴黎高师题库里面抽取。只有通过笔试考核的学生才能进入口试阶段。以文科专业考生为例，文科专业又分为两个子专业，即文学方向与社科方向。文学子专业方向考生须参加六门笔试科目（法语、历史、哲学、古代语、现代语以及自选科目）与这些科目的口试环节。对于这个专业方向的考生而言，古代语（拉丁语或希腊语）为必考科目。社科子专业方向考生须参加六门笔试科目（法语、历史、哲学、数学、社科以及自选科目）与七门口试科目（外加现代语）。据数据统计，目前通过选拔性考试被录取的比例仅为4.6%，激烈的竞争使得一些比较优秀的考生落榜。为了能够给这些优秀的落榜生创造能够接受精英高等教育的机会，巴黎高师与其他几个大学校系统内部院校建立了共用题库。考生可以在笔试后参加合作院校组织的口试，通过考核后可以被合作院校录取。这一方案在一定程度上减少了考生的压力，考生可以有多个选择。同时也提高了优秀考生被精英院校录取的概率，避免了人才的流失。值得注意的是，参加理科专业第二次选拔考试的考生为医科类学生，此类考生须在申请当年的六月份通过医科类第一阶段的考核才能最终被录取。数据显示，此类考生自2005年至今每年被录取人数不超过4人。

学生参加选拔性考试所需支付费用，根据学生选择的考试方向和申报所涉及的合作院校不同，而产生不同的费用。考生可依据对院校的了解以及个人能力的评估而做出选择。考试费会因考生家庭收入状况以及个人情况的不同而有所差异。

二、巴黎综合理工学院（École Polytechnique）[①]

巴黎综合理工学院，前身为中央公共工程学院，与巴黎高等师范学院创建于同一年，即1794年。法国大革命期间，社会动荡，经济发展缓慢，社

---

① http://www.polytechnique.edu.

会基础建设急需一批应用型人才重新整顿当时的状况。中央公共工程学院的建立回应了当时的社会需求，以培养工程师与技术应用人才为主要目标。1795年，也就是中央公共工程学院创建后一年，该校正式更名为巴黎综合理工学院。学院的教学以数学、化学与物理学科为基础，以培养学生获得坚实的科学学科基础为目标。19世纪的法国经历了多次革命，巴黎综合理工学院也一直处于政治、经济、社会变革的中心，且经历了一系列的改革。1804年拿破仑授予该校军校身份，并确立校训——"为了祖国、科学与荣誉"。校训一方面体现了当时政府对巴黎综合理工学院的期望以及对该校的定位；另一方面则体现了学校对国家的忠诚以及对科学的追求。校训沿用至今，且历史也证明了巴黎综合理工人对校训的实践与坚持。1816年4月13日，路易十八曾解散学校，一年后又重新将其恢复，但却废除了该校的军校身份，隶属内政部管辖。直到1830年11月13日，其军校的身份才得以重新恢复。1870年以后，大部分的理工学院毕业生进入部队工作，但仍有一部分从事社会基建方面的工作，投身于新工业、铁路建设以及城市现代化建设等领域。在19世纪与20世纪的多次革命与战争中，理工人做出了突出的贡献。1970年理工学院正式成为一所公共教学与科研机构，隶属国防部管辖。1976年学校正式迁址到巴黎南部的巴莱佐（Palaiseau）。

巴黎综合理工学院的管理由学校管理委员会执行，委员会由总负责人（现役将军）、国家政府代表、学校员工代表、学生代表、校友代表、同行代表（公立教学科研机构）、行业代表（国营或私营公司）来组成，由学校校长主持。2016年招生简章上的信息显示，目前该校拥有生物、化学、经济、人文社科、计算机科学、语言文化、数学、应用数学、力学、物理、创新与创业管理十一个学院，开设了工程师教育、硕士研究生教育以及博士生教育。在理工学院的发展史上，1921年首次允许外籍学生参加选拔性考试入学；1995年为外籍考生设立新的考试录取通道；1972年开始招收女学员；1986年颁发其授予的第一个博士学位；2000年将工程师教育学制改为四年；2004—2005年度开设硕士研究生课程。这些重要的改革措施对于理工学院现在的教学与科研，以及国际化发展都产生了重大影响。巴黎综合理工学院现有670名教研人员，其中39%为外籍。工程师教育有在校生2 000人，其中25%为外籍学生，攻读硕士课程者为430人，在读博士生575人。接受工程师教育的学生在四年学习期间，需要完成三次专业实习，其中包括公司实习、研究实习以及结业实习，总计时长不低于十八个月。至今理工学院与北美洲、欧洲及亚洲顶级大学与科研机构已签署 210 个合作协议，34 个双学位课程项目。

与巴黎高等师范学院相似，巴黎综合理工学院的录取率极低。2000 年，工程师教育学制改为四年，每年通过选拔性考试录取人数升至 500 人，其中包括约 100 个外籍学员录取名额。根据学生接受高等教育类型来划分，进入工程师教育的选拔考试主要为两类考生：一类是来自大学校预科班的学生，而且这类学生在生源中占大多数，且不分国籍；一类则是来自大学的学生，不分国籍。选拔考试主要开设了两类通道：一类为法国通道，一类为国际通道。

2016 年巴黎综合理工学院工程师教育的选拔性考试的具体信息如下[①]：

❖ 就读于大学校预科班法籍或外籍学生，考试注册时间为 2015 年 12 月 6 日至 2016 年 1 月 6 日 17 点，登陆网站 http://www.scei-concours.fr 完成注册，并将所需文件通过邮寄方式寄出。

❖ 就读于法国大学的法籍或外籍学生，考试注册时间为 2016 年 1 月 18 日至 3 月 15 日中午。进入口试录取信息将于 5 月 17 日发布，可在网上或学校直接查询，注册网站为 http://admission.gei-univ.fr。

❖ 就读于国外大学的外籍学生可参加两次选拔考试，分为秋考与春考。秋考申请时间为 2015 年 7 月 10 日至 2015 年 9 月 27 日午夜（巴黎时间），仅需网上提交。

通过材料申请的学生在 2015 年 10 月 28 日至 11 月 8 日期间须在不同的考点参加笔试与口试。其中笔试包括数学与物理，每门科目考试时间为两小时。口试包括三部分，每部分时长为 45 分钟，分别是数学、物理以及科学常识。考生在考前有 30 分钟的准备时间。申请者的最终录取信息将在 2015 年 11 月底公布。春考申请主要面对欧洲国家大学、合作院校等。参加春考的学生网上申请提交时间为 2016 年 1 月 11 日至 2016 年 3 月 31 日午夜（巴黎时间），申请结果会在 2016 年 4 月中旬通知申请者。通过初步筛选的申请者在 5 月 17 日至 24 日期间，在巴黎理工综合学院三个校区之一（巴黎、达喀尔、德黑兰）参加笔试与口试，考试内容同秋考一致。考生录取信息在 6 月底公布。

2016 年巴黎综合理工学院的招生计划显示，其工程师教育拟招生 525 名

---

① https://www.admission.polytechnique.edu/accueil/concours-cycle-polytechnicien.

学生；通过法国考试通道，拟招收数学—物理专业 184 名（计算机子专业 104 名＋物理—工程师科学子专业 80 名）、物理—化学专业 128 名、物理—工程师科学专业 57 名、物理—科技专业 11 名、科技—工业专业 2 名、大学学生招收 23 名；通过国际考试通道，拟录取名额为 120 名，其中拟招收大学学生 75 名。巴黎综合理工学院采用与巴黎高等师范学院类似的方式，与其他精英教育类大学校或研究机构建立了共同的笔试题库。这类题库主要面向大学校预科班学生，考生可根据报考专业方向选择题库。使用题库的院校将认可考生笔试成绩，考生可选择不同院校进行口试，增加被录取的机会。

学院的招考程序因学生受教育类型以及国籍也呈现出一定的差异。

❖法籍考生且就读于大学校预科班者：在笔试通过后，可以进入口试环节与体能测试。参加口试前，必须进行体检。

❖法籍考生且就读于法国大学或国外大学三年级者：须提交申请文件，在文件申请通过后，须参加面试与体能测试。参加口试前，必须进行体检。这类申请者来自与巴黎综合理工签订双边协议的大学，目前包括了巴黎十一大、蒙彼利埃二大、斯特拉斯堡大学以及波尔多一大。

❖外籍学生：可参加三种选拔性考试：其一，大学校预科班学生且就读于法国或其他国家的（科技—工业专业除外），可参加与法籍大学校预科班学生相同的选拔考试。其二，来自其他国家一流高校的在读大学生，且理工科成绩优异，提交资料申请的，在资料申请通过后，可通过巴黎综合理工学院海外考点参加笔试与口试并最终获得录取。其三，就读于法国大学三年级的外籍大学生，须与法籍大学生参加同样的选拔考试。

根据 2015 年 4 月 29 日学院出台的规定，选拔性考试的注册费为 100 欧元，在参加录取考试前须另交纳 100 欧元。外籍学生通过考试选拔进入工程师教育须支付一定数额的学费。2014—2015 年度数据显示，学院第一学年学费为 4 000 欧元，第二学年学费为 12 000 欧元，第三学年学费为 8 000 欧元，第四学年学费以学生所选的专业方向为基础来收取学费。凡属以下情况的外籍考生可免学费：（1）被录取考生来自欧盟国家；（2）被录取考生来自双学位课程项目或与巴黎综合理工达成具体协议的院校；（3）国际项目交流生，交流期限为一年或一个学期；（4）埃菲尔奖学金获得者。通过选拔考试被录取的法籍学员将拥有学生军官身份，不同学年的学员所授予的军衔不同。学员依据军衔来获取每月的工资与补助。与巴黎高等师范学院一样，巴黎综合理工学院的毕业生须为国家服务十年，否则须返还学习期间所获得的资助。

巴黎高等师范学院与巴黎综合理工学院属于法国历史最悠久的大学校，并成为法国精英教育的代表，受到社会民众的尊重，为推动法国社会的发展起着举足轻重的作用。在这两百多年间，两所学校为法国的政治、经济、教育、科学及军事领域都培养了许多高层次人才。与法国大学招生的门槛不同，这两所大学校招考对象都为已经接受高等教育两年或三年的学生。这些符合报考条件的学生，要通过考试的方式面对残酷的选拔而最终被录取。而被录用的学生大多数来自大学校预科班，来自大学的申请者名额相当有限。两所大学校的招考制度进一步强调了大学校教育在法国高等教育体系中的地位的优越性。严苛的选拔保证了生源的优质，良好的科研环境吸引了国际化的教研团队，政府丰厚的资金支持保障了良好的教研设施配置，国际化的视野吸引了更多具有优秀学科背景的外国留学生。同时，值得注意的是，两所大学校分别直接隶属于教育部和国防部，因此，可以被称为培养国家统治阶级精英的摇篮。

三、巴黎高等商学院（HEC）[①]

与前两所精英大学校培养统治阶级的政治精英有所不同，巴黎高等商学院培养的是商业精英。这所商学院由巴黎工商会创建于 1881 年。由于当时商人或与经商相关的职业的社会地位远不及国家公务人员，因此，学校建立初期，人们对于 HEC 存在的必要性持有一定的怀疑。然而经过了一百三十多年的发展，HEC 已经成为了全法排名第二的商学院，同时也是欧洲顶级的商学院之一。HEC 的教育宗旨是培养未来的决策者，积极参与管理领域新知识的创造。其核心价值为选拔性、国际化开放、创新精神以及社会开放性。1972 年，学校的校友建立了 HEC 基金会，用于推动公司管理科学的发展，为学生设立社会助学金与国际优秀奖学金，加大对科研的投入与先进教学设施的配置，以及 HEC 的教师招聘。自 2016 年 1 月 1 日开始，HEC 转换新的身份，成为首个高等教育领事院校（consulaire），学校获得了更多的自主权，隶属巴黎工商会。作为一个私法主权实体，HEC 的股东包括：巴黎工商会、HEC 基金、HEC 校友会。

HEC 现今拥有巴黎和卡塔尔两个校区。巴黎校区课程包括了大学校的

---

① http://www.hec.fr.

管理学硕士课程、专业硕士课程、MBA类课程以及博士培养。目前巴黎校区拥有106位教学—科研人员，其中65％为国际学者；55位全职教师，24位访学教师以及700位讲师。同时，HEC与企业保持着紧密的联系，每年都有超过200家企业在巴黎校区进行校园招聘会。此外，HEC还与法国以及世界上的一流高等院校进行交流与合作。目前HEC拥有全日制学生4 400名，每年在HEC进行培训的高级职员以及管理者约有8 000人。作为世界一流的商学院，同时也是法国古老的商科精英大学校，和前面所介绍的巴黎高师以及巴黎综合理工学院相同，HEC的招生不直接面向中学毕业生。

HEC精英学院主要开设了三种通道，申请者不可同时申请多个通道：

❖ 面向大学校预科班学生，入学选拔考试：预科生所学专业为经济、理科、技术科与文科，录取后进入本科三年级的学习；

❖ 直接录取考试，面向已获得法国高等教育本科学位以及以上的申请者，被录取者进入硕士一年级学习或双学位课程学习；

❖ 国际直接录取：面向已经取得外国高等教育本科学位及以上者，被录取者进入硕士一年级学习。

在接下来的部分，作者将对每个通道的申请对象、申请流程、考核流程等方面做详细的介绍。

（一）预科班录取通道[①]

这一通道主要面向经济与商业专业、文科专业的预科班学生。经济与商业专业的预科班分为三个方向：理科、经济科与技术科。文科专业的预科班学生须参加管理类大学校的BEL通道考试和B/L通道考试。管理类的大学校入学选拔考试由公共题库（BCE）组织，面向所有经济与商业类预科班以及文科专业预科班学习的学生。学生需要先在www.concours-bce.com上面注册，2015—2016年度的注册考试时间为2015年12月6日至2016年1月10日。考生根据之前所学的专业，可以从四个方向中进行选择：理科方向、经济方向、技术方向、人文方向（文科专业考生）。

预科班录取通道包括两个环节：笔试与口试。考试科目包括了所有专业与子方向考生的公共考试科目、理科方向、经济方向与技术方向公共考试科

[①] http://www.hec.fr/Grande-Ecole-MS-MSc/Programmes-diplomants/Grande-Ecole/Master-in-Management/Admission#block-21450.

目、理科方向考试科目、经济科方向考试科目、技术科方向考试科目、文学与社科方向考试科目。

1. 笔试部分

2016 年 HEC 预科班录取通道的笔试于 2016 年 4 月 26 日至 5 月 10 日期间在法国所有大城市组织。

所有专业与方向考生的公共考试科目

文本综述：考试时间为三个小时，考生须在规定时间内完成对同一主题的一份或几份文件的综述，且综述内容控制在 400 字左右。

第一语言测试：考试时间为四个小时，考生可以选择德语、英语、阿拉伯书面语、西班牙语、意大利语、葡萄牙语或俄语。考试包括翻译与写作部分。翻译部分可以是作家著作节选，或期刊报纸节选，涉及的内容为当代文化或文明，有可能包含部分历史文献参考；也可以是文章或作家作品节选，带有一定语法性和专业性的文本。写作部分主要是回答以文章为基础所提出的两个问题，文章涉及语言领域里与当代文化或文明的相关主题。学生不允许带字典或电子辅助产品。科目系数为 4，对于 BEL 方向的考生，系数为 3。

第二语言测试：考试时间为三个小时，考生可以选择德语、英语、阿拉伯书面语、汉语、西班牙语、秘鲁语、意大利语、日本语、葡萄牙语、波兰语、俄语、越南语、拉丁语或古典希腊语。考试包括翻译与写作部分。翻译部分可以是作家著作节选或期刊报纸节选，涉及的内容为当代文化或文明，有可能包含部分历史文献；也可以是文章或作家作品节选，带有一定语法性和专业性的文本。写作部分主要是回答以文章为基础所提出的两个问题，文章涉及语言领域里与当代文化或文明相关主题。学生不允许带字典或电子辅助产品，拉丁语与古希腊语除外。科目系数为 2。

理科方向、经济方向与技术方向公共考试科目

通识作文：考试时间为四小时。2014—2015 年度的考试题目为《真相》。考试题目与预科二年级所学习的思考主题关联性极大。主要考察考生的独立思考与表达能力，以及运用所学哲学与文学方面知识进行逻辑推理的能力。考试科目的系数与考生所选择的方向相关，理科方向为 4；经济方向为 6；技术方向为 3。

理科方向考试科目

数学：考试时间为四小时。包括两门数学科目考试，第一门考题考核考

生如何运用两年预科班所学知识来解决问题（系数为6）；第二门考题主要以概率、统计或算法为主，考查学生在实际计算中对技术的掌握（系数为5）。

历史、地理与当代世界地缘政治：考试时间为4小时。考生需要运用两年预科班所学历史、地理与地缘政治学科知识，通过思考完成不同科目之间的互动。必要时，学生须通过作图来展示。科目系数为6。

经济科方向考试科目

数学：考试时间为四小时。包括两门数学科目考试，第一门考题须考生运用两年预科班所学知识来解决问题（系数为4）；第二门考题主要以概率、统计或算法为主，考察学生如何依具体情况进行建模，以及通过建模来解决数学问题（系数为4）。

经济、社会学与当代世界历史：考试时间为四个小时，以命题作文的方式进行。科目考试系数为7。

技术科方向考试科目

数学：考试时间为四小时。包括几个不同的考试题目，涉及概率、计算以及对程序概念的理解。考试科目系数为7。

企业经营与管理：考试时间为四小时。允许考生携带可以进行编程的袖珍计算器，但计算器必须独立运作且不具备打印与上网功能。考试内容以解决公司在实际运营中所出现的具体问题为基础，考生须运用两年预科班所学的专业知识解决问题。问题设计的情景会提供给考生参考，以便考生可以找到可行性的解决策略。考试以案例研究的形式对考生进行考察，与问题相关的文件都将分发给考生。考试科目系数为6。

经济与法律：考试时间为四小时。考试内容分为独立的两部分，每部分的分值为科目总分的一半。第一部分为经济试题，考试时间为两个半小时。包括两部分内容，一部分为综述，考生根据所给的文件，确定基本信息点且在规定字数内归纳总结。另一部分以综述的主题为主，进行论证，考查考生的分析与写作能力。第二部分为法律试题，考试时间为一个半小时。经济考试的司法部分与法律部分的考题以具体情景提出问题，例如公司情况、司法咨询等，对考生特定的能力进行考察，尤其是对于事件、司法条例以及相关后果的分析，要求学生可以将所学知识应用在具体情境中，且能根据已掌握的事实与证据提出确切的法律解决方案。考试科目系数为5。

文学与社科方向考试科目

文学作文：考试时间为四个小时。B/L方向的考生以指定的题目进行作文。考试科目系数为 5。BEL 方向的考生的考试题目从文学题库中抽取。考生须结合所学知识，以题目作文，来显示所累积的文献知识与其论证分析能力。考试科目系数为 4。

哲学作文：考试时间为四小时。B/L 方向的考生以指定的题目进行作文。考试科目系数为 5。BEL 方向的考生的考试题目从文学题库中抽取。考试科目系数为 4。

历史：考试时间为四小时。科目考试系数为 5。对于参加考试的 B/L 方向考生，围绕一个题目进行命题考试。

选考：考试时间为四小时。考生须在网上注册时从数学或社会科学中选择一门进行考试。数学考试由几个独立的题目组成，其中至少有一题是与概率、计算和程序概念相关。社会科学考试要求考生根据相关参考文件进行作文，主要考察学生对分析工具的掌握程度以及基于预科班所学的课程对当代社会的理解阐释能力。考试科目系数为 6。

BEL 方向（巴黎高等师范学院 A/L 与里昂高等师范学院）考试科目

文学作文：考试时间为四个小时。B/L 方向考生以 B/L 文学与社会专业考试大纲来指定题目进行作文。考试科目系数为 5。BEL 方向的考生的考试题目从文学题库中抽取。考生须结合所学知识，以题目作文，来展示所累积的文献知识与其论证分析能力。考试科目系数为 4。

哲学作文：考试时间为四个小时。B/L 方向考生以 bac 考试哲学科目考试大纲来命题作文，考试科目系数为 5。BEL 方向的考生的考试题目从文学题库中抽取，考试科目系数为 4。

历史或地理作文：考试时间为四个小时。考生在网上注册时进行选择，考试题目从文学题库选出。考试科目系数为 4。

只有通过笔试的考生才可以参加口试，笔试录取结果将于 2016 年 6 月 9 日在 HEC 的官方网站发布。

2. 口试部分

口试部分将于 2016 年 6 月 17 日至 28 日在巴黎校区进行。

所有专业与方向考生的公共考试科目

文化与人类科学：准备时间为 30 分钟，考试时长为 20 分钟。考试内容包括两部分，每部分时长为 10 分钟。第一部分，考生围绕一个问题、概念或者一种观点进行阐述；第二部分为考生与考官之间的讨论。考试系数以考生专业方向的不同而有所差异：理科方向与技术方向系数为 6；经济方向为 7；文科方向为 8。

三方面试：考生通过扮演面试中的三种角色来展现自己的能力，考试可持续半天的时间。第一种角色："说服者"考生拿到题目后准备15分钟，阐述时间为4分钟，辩论时间为5分钟。第二种角色："回答者"，即兴5分钟辩论，在不了解"说服者"题目且毫无准备的情况下进行。基于"说服者"的阐述，"回答者"可以根据自己的思考以及前者提出的论点，对讨论题目进行相关的补充或者以不同的视角来解读题目。《说服者》与《回答者》在辩论过程中，要清楚地展示出思考的主要依据，并得到结论。第三种角色：《观察者》，每位考生观察两场"说服者—回答者"之间的辩论，《观察者》不介入讨论过程，只需记录观察笔记。随后，在无准备的情况下，与考官进行5分钟的一对一面试。考生须对观察到的辩论过程进行批判性分析，对辩论中不同考生的表现分别进行评论。

第一语言：考生准备时间为20分钟，考试时长为15分钟。考生可以选择德语、英语、阿拉伯书面语、西班牙语、意大利语、葡萄牙语或俄语。考生在准备期间，可以对一篇时长为少于5分钟的文本（时事题目或文化主题）反复听两遍，中间不停顿。文本可以使用不同的声音录制，考生可以在听的过程中做记录。在口试过程中，考生须将听到的文本简要地进行介绍，针对主题进行评论，并与考官就相关问题进行交流。考试科目系数为4。

第二语言：考生准备时间为20分钟（拉丁语和古希腊语考生准备时间为30分钟），考试时长为15分钟（拉丁语和古希腊语考生准备时间为30分钟）。如果考生选择的是德语、英语、阿拉伯书面语、汉语、西班牙语、秘鲁语、意大利语、日本语、葡萄牙语、波兰语、俄语或越南语，则考试包括阅读文章、用所选择语言对于文章主题进行交流，甚至可以对其中几行文字进行翻译。如果考生所选语言是拉丁语或古希腊语，根据考试要求，考生须对考试委员会选择的十行到十二行的文本进行翻译并回答与文本相关的问题。考试科目系数为3。

理科方向考试科目

数学：考生准备时间为30分钟，考试时长为30分钟。口试的主要部分，涉及内容为几何、概率与分析三主题之一，且考生还须解答与考题相关的一道问题。此外，考生须在无准备情况下完成与主要部分所测试内容不同的主题题目。概率为必考主题，或出现在主要部分，或出现在无准备考试部分。考试系数以考生专业方向的不同而有所差异：理科方向系数为9；经济方向与文科方向系数为7；技术方向系数为8。

历史、地理与当代世界地缘政治：考生准备时间为 30 分钟，考试时长为 20 分钟。口试过程中一半的时间由考生回答准备好的问题，另外一半时间由考生和考官进行交流。科目考试系数为 8。

经济科方向考试科目

数学：考生准备时间为 30 分钟，考试时长为 30 分钟。口试的主要部分，涉及内容为几何、概率与分析三主题之一，且考生还须解答与考题相关的一道问题。此外，考生须在无准备情况下完成与主要部分所测试内容不同的主题题目。概率为必考主题，或出现在主要部分，或出现在无准备考试部分。考试系数因考生专业方向的不同而有所差异：理科方向系数为 9；经济方向与文科方向系数为 7；技术方向系数为 8。

经济、社会学与当代世界史：考生准备时间为 30 分钟，考试时间为 20 分钟。考生有 10 分钟的时间围绕主题，从经济与历史方面进行阐述；余下的 10 分钟与考官就考生所提出的相关问题进行讨论。题目由第一位考生用抽签的方式选出，一个题目将会被四到五位考生使用。考试科目系数为 9。

技术科方向考试科目

数学：考生准备时间为 30 分钟，考试时长为 30 分钟。口试的主要部分，涉及内容为几何、概率与分析三主题之一，且考生还须解答与考题相关的一道问题。此外，考生须在无准备情况下完成与主要部分所测试内容不同的主题题目。概率为必考主题，或出现在主要部分，或出现在无准备考试部分。考试系数以考生专业方向的不同而有所差异：理科方向系数为 9；经济方向与文科方向系数为 7；技术方向系数为 8。

经济：考生准备时间为 30 分钟，考试时长为 20 分钟。题目由第一位考生用抽签的方式选出，一个题目将会被四到五位考生使用。题目将会涵盖技术方向学生所学的经济科目。口试包括 3 到 5 分钟的口头阐述以及 10 到 12 分钟的问答环节。考试科目系数为 9。

文学与社科方向考试科目

数学：考生准备时间为 30 分钟，考试时长为 30 分钟。口试的主要部分，涉及内容为几何、概率与分析三主题之一，且考生还须解答与考题相关的一道问题。此外，考生须在无准备情况下完成与主要部分所测试内容不同的主题题目。概率为必考主题，或出现在主要部分，或出现在无准备考试部分。考试系数以考生专业方向的不同而有所差异：理科方向系数为 9；经济方向与文科方向系数为 7；技术方向系数为 8。

历史或地理：考生准备时间为 30 分钟，考试时长为 20 分钟。对于 B/L 方向的考生，历史或地理的考试题从 B/L 文学社科方向选拔考试大纲中选取。考试科目系数为 8。

BEL 方向考试科目

历史或地理：考生准备时间为 30 分钟，考试时长为 20 分钟。BEL 方向考生，历史考题从文学题库中选出；地理考题参考巴黎高师 A/L 考试大纲或里昂高师考试大纲。考试科目系数为 8。

逻辑能力：考生准备时间为 30 分钟，考试时长为 20 分钟。考试包括两部分，第一部分考试主题为逻辑练习，以一份文本（古代、现代或当代）为基础，考察考生对于基础数学的理解。考生在题板上对考题进行演示性解答，时长为 6 到 8 分钟。考官可根据考生的回答，针对某些要点进行提问。第二部分为即兴问答，考官向考生提出一个或几个简单的基础计算问题或逻辑推理问题，考生没有准备时间。禁止考生使用计算器或其他电子产品。科目考试系数为 7。

考生的最终录取结果在 2016 年 7 月份公布。据 HEC 官方统计数据显示[1]，2014 年共有 5 192 名考生注册 HEC 选拔考试，实际招收名额为 380 名，录取率为 7.3%。录取考生中包括 212 名男性，168 名女性，男女性别比例为 55.8% 对 44.2%。在所有录取考生中，理科方向学生比例为 61.8%，经济方向比例为 27.9%，技术方向比例为 1.8%，文科方向比例为 8.4%；此外所有录取生员中包括 10 名国际学生，占总录取人数的 2.6%。2015 年 HEC 的招生名额为 380 名，共有 5 222 名考生注册考试，录取百分比相较 2014 年略有下降。录取考生中包括 234 名男性，146 名女性，男女性别比例为 61.6% 对 38.4%。与 2014 年相比，录取性别比例中，男性呈上升趋势。2015 年，在所有录取考生中，理科方向学生比例为 61.1%，经济方向比例为 28.4%，技术方向比例为 2.4%，文科方向比例为 8.2%。与 2014 年数据相比较，经济方向与技术方向学生出现微弱增长，理科方向与文科方向学生呈微弱下降趋势。此外所有录取学生中包括 6 名国际学生，占总录取人数的 1.6%。

2016 年通过入学考试的预科班学生学费总额为 41 700 欧元；通过直接

---

[1] http://www.hec.fr/Grande-Ecole-MS-MSc/Programmes-diplomants/Grande-Ecole/Master-in-Management/Admission#block-21450.

录取的研究生学费总额为29 800欧元（欧盟生员）与36 000欧元（非欧盟生员）。学生在硕士第一学年与第二学年期间会选择在公司实习一年，HEC会收取学员750欧元的行政管理费，不收取学费①。

（二）直接录取考试②

主要面向已获得法国承认的本科或以上学历的学生；申请双学位课程的学生必须来自和巴黎HEC签订双方协议的院校，通过协议学校筛选后的学生可参加考试。申请直接录取考试通道的学生，须于2016年1月31日之前在http://admission.hec.fr/fr注册申请且网上提交申请所需文件。申请者须网上支付100欧元文件审理费用，社会助学金获得者除外。选拔分为两个阶段，第一阶段为初审申请者的申请文件；通过初审的申请者进入第二阶段的面试。考生须参加四门口试科目：

❖三方面试：考生通过扮演面试中的三种角色来展现自己的能力，与前面所介绍的预科班考生考核内容相同。

❖人类科学：考生准备时间为20分钟，面试时长为20分钟。考生有10分钟时间对考试题目进行阐述，灵活运用文学、哲学、历史、艺术史等方面的知识。剩下的10分钟为考官与考生之间的问答环节。

❖英语：考生准备时间为15分钟，面试时长为15分钟。考生会拿到一篇近期出版的英语报纸上的文章，首先要对文章内容及论点以及考生自己的观点进行阐述，然后考官针对文章的内容，再进行提问或针对文章主题与考生进行交流。

❖已获得或即将获得数学、计算机科学或工程学学位的考生须参加理科方向的数学考试：考生准备时间为20分钟，考试时长为20分钟。以经济与商业专业预科班理科方向的几何与分析课程大纲为基础进行选题。

❖已获得或即将获得经济、管理、统计学学位的考生须参加经济方向的数学考试：考生准备时间为20分钟，考试时长为20分钟。以经济与商业专业预科班经济方向的分析与概率（不含几何）课程大纲为基础进行选题。

❖其他专业学位获得者须参加逻辑能力考试：考生准备时间为20分钟，

---

① http://www.hec.fr/Grande-Ecole-MS-MSc/Programmes-diplomants/Grande-Ecole/Master-in-Management/Frais-et-financement.

② http://www.hec.fr/Grande-Ecole-MS-MSc/Programmes-diplomants/Grande-Ecole/Master-in-Management/Frais-et-financement.

考试时长为20分钟。考生有4到5分钟时间对所给题目进行阐释。

直接考试录取通道每年分为两个选拔阶段，冬季阶段申请截止日期为2016年1月31日，初审结果公布于3月7日，口试时间为4月2日—3日，录取结果于4月15日公布，最终结果确认日期为5月29日。夏季阶段申请截止日期为2016年4月21日，初审结果公布于5月19日，口试时间为6月29日—30日，录取结果于7月7日公布，最终结果确认日期为8月22日。

（三）国际录取通道①

面向在国外高等教育院校获得学位的学生，学制至少为三年。

❖ 申请者可以通过直接注册形式进行申请 http://admissions.hec.fr。通过这种申请方式，申请者在整个申请过程中直接与HEC的录取委员会保持联系。网上申请时，考生须交100欧元的资料初审费用。申请分为四个时段，以2016年招生信息为例，见表4-6。

表4-6　2016年招生信息表

	秋季申请	冬季申请	春季申请	夏季申请
申请截止日期	2015年10月29日	2016年1月7日	2016年3月3日	2016年4月21日
初审录取结果	2015年11月18日	2月1日	3月23日	5月19日
面试	2015年11月25日—12月1日	2月8日—16日	3月30日—4月8日	5月26日—6月6日
录取结果	2015年12月4日	2月22日	4月15日	6月10日
最终确认	2016年1月15日（埃菲尔奖学金学生：2015年12月11日）	3月18日	5月13日	7月1日
开学日期	2016年9月			

❖ 申请者可以申请五学院统考，须在国际录取服务网站进行申请。申请者的申请将会同时被包括HEC在内的五所法国管理学校进行审核。初审资料费为180欧元，申请也分为四个阶段；截止日期分别为2015年10月16日

---

① http://www.hec.fr/Grande-Ecole-MS-MSc/Programmes-diplomants/Grande-Ecole/Master-in-Management/Admission#block-21452.

(秋季)、2015年12月16日(冬季)、2016年2月16日(春季)、2016年4月13日(夏季)。

通过以上两种方式进行申请的申请者,都须经过两轮的选拔:第一轮选拔主要以申请者的文件以及 GMAT 或 GRE 或 TAGE MAGE 的笔试部分成绩为主进行筛选。通过第一轮资料审核后,申请者可以进入第二轮的面试。申请者的年龄不得超过30岁。

面试时长为25分钟—30分钟,面试语言可以是法语或英语。直接注册 HEC 考试的考生,面试地点为 HEC 巴黎校区或采用 SKYPE 面试形式。注册五学院统考的考生,可以从 HEC 在全世界设立的70个考试中心选择面试地点。

四、巴黎政治大学[1][2]

回顾巴黎政治大学的历史,迄今已经走过一个半世纪的历程。其前身为政治学自由学校,由 Émile Boutmy 创建于1872年。学校创建的目的是回应由1870年普法战争所引起的政治与国民士气危机,旨在为新的法国培养新的社会精英,创造现代知识。当时的政治学自由学校以私立学校的身份开展高等教育活动,除了培养商业精英,还为准备进入国家高级管理机构的学生设立考试预备班。自创建伊始,学校就拥有选择学生、招聘教师与制定课程的自主权,实施创新性小组教学,邀请国家高级官员、商业精英以及大学教授为学生上课,采用多学科视角(包括法律、历史、社会、地理、经济)来研究当时法国以及国际社会问题,实现研究与实践的结合。1945年巴黎政治大学部分国有化,分为两部分:国家政治科学基金与巴黎政治学院。学校自主权得以保存,并成为一个机构组织,是从事教学、创新研究计划的试验基地。巴黎政治大学一直处在法国高等教育改革的最前沿阵地。在国际化发展方面,自20世纪20年代,已经开始接收外国留学生。1999年学校将学生的学制由三年改为五年,采用本科—硕士—博士的三层教育体系架构,实现了与国际教育体制的接轨。此外,学校规定,所有注册的学员都须在国外大学完成一年的学习,且通过该大学的学年考核。这一措施的推行也促成了

---

[1] 这里虽然使用"大学"的名称,然而与其他法国公立大学存在本质的区别,具体体现在部分私立性质与招生录取选拔机制。

[2] http://www.sciencespo.fr.

巴黎政治大学与世界知名大学之间的合作关系的进一步发展。为了更好地促进教育平等，学校于 2001 年设立特殊入学考试，推行实施教育优先协议，希望增加在校学员社会阶层的多样性。在教学与科研方面，巴黎政治大学在 20 世纪末增加了部分新兴研究领域，更新了学校已有学科的内容，例如在政治学、国际关系、组织社会学与数字化教育等方面增设前沿研究项目。在一百多年的发展历史中，巴黎政治大学一直奉行科研与应用相结合，在法国的高等教育院校中保持了独一无二的身份：精英教育学校与国际一流的社会科学专业研究型大学。巴黎政治大学现今由国家政治科学基金（私人基金会）与巴黎政治学院（公立学术与专业化机构）共同管理。前者为大学制定战略导向，负责行政与财务管理，由行政委员会负责具体执行。后者负责教学、研究以及文献管理等，行使和其他研究型世界一流大学相似的职能。后者的管理机构包括巴黎政治学院委员会，负责管理工作；学生生活与教学委员会，负责学生事务处理的决策以及教学问题的咨询工作；学术委员会，负责学术政策问题讨论、涉及研究生与博士生培养、学术评估程序以及教学与科研的连接与教师招聘政策以及职业发展规划。执行委员会负责学校规划实施，在学校校长的带领下，由各个服务部分的负责人共同组成。

在该校前任校长 Richard Descoings 在任期间，巴黎政治大学推行了一系列国际化与专业化改革且收效显著。该校自 2000 年开始在法国不同城市设立本科校区，成为国际化教学的试验基地，并接收同等比例的法国学生与外国学生。目前学校共设有南希（2000 年）、普瓦捷（2001 年）、第戎（2001 年）、芒东（2005 年）、勒阿弗尔（2007 年）、兰斯（2010 年）六个外省校区。巴黎校区本科阶段为学生开设通识教育以及与巴黎其他大学共同创建的双学位课程；第戎校区开设了中欧与东欧专业；勒阿弗尔校区开设了欧亚关系专业；芒东校区开设了中东与地中海地区专业；南希校区开设了法德关系专业；普瓦捷校区开设欧洲与拉丁美洲关系专业；兰斯校区开设了欧洲与美国关系专业、欧洲与非洲关系专业。七个校区共有在校生近四千名。本科学制为三年，第三年为国际学年，所有学生必须在国外大学完成一学年的学习。本科阶段为学员提供了多学科基础教学课程，包括经济、法律、历史、社会学、政治学与人文科学学科，注重学习方法的教授。该校的研究生院包括 8 个学院：新闻学院、传播学院、法律学院、国际事务学院、公共事务学院、城市事务学院、企业职业学院以及博士生院。

巴黎政治大学作为精英大学校之一，它的招生对象与流程不同于前面所提及的巴黎高师。巴黎政治大学本科一年级选拔录取方式一般分为三种：

第一种为考试招生方式，主要面向普通类 bac 考生（2016 年增加技术类 bac 考生）与在国外获得等同于 bac 学位的同等学力者。考试程序分初试与复试两个阶段，初试阶段又分为两部分。其中第一部分为文件初审，主要完成对申请者的申请文件的评估，申请文件中包括学生高中三年的学习成绩单以及班级委员会对于该生的评价、法国普通类 bac 考试提前考试科目成绩（曾经参加过国家或国际高中生比赛者，可提供个人参赛成绩），以及该生参加学校组织活动、小组活动经历、参加政治、文化、体育或工会组织活动介绍。申请者通过提供以上文件，可向评审会展示个人的学习能力、语言能力以及进入本科阶段学习的个人动机。而且申请者须针对所申请的不同本科校区，来阐述其学习计划与职业规划。申请者文件的评估成绩被划分为三等：A、B 与 C。评估成绩优异者可获得免笔试直接被录取的机会。申请者所提交的所有文件将会在整个考试选拔过程中，尤其是在口试环节被评审委员会二次核查。申请者在通过文件评估后，直接进入第二部分的笔试考核，考核内容以申请者高中所学知识为基础，参考国家每年发布的课程大纲来设计题目。根据往年笔试的经验，考试科目、系数与时长如下：

❖ 历史考试：科目系数为 2，考试时间为 4 小时。

❖ 选考：考生可以在文学与哲学、数学、社会与经济学中选择一门；考试系数为 2，考试时间为 3 小时。考生在应考时，可以不受参加个人 bac 考试专业方向限制，选择自己最擅长的科目进行考试。

❖ 语言选考科目：考生可以在德语、英语、阿拉伯语、汉语、西班牙语、意大利语、葡萄牙语或俄语中选择一门语言科目应试，科目系数为 1，考试时间为一个半小时。

考生的笔试成绩同样被划分为三个等级：A、B、C。初试阶段的评审委员会是由一位大学教授或国民教育总督导来主持，评审委员会成员包括了巴黎政治学院（大学）院长或其代表与由院长所任命的考官团队代表。评审会结合考生申请文件的综合评估成绩与考生的笔试成绩，宣布可以进入复试的考生名单。考生进入复试阶段的考核以面试的方式进行，面试时间为 20 分钟。面试考官对考生的口头表达能力、个人学习动机、思维的开阔度、创新能力、求知欲、运用所学知识的能力、研究当代问题的能力、批判性思维能力与个人反思能力等进行评估。面试委员会由至少两位成员组成，考生的面试成绩也分为三等：A、B、C。一般而言，考生的面试环节用法语进行。但如果考生申请的课程是用除了法语之外的另外一种语言所教授的，面试委员会保留使用另外一种语言对考生进行部分面试的权利。考生参加面试的地点为巴黎政治大学的巴黎校区。面试结束后，获得成绩为 A 等级的考生将直接被录取，而获得其他等级成绩的考生的评估，录取委员会将结合委员会的意见以及考生申请时所提交的所有资料来做出最后的决定。被录取学员在学校注册时须提供所获得中等教育学位证明，否则录取结果无效。

第二种为优先教育协议招生方式：选拔式招生，招收对象为就读于与巴黎政治大学有合作协议且地处于优先教育区的学校（共 105 所），准备 bac 考试的在校生。考生选拔程序分为初试与复试两个部分。初试部分的考核在考生就读的中学举行，考核委员会由学校校长或校长代表与考生高三年级任课教师以外的教师组成，考生以口头介绍方式应试。考核的内容包括了考生自选题目的回顾、一份文本分析综述与个人思考报告。考核委员会依据考生表现，书写面试评估报告。每个协议高中的初试委员会由学校校长或校长代表主持，包括教师团队代表以及高中管理团队成员。初试委员会审核每个考生的申请资料，尤其是考生在高中三年的学习成绩以及考生的初试成绩。此外，初试委员会会参考学生在高中三年学习中所取得的进步情况、学习能力、写作能力、外语能力、求知欲、适应能力以及个人动机方面的因素。通过初试的考生，接下来需要接受由巴黎政治大学组织的复试，复试形式为面试，时间为半个小时。面试委员会由巴黎政治大学校长或校长代表主持，包括一位专业教师与一位职业人士两名委员。面试委员会在撰写评审报告时，会参考考生所提供的一些文件，其中包括：考生学习成绩、初试成绩、初试评审委员会对该生的评估意见、考生的 bac 提前考试科目成绩、考生面试内容、考生口头表达能力以及思考能力评估、求知欲以及个人动机。经过初试与复试两轮考核后，考生的成绩须提交给学校的录取委员会。录取委员会将结合面试委员会的意见以及考生申请时所提交的所有资料来做出最后的决定。被录取考生只有在 bac 考试的第一轮考试中获得学位才可以被最终录取，完成学籍注册。

第三种为国际通道招生方式，面向拥有国际学习经历的学生。申请者必须获得以下列出的学位或文凭的其中之一，才具有申请资格：1. 在国外获得法国 bac 学位者；2. 在法国获得国外中等教育文凭者；3. 在国外获得国外中等教育文凭者。值得注意的是：1. 对于在国外获得的普通类或技术类 bac 学位，申请者须顺利通过 bac 第一轮考试；2. 在法国获得 bac 学位并于同一年获得外国中等教育文凭的法籍考生，则可以申请国际通道；3. 对于同时符合考试选拔与国际通道申请要求的申请者，只能两者选一；4. 在法国获得 bac 学位中标注"欧盟系列"或"国际系列"的学生不可以使用国际通道进行申请。以国际通道提交申请的学生须经过初审与复试阶段的考核。初审阶段对申请者的申请文件进行初步评估，主要以学生的学习水平、学习态度与取得的进步、学习动机、个人发展计划与个人所参加的课外活动的契合度等方面的因素来进行评审。申请者被评审的内容包括：学习经历、高中阶段学习成绩、语言水平、选择进入巴黎政治大学的动机、个人为融入校园所做规划的充分性。只有初审通过者才可参加复试。复试部分以面试的形式进行，由巴黎政治大学在全世界范围内组织。初审通过者将会通过邮件被邀请参加面试，须参加面试的申请者可根据自己的地理位置来选择最佳的应试城市。面试委员会由三位成员组成，包括一位巴黎政治大学校长代表和两位教师或职业人士。面试以新闻评论为题，根据考生所选择的专业，可以使用法语、英语或其他语种进行。考生的准备时间为 30 分钟，主题介绍时间为 10 分钟，与面试委员问答讨论环节为 20 分钟。国际通道的申请者只能在网上提交申请，并在规定的面试日期前六周内完成申请程序。这类申请所需费用为 95 欧元。

第五章　法国高校招生考试制度的公平性问题

bac 考试既是一种制度，也是一种社会现象。在其发展的二百多年历程中，每次的变革都会引起社会舆论的关注，社会评论对它也是褒贬不一。然而，作为一种考试，公平应该是这一制度改革所追求的基本要素。bac 考试由早期面向贵族以及资产阶级精英的选拔性考试，发展到今天的大众化阶段，是否意味着其公平性在提升？何为公平？公平的内涵是什么？本部分主要围绕教育公平与社会公正两个大的方面来阐述。

第一节　教育民主化与教育平等

法兰西共和国在学校创建之初，就强调受教育的平等性，然而这种平等性是体现在学生受教育的机会、受教育的过程还是受教育后学生在学业与职业方面的发展等方面呢？关于教育平等这一话题的讨论，始终与教育民主化紧密联系在一起。教育民主化与整个现代社会体系的发展、经济的增长以及民众对教育的需求密切相关。因此，我们是否可以认为随着教育民主化的深入发展，教育的平等性在不断加强？随着受教育人数的增加，国家如何平衡教育平等、社会公正以及考试选拔机制之间的关系，其结果如何？本小节将对教育民主化的概念进行界定，运用量化的数据分析对其概念的内涵以及呈现的形式进行阐释，揭示教育民主化的不同形式在考试选拔体系中的表现，从而进一步剖析在教育大众化与普及化时期，教育民主化与教育平等之间的关系。

一、教育民主化概念界定[①]

教育问题，尤其是人民受教育的问题在法国大革命时期已经显现其重要性。当时的人们已经开始思考社会出身所带来的不平等以及贵族与精英阶级所拥有的特权问题，并意识到每个人受教育的必要性。教育能使人民明事理，且能不被统治阶级所压迫。孔德赛认为，只有明事理的人民才能将他们的权益交托给受过良好教育的人，无知的民众只能成为傀儡、统治阶级的工具，成为一己私欲的受害者。在孔德赛思想的影响下，费里也同样认为，只有让民众接受教育才能废除旧制度时期的特权制度。从18世纪末开始，学校民主化已经成为政治民主的基本柱石之一。

Prost指出，"民主化"这一概念并未在共和国学校的创始人（Ferry, Bert, Buissoin, etc.）所使用的词汇中出现[②]，这间接地表明最初共和国教育的目的并非是为了修补社会的不平等，也不是为了推动个人的社会流动。

> Sa mission est de former des individus capables de penser par eux-mêmes et de se déterminer de façon autonome, pour fonder une société « moderne », affranchie de l'ignorance et des liens serviles de dépendance, c'est-à-dire une société de citoyens égaux en droits et en dignité, bref un République. Aussi est-il nécessaire que tous les enfants soient correctement instruits: avec la gratuité, l'obligation et la laïcité, les républicains poursuivent ce que l'on pourrait appeler, mais qu'ils n'appellent pas, une démocratisation civique de la fréquentation scolaire. [③]

在上面的引文中，Prost指出，共和国教育的任务是培养能够独立思考且做出决定的个体，能够将个体从无知与人身依附的关系中解脱出来，来组成现代社会；让每个个体都可以成为享有平等权利和尊严的共和国公民。为了实现这一目标，共和国的儿童就必须接受免费、义务以及世俗化的教育。

[①] Pierre Merle, La démocratisation de l'école. Le Télémaque, 2004/1, n°25, pp. 135-148, p. 137.

Pierre Merle, Le concept de démocratisation de l'institution scolaire: une typologie et sa mise à l'épreuve. Population, 55ᵉ année, n°1, 2000, pp. 15-50.

M. Duru-Bellat & A. Kieffer, La démocratisation de l'enseignement en France: polémiques autour d'une question d'actualité. Population, 55ᵉ année, n°1, 2000, pp. 51-79.

[②] Antoine Prost, Éducation, société et politiques, Seuil, 1997, p. 47.

[③] Antoine Prost, Éducation, société et politiques, Seuil, 1997, p. 48.

Prost 指出，共和国的教育改革实际上呈现了入学率的民主化的发展。然而，有两个问题在当时的社会背景下并没有被提上议程：其一是学生的选拔问题，当时的双轨单行制的教育模式面向的是不同的学生群体与不平等的职业培养定位，在不改变这一教育体系结构的前提下，无法实现教育平等。其二是学生在学习过程中的失败问题，如何对待与解决这一问题在共和国的教育改革中也并未涉及。教育民主的问题在当时更多地被认定为道德问题而非社会问题，国家的安定团结的重要性要远远高于教育的社会公平或平等问题。因此，Prost 认为共和国教育具有公正性而非平等性，公正性所指的是教育权利的平等，然而没有人希望所有人都能接受到同样的教育。当时的民主化也被赋予了特定的含义，指通过选拔的方式，为学习成绩优异的出身平民阶层的学生创造机会进入贵族化的中等教育中。

Merle 认为民主化的含义具有多重性，这也是历史的产物。民主化的教育应该是以学生成绩为基础的选拔制度，而且还应是人人教育。何谓教育民主化的本质也是法兰西共和国教育一直争论至今而未能达成共识的一个重要的问题。"民主化"这一术语在第一次世界大战以后开始引起社会的广泛关注，其含义也开始了多样化发展。在支持单一学校的计划中，大学同盟（Compagnons de l'Université）曾指出，统一学校的建立将同时解决两个问题：第一，实现了教育的民主化，废除原来的双轨制教育（贵族教育与平民教育分离化）；第二，实现以学生的成绩为基础的选拔制。从这里可以看出，当时的政府所指的民主化是废除以社会阶级为基础的教育制度，取而代之的是以学生的学习表现为基础的选拔制度，其主要的目的是为了平民阶层的子弟能有更多的机会接受当时的中等教育，实现中等教育生源多样化的目标。在第二次世界大战期间，改革派对实行选拔制度的统一学校提出强烈的反对意见，认为这种体制变相地增加社会精英阶层子弟接受高层次教育的机会。这两种立场成为 20 世纪后期人们争论的主要话题。

整个 20 世纪法国教育改革目标总体可以分为延长义务教育的年限（1882 年法定年龄为 13 岁，1936 年延长至 14 岁，1959 年则改为 16 岁）与弱化学生受教育的命运与其出身的社会阶层之间的关系，期望更多学生可以依靠个人的学习能力提升受教育的机会。由新大学联盟（les Compagnons de l'Université nouvelle）所推行且自 1930 年开始实施的中等教育免费化改革，旨在为更多的孩子能够接受到更高程度的教育提供机会。然而受教育机会的增多是否意味着实现了教育民主化？教育民主化这一概念随着基础教育义务化的发展与高等教育大众化时代的开启，其含义是否也发生了改变？

自 20 世纪 80 年代开始，社会学界的学者们开始对教育民主化的概念与现状展开多视角分析和研究，其中量化民主化与质性民主化被认为是民主化的两种基本表现形式。Prost 于 1986 年最早提出了质性民主化的定义,他指出量化民主化并不能消除不平等,只是将其转移而已。此后,Goux 和 Maurin 提出单一式民主化的定义①,两位学者通过分析 1970—1993 年期间职业资格教育的调查结果,发现整体上出身各个社会阶层的学生在这期间受教育的时间在延长,而且学生获得更高层次的学位的比例在增加。因此,两位学者提出单一式民主化的概念来描述这一发现,Perle 认为这一概念与 Prost 所提出的量化民主化不存在本质的区别,只是更加详细地描述了不平等如何发生转移。之后,Goux 和 Maurin 两位学者对 1985—1995 年期间不同类别的 bac 教育的学生的社会背景进行了调查②,发现不同类型 bac 教育所面向的社会阶层是不同的,其中职业类的 bac 教育为最平民化的选择。Merle 将这一现象定义为分离式民主化,用来形容不同类型 bac 教育学生的社会阶层的不同。Merle 在对 1973—1980 年期间不同类型教育与学生的社会背景的调查中,发现其中一些特定专业方向学生的社会阶层出现了固化现象。其实这一现象由来已久,只是所在的教育机构与类型发生了一些转变。

  为了对学生出身的社会阶层以及受教育情况进行更加微观地阐释,一些学者开始关注学生的教育轨迹。Perle 对 1988—1998 年期间学生受教育的时长做了调查,并对 10%受教育时间最长的学生和 10%受教育时间最短的学生所出身的社会阶层以及教育轨迹进行了对比分析。研究发现,在 1988—1998 年期间,学生受教育的时间普遍延长,然而受教育时长最多的 10%与最少的 10%的学生之间的差距在拉大。同时,Perle 发现受教育时间的差异与学生出身的社会阶层是相关联的。基于其研究,Perle 提出了三种不同类型的民主化,而且三者之间不存在排他性,可共存。第一类是平等式民主化,用来形容教育机会的增加以及受教育人数的增多,不同社会阶层出身的学生进入不同专业 bac 教育的比率差距在缩小,从形式上体现了一种平等性。此外,出身平民阶层的学生进入传统的"贵族化"的 bac 专业方向(如理科专业)的增长速度要高于其在"平民化"的专业的增长速度。第二类为分离式民主化,描述的情形与平等式民主化正好相反,指的是随着受教育人数在人群中比例的增长,不同社会阶层进入不同专业方向的差距在增大。具体表现在出身平民阶层的学生在有些科类中所占比例增长幅度较高,在有些

---

  ① Dominique Goux & Eric Maurin, Origine Sociale et destinée scolaire. L'inégalité des chances devant l'enseignement à travers les enquêtes FQP 1970, 1977, 1985 et 1993. Revue Française de sociologie, 1995, 36-1, pp. 81-121.

  ② Dominique Goux & Eric Maurin, Destinées sociales: le rôle de l'école et du milieu d'origine. Économie et Statistique, n°306, juin 1997, pp. 13-26.

科类增长幅度相对较低。这种分离式的情况具有绝对性或相对性。第三类为单一式民主化（由 Goux 与 Maurin 在 1995 年首次提出），所描述的情况介于以上两种之间，指的是尽管受教育的人数在增加，但是每个科类或专业方向中出身不同社会阶层的学生所占比例相对稳定。作者下面的分析将以 Perle 所提出的这三种民主化形式为理论基础，用法国教育部发布的官方数据来呈现三种形式之间的不同以及相互之间的关系。

二、bac 考试结果量化分析与教育民主化现状

根据 2016 年 3 月份发布的数据统计，2015 学年参加 bac 考试的考生人数总计为 703 900 人，其中包括 2 700 名双国籍 bac 考试考生。2015 学年共有 618 800 人获得 bac 学位，bac 考试通过率达 87.9%。从 bac 考试类型来看，普通类 bac 考生的通过率为 91.5%，技术类 bac 考试通过率为 90.7%，职业类 bac 考试通过率为 80.5%。相较于 2014 学年，2015 学年普通类 bac 考生人数增加 7 800 人（双国籍 bac 除外），技术类考生减少 4 500 人，职业类考生减少 12 800 人；考生考试通过率基本保持稳定发展态势。同一年龄段考生整体 bac 通过率在 2015 学年达到了 77.2%，比 2014 年降低约 1 个百分点。其中，技术类通过率较 2014 年降低 0.6 个百分点，职业类降低 1.9 个百分点，只有普通类通过率增长了 1.5 个百分点。

（一）2015 学年 bac 考试类型及专业方向结果分析

表 5-1　2015 学年 bac 考试结果（考试类型、专业方向与性别）[①]

3 – Résultats du baccalauréat 2015 selon la voie, la série, le secteur et le sexe

		Présents		Admis	Répartition des admis par mention (%)				Taux de réussite (%)		
		Total	Filles		Très bien	Bien	Assez bien	Sans mention	Total	Filles	Garçons
Baccalauréat général	ES	109 986	60,1	100 360	8,0	16,0	29,1	47,0	91,2	92,5	89,3
	L	55 016	78,7	49 870	7,9	16,1	28,9	47,1	90,6	91,4	87,8
	S	181 594	46,5	166 824	15,3	20,8	27,1	36,9	91,9	93,5	90,5
	Toutes séries	346 596	55,9	317 054	11,8	18,5	28,0	41,7	91,5	92,7	89,9
Baccalauréat technologique	STI2D	29 177	7,0	26 763	4,1	15,3	32,6	48,0	91,7	92,7	91,7
	STL	8 082	57,6	7 587	5,2	19,3	36,8	38,7	93,9	94,4	93,1
	STAV	5 309	44,9	4 615	0,3	4,4	25,6	69,8	86,9	85,3	88,3
	STMG	67 178	52,6	60 124	1,5	10,6	33,4	54,6	89,5	91,6	87,2
	ST2S	22 459	90,3	20 608	1,7	10,7	32,0	55,7	91,8	92,0	89,4
	STD2A	2 898	78,6	2 817	11,0	23,9	36,1	29,0	97,2	97,8	95,0
	TMD	312	51,0	303	10,6	23,4	32,7	33,3	97,1	98,7	95,4
	Hôtellerie	2 563	50,1	2 327	1,1	9,2	27,5	62,1	90,8	92,5	89,1
	Toutes séries	137 978	49,6	125 144	2,5	12,2	32,8	52,5	90,7	91,9	89,5
Baccalauréat professionnel	Production	102 154	14,4	80 650	2,0	11,0	31,6	55,4	78,9	83,1	78,2
	Services	117 221	69,4	95 996	1,4	11,5	34,4	52,8	81,9	83,8	77,5
	Tous secteurs	219 375	43,8	176 646	1,7	11,3	33,1	54,0	80,7	83,7	78,0
Total baccalauréat		703 949	50,9	618 844	7,0	15,2	30,4	47,4	87,9	90,4	85,6

Champ : France métropolitaine et DOM.　　　Source : MENESR-DEPP, système d'information Ocean-Safran.

[①] Direction de l'évaluation, de la prospective et de la performance (DEPP). Résultats définitifs de la session 2015 du baccalauréat. Note d'information, n°07, mars 2016, p. 2.

1. 普通类

根据表 5-1 所示，普通类 bac 考试参考人数共计 346 596 人，其中经社科考生所占比例为 31.7%，文科类考生所占比例为 15.9%，理科类考生所占比例为 52.4%。女性考生占总赴考人数的 55.9%，女性考生通过率为 92.7%，男性考生通过率为 89.9%，考试获得 12 分及以上学生占总录取人数的 58.3%。经社科专业考生通过率为 91.2%，女性考生所占比例为 60.1%，通过率为 92.5%，男性考生通过率为 89.3%，获得 12 分及以上学生占总录取人数的 53%。普通类 bac 考试文科专业考生总通过率为 90.6%，女性考生所占比例为 78.7%，通过率为 91.4%，男性考生通过率为 87.8%，获得 12 分及以上学生占总录取人数的 52.9%。普通类 bac 考试理科考生总通过率为 91.9%，女性考生所占比例为 46.5%，通过率为 93.5%，男性考生通过率为 90.5%，获得 12 分及以上学生占总录取人数的 63.1%。

2. 技术类

技术类 bac 考试[①]参考人数共计 137 978 人，其中 STI2D 专业考生所占比例为 21.1%，STL 专业学生所占比例为 5.8%，STAV 专业学生所占比例为 3.8%，STMG 专业学生所占比例为 48.7%，ST2S 专业学生所占比例为 16.3%，STD2A 专业学生所占比例为 2.1%，TMD 专业学生所占比例为 0.2%，酒店专业学生所占比例为 1.9%。女性考生占总参考人数的 49.6% 且通过率为 91.9%，男性考生通过率为 89.5%，考生获得 12 分及以上者占总录取人数的 47.5%。其中，STI2D 专业女性赴考人数仅为这一专业总参考人数的 7%，ST2S 女性赴考人数占总人数的 90.3%，STD2A 专业女性考生所占比例为 78.6%。这组数据呈现出女性对于专业方向选择的趋向。

3. 职业类

职业类 bac 考试参考人数共计 219 375 人，其中生产领域专业考生所占比例为 46.6%，服务行业专业考生所占比例为 53.4%。女性考生占总考生的 43.8%，通过率为 83.7%；男性考生通过率为 78%。考生获得 12 分及以上者占总录取人数的 46%。

（二）2015 学年 bac 考试不同类型与组别考试结果

正如前面章节中所提及的，bac 考试常规情况下在每年的 6 月份组织，

---

① 现今的技术类 bac 考试包括八个学科方向：STMG（经营与管理）、STD2A（设计与应用艺术）、STI2D（工业与可持续发展）、STL（实验技术）、ST2S（医疗与社会）、STAV（农艺学与生命科学）、TMD（音乐与舞蹈技术）、酒店业。

对由于特殊原因未能参加 6 月份正规场次考试的考生，在学年入学前，即 9 月份依据学区与考试中心的具体情况可以为考生再安排一场考试。下面所使用的数据来源为 2015 学年 6 月份举行的 bac 考试的结果，本段的分析也基于法国国家教育部所发布的文件。

1. 普通类

表 5-2 2015 学年普通类 bac 考试（6 月场）结果①

1 – Résultats du baccalauréat général, session de juin 2015.

Séries	Premier groupe d'épreuves					Second groupe d'épreuves			Total		
	Présents	Admis	%	Ajournés	%	Présents	Admis	%	Présents	Admis	%
Série L	54 977	43 821	79,7	2 615	4,8	8 541	5 984	70,1	54 977	49 805	90,6
Série ES	110 032	88 747	80,7	4 451	4,0	16 834	11 638	69,1	110 032	100 385	91,2
Série S	181 588	150 262	82,7	8 306	4,6	23 020	16 519	71,8	181 588	166 781	91,8
Ensemble	346 597	282 830	81,6	15 372	4,4	48 395	34 141	70,5	346 597	316 971	91,5

Champ : France métropolitaine + DOM.　　　　　　　　　　　　　　Source : MENESR-DEPP.

从普通类 bac 考生的两组考试结果来看，文科专业考生第一组考试获得 10 分及以上的考生占本专业总人数 79.7%，获得 8 分以下成绩的考生（被直接淘汰）所占比例为 4.8%；占总人数 15.5% 的考生参加了第二组加试（补考），其中 70.1% 的加试考生通过文科专业测试。整体而言，文科 bac 考试考生的总通过率为 90.6%。经社科专业考生第一组考试获得 10 分及以上的考生占本专业总人数 80.7%，获得 8 分以下成绩的考生所占本专业总人数比例为 4%；占总人数 15.3% 的考生参加了第二组加试，其中 69.1% 的加试考生通过经社科专业 bac 考试。经社科 bac 考试考生的总通过率为 91.2%。理科专业考生第一组考试获得 10 分及以上的考生占本专业总人数 82.7%，获得 8 分以下成绩的考生所占比例为 4.6%；占总人数 12.7% 的考生参加了第二组加试，其中 71.8% 的加试考生通过理科专业 bac 考试。理科 bac 考试考生的总通过率为 91.8%。因此，整体而言，参加普通类 bac 考生第一组考试的获得 10 分及以上的考生占本专业总人数 81.6%，获得 8 分以下成绩的考生所占比例为 4.4%；占总人数 14% 的考生参加了第二组加试，其中 70.5% 的加试考生通过普通类 bac 考试。

---

① DEPP, Le baccalauréat 2015 session de juin. Note d'information, n°24, juillet 2015, p. 2.

2. 技术类

表 5-3　2015 学年技术类 bac 考试（6 月场）结果①

3 – Résultats du baccalauréat technologique, session de juin 2015.

Séries	Premier groupe d'épreuves					Second groupe d'épreuves			Total		
	Présents	Admis	%	Ajournés	%	Présents	Admis	%	Présents	Admis	%
STI2D	29 170	23 632	81,0	1 199	4,1	4 339	3 108	71,6	29 170	26 740	91,7
STL	8 071	6 991	86,6	210	2,6	870	584	67,1	8 071	7 575	93,9
STAV	5 307	4 610	86,9	697	13,1				5 307	4 610	86,9
Total production	42 548	35 233	82,8	2 106	4,9	5 209	3 692	70,9	42 548	38 925	91,5
ST2S	22 438	17 950	80,0	833	3,7	3 655	2 615	71,5	22 438	20 565	91,7
STMG	67 100	52 832	78,7	3 403	5,1	10 865	7 204	66,3	67 100	60 036	89,5
Hôtellerie	2 441	1 774	72,7	116	4,8	551	441	80,0	2 441	2 215	90,7
Total services	91 979	72 556	78,9	4 352	4,7	15 071	10 260	68,1	91 979	82 816	90,0
STD2A	2 840	2 660	93,7	30	1,1	150	99	66,0	2 840	2 759	97,1
TMD	307	281	91,5	8	2,6	18	16	88,9	307	297	96,7
Total disciplinaire	3 147	2 941	93,5	38	1,2	168	115	68,5	3 147	3 056	97,1
Ensemble	137 674	110 730	80,4	6 496	4,7	20 448	14 067	68,8	137 674	124 797	90,6

Champ : France métropolitaine + DOM.　　Sources : MENESR-DEPP, MAAF.

从表 5-3 可见，2015 年的技术类 bac 考试通过率为 90.7%，与 2014 年基本持平。从不同专业方向的考生的两组考试成绩来看，STI2D 专业考生第一组考试获得 10 分及以上的考生占本专业总人数 81%，获得 8 分以下成绩的考生所占比例为 4.1%；占总人数 14.9% 的考生参加了第二组加试，其中 71.6% 的加试考生通过 STI2D 专业的 bac 考试。STI2D 专业方向考生总通过率为 91.7%。STL 专业考生第一组考试获得 10 分及以上的考生占本专业总人数 86.6%，获得 8 分以下成绩的考生所占比例为 2.6%；占总人数 12.8% 的考生参加了第二组加试，其中 67.1% 的加试考生通过 STL 专业 bac 考试。STL 专业方向考生总通过率为 93.9%。STAV 专业考生第一组考试获得 10 分及以上的考生占本专业总人数 86.9%，获得 8 分以下成绩的考生所占比例为 13.1%；STAV 专业方向考生总通过率为 86.9%。ST2S 专业考生第一组考试获得 10 分及以上的考生占本专业总人数 80%，获得 8 分以下成绩的考生所占比例为 3.7%；占总人数 16.3% 的考生参加了第二组加试，其中 71.5% 的加试考生通过 ST2S 专业 bac 考试。ST2S 专业方向考生总通过率为 91.7%。STMG 专业考生第一组考试获得 10 分及以上的考生占本专业总人数 78.7%，获得 8 分以下成绩的考生所占比例为 5.1%；占总人数 16.2% 的考生参加了第二组加试，其中 66.3% 的加试考生通过 STMG 专业 bac 考试。STMG 专业方向考生总通过率为 89.5%。酒店专业考生第一组考试获得 10 分及以上的考生占本专业总人数 72.7%，获得 8 分以下成绩的考生所占比例为 4.8%；占总人数 22.5% 的考生参加了第二组加试，其中 80% 的加试考生通过酒店专业 bac 考试。酒店专业方向考生总通过率为

---

① DEPP, Le baccalauréat 2015 session de juin, Note d'information, n°24, juillet 2015, p. 3.

90.7%。STD2A 专业考生第一组考试获得 10 分及以上的考生占本专业总人数 93.7%，获得 8 分以下成绩的考生所占比例为 1.1%；占总人数 5.2%的考生参加了第二组加试，其中 66%的加试考生通过 STD2A 专业 bac 考试。STD2A 专业方向考生总通过率为 97.1%。TMD 专业考生第一组考试获得 10 分及以上的考生占本专业总人数 91.5%，获得 8 分以下成绩的考生所占比例为 2.6%；占总人数 5.9%的考生参加了第二组加试，其中 88.9%的加试考生通过 TMD 专业 bac 考试。TMD 专业方向考生总通过率为 96.7%。因此，整体而言，参加技术类 bac 考生第一组考试获得 10 分及以上的考生占本专业总人数 80.4%，获得 8 分以下成绩的考生所占比例为 4.7%；占总人数 14.9%的考生参加了第二组加试，其中 68.8%的加试考生通过技术类 bac 考试。

3. 职业类

表 5-4　2015 学年职业类 bac 考试（6 月场）结果

5 – Résultats du baccalauréat professionnel, session de juin 2015.

Secteurs	Premier groupe d'épreuves					Second groupe d'épreuves			Total		
	Présents	Admis	%	Ajournés	%	Présents	Admis	%	Présents	Admis	%
Production	104 041	75 863	72,9	16 372	15,7	11 806	6 274	53,1	104 041	82 137	78,9
Services	115 231	86 377	75,0	14 134	12,3	14 720	7 665	52,1	115 231	94 042	81,6
Ensemble	219 272	162 240	74,0	30 506	13,9	26 526	13 939	52,5	219 272	176 179	80,3

Champ : France métropolitaine + DOM.　　　　　　　　　　　　Sources : MENESR-DEPP, MAAF

从表 5-4 可见，2015 年的职业类考生参考人数下降，同时通过率也比 2014 年降低了 1.6 个百分点，其中服务行业方向的考生通过率下降了 3.2 个百分点，生产行业方向考生通过率呈现了微弱的增长趋势。从两大行业考生的考试结果来看，生产行业方向考生第一组考试获得 10 分及以上的考生占本专业总人数 72.9%，获得 8 分以下成绩的考生所占比例为 15.7%；占总人数 11.4%的考生参加了第二组加试，其中 53.1%的加试考生通过考试。生产行业方向考生总通过率为 78.9%。服务行业方向考生第一组考试获得 10 分及以上的考生占本专业总人数 75%，获得 8 分以下成绩的考生所占比例为 12.3%；占总人数 12.7%的考生参加了第二组加试，其中 52.1%的加试考生通过考试。生产行业方向考生总通过率为 81.6%。因此，整体而言，参加职业类 bac 考生第一组考试获得 10 分及以上的考生占本专业总人数 74%，获得 8 分以下成绩的考生所占比例为 13.9%；占总人数 12.1%的考生参加了第二组加试，其中 52.5%的加试考生通过职业类 bac 考试。

4. 普通类与技术类考试结果学区地理分布

法国自 2016 年 1 月 1 日起施行新的行政区域划分方案，原有的本土行政区域内的 26 个学区将重组合并为 13 个地区学区。

图 5-1　2015 学年普通类与技术类 bac 考试（六月场）结果学区分布①

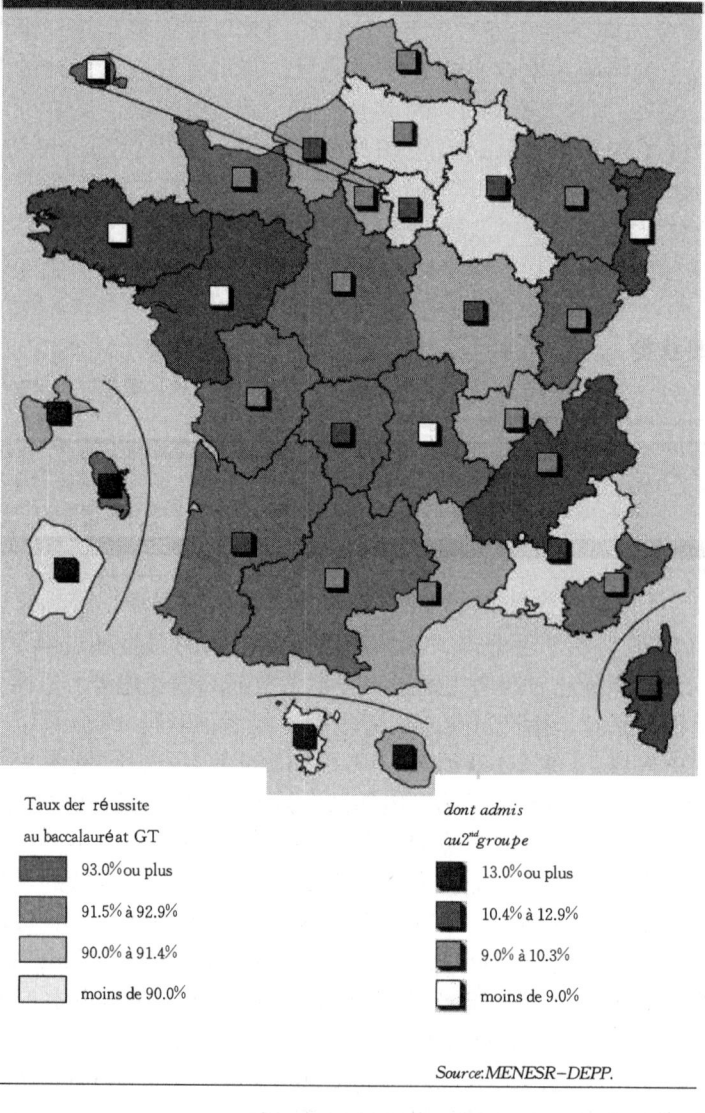

① DEPP, Le baccalauréat 2015 session de juin. Note d'information, n°24, juillet 2015, p. 4.

从 2015 年普通类和技术类（除 STAV 专业外）学区考试成绩来看（见图 5-1），海外行政区中，科西嘉学区考生两类 bac 考试的通过率为 95.1%，与 2014 年基本保持一致。马约特考区考试通过率为 69.8%，比去年增长了 7.4 个百分点。圭亚那考区考生通过率为 84.6%，较去年增长 5.2 个百分点。在图中 ■ 所标注的学区，两类 bac 考试考生通过率达到 93% 及以上，本土行政区中包括了雷恩、南特、斯特拉斯堡，图中 ■ 标注了考试通过率在 91.5%~92.9% 的学区，包括了波尔多、图卢兹、普瓦捷、利摩日、克莱蒙费朗、奥尔良-图尔、卡昂、南希-梅兹、贝桑松、尼斯。图中 ■ 标注了考试通过率为 90%~91.4% 的学区，包括了蒙彼利埃、里昂、第戎、凡尔赛、鲁昂、里尔。图中 ■ 标注了考试通过率低于 90% 的学区，包括埃克斯-马赛、亚眠、克雷戴伊、兰斯。统计显示两类 bac 考试通过率越高的学区，考生参加第二组加试的人数相对越少；相反，bac 考试通过率较低的学区，学生参加加试人数相对较多。由于各个地区经济发展水平不均衡，当地居民的社会阶层也存在着一定的比例差异，因此在学生的教育导向选择以及 bac 考试通过率上形成了一定的地理分布不均等。

（三）bac 考试考生社会阶层与年龄统计

鉴于 2015 学年 bac 考生社会阶层与年龄数据在作者搜集数据时并未发布，因此下面的阐述以 2014 学年考生的情况为基础，见表 5-5。

表 5-5 2014 年通过 bac 考试考生社会阶层统计

社会职业阶层	Bac G		Bac T		Bac P		总数	
	录取	通过率（%）	录取	通过率（%）	录取	通过率（%）	录取	通过率（%）
农业从业者	5 940	94.9	2 033	96.1	2 763	89.3	10 736	93.6
手工业者/商人/公司经理	29 028	91.1	12 240	92.7	18 063	84.5	59 331	89.3
干部/高级知识分子	106 620	95.0	19 437	94.0	13 478	87.2	139 535	94.0
教师以及类似职业从业者	15 554	95.4	2 099	94.2	888	88.7	18 541	94.9
中等级别职业	47 523	92.1	18 420	92.7	16 041	85.7	81 984	90.9
小学老师及类似职业从业者	4 695	95.1	874	92.3	481	86.7	6 050	93.9

续表

社会职业阶层	Bac G 录取	Bac G 通过率(%)	Bac T 录取	Bac T 通过率(%)	Bac P 录取	Bac P 通过率(%)	总数 录取	总数 通过率(%)
职员	48 811	89.8	25 406	91.8	22 417	84.1	96 634	88.9
工人	33 708	87.2	24 352	90.7	46 562	81.3	104 622	85.2
退休人员	5 144	89.4	2 650	89.7	5 017	78.9	12 811	85.0
无业者	20 116	82.4	14 298	85.8	13 674	75.3	48 088	81.2
其他	8 777	80.7	10 374	83.6	52 758	81.0	71 909	81.3
总数	305 667	91.0	129 210	90.7	190 773	82.2	625 650	88.0

资料来源：Taux de réussite en 2014 selon l'origine sociale, l'état de l'École 2015, MENS.

从学生出身阶层方面来看，2014 年通过普通类 bac 考试的总人数为 305 667，其中出身干部/高级知识分子家庭的学生相当于总录取人数的 34.9％，呈现了绝对优势。出身工人家庭的学生人数所占比例则为 11％。通过技术类 bac 考试总人数为 129 210，其中出身工人家庭的学生占总录取人数的 18.9％；而出身干部/高级知识分子家庭的学生所占比例为 15％。通过职业类 bac 考试总人数为 190 773，其中出身工人家庭的学生占总录取人数的 24.4％；出身干部/高级知识分子家庭的学生所占比例为 7％。2014 年通过 bac 考试被录取者达 625 650 人，其中出身干部/高级知识分子家庭的学生占总录取人数的 22.3％；出身工人家庭的学生占总录取人数的 16.7％。简言之，从数据比例上来看，出身干部/高级知识分子家庭与工人家庭的学生总数上有一定的差异，然而最明显的差别则体现在同一类别的 bac 考试中不同阶层出身的学生人数所占的比例。

表 5-6　2014 年通过 bac 考生年龄统计

年龄	Bac G 录取	Bac G 通过率(%)	Bac T 录取	Bac T 通过率(%)	Bac P 录取	Bac P 通过率(%)	总数 录取	总数 通过率(%)
16 岁及以下	618	97.6	23	100.0	9	75.0	650	97.3
17 岁	19 311	97.5	1 559	95.6	475	91.5	21 345	97.3
18 岁	232 350	94.2	68 608	94.5	64 001	87.3	364 959	93.0
19 岁	44 162	81.3	43 774	89.0	71 856	80.3	159 792	82.8
20 岁	7 356	67.8	11 785	83.3	30 438	78.7	49 579	77.9
21 岁	1 265	56.1	2 481	75.0	11 115	77.4	14 861	74.6

续表

年龄	Bac G		Bac T		Bac P		总数	
	录取	通过率（%）	录取	通过率（%）	录取	通过率（%）	录取	通过率（%）
22岁	317	48.0	626	70.0	4 459	77.7	5 402	74.0
23岁	125	39.6	178	57.6	2 325	80.0	2 628	74.4
25~29岁	61	25.8	64	40.5	2 400	83.9	2 525	77.5
30岁及以上	57	22.0	40	41.2	2 350	88.0	2 447	80.9
总数	305 667	91.0	129 210	90.7	190 773	82.2	625 650	88.0

资料来源：RERS 2015，MEN。

根据法国教育体系的设置，孩子六岁时就必须开始小学教育。五年的小学教育之后，学生迎来四年的初中教育以及三年的高中教育，因此学生在参加bac考试时通常情况下应该是在17岁或18岁。表5-6中提供了2014年对于通过bac考试考生年龄的统计，根据考生所选类别的差异，不同年龄的考生表现也有所差别。在普通类bac考试中，16岁及以下的考生通过率为97.6%。16~18岁年龄段的通过率高于这个类别总的通过率，且占总通过人数的82.5%。在技术类bac考试中，16岁及以下的考生人数虽然很少，只有23人，但通过率高达100%。16~18岁年龄段的通过率也高于平均值90.7%，值得注意的是19岁考生的录取人数也仅次于18岁考生。16~19岁年龄段录取人数占总录取人数的88.2%。不同于前两类，在职业类的bac考试中，16岁及以下的考生通过率为75%，不但低于平均通过率82.2%，而且是所有年龄段中考试通过率最低的。这一表现和这个年龄群在前两类的bac考试中的表现完全相反。其他年龄段的表现则较为均衡。总体而言，16岁及以下和16~18岁这个年龄段的通过率仍高于总平均值，且占据了总录取人数的61.8%。这一比较结果显示不同类型的bac教育所面对的年龄段人群相对有所差异，间接地说明每种类型教育内容与导向的不同。

（四）bac考试类型与2015—2016学年高等院校录取结果分析

2014学年的bac考试中共有625 650名考生获得bac学位（本土行政区与海外省），其中比例为74.5%的学生直接选择在2015—2016学年入学季进入高等院校学习（其中包括高级技师班学徒教育）。从bac学位类型来看，几乎全部的普通类bac学位获得者进入高等院校学习，技术类bac学位获得者在高等院校注册比例为 75.5%，而职业类 bac 学位获得者注册进入高等院校的比例仅为 35.1%。下面的分析主要围绕不同类型 bac 学位者与高等院校之间的选择关系展开。

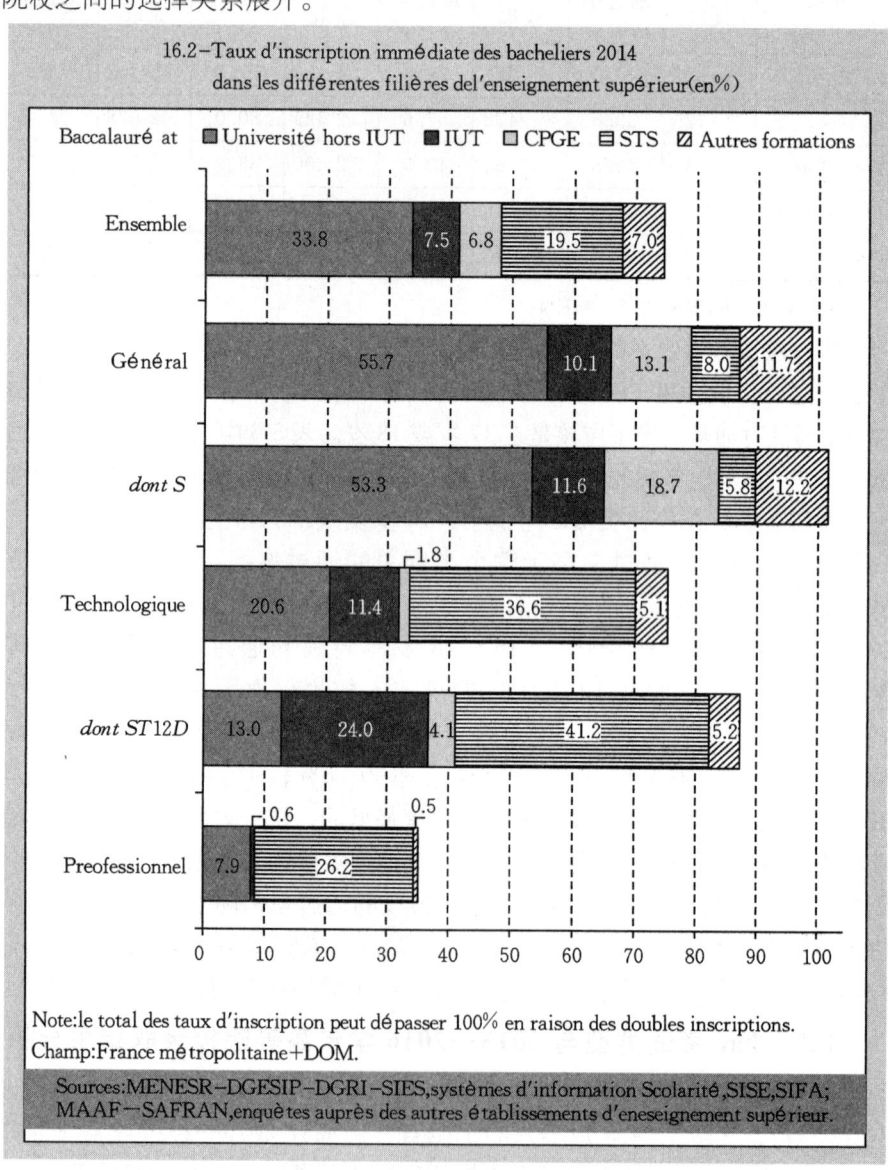

图 5-2 2014 学年 bac 学位获得者直接注册不同类型高等院校比例
资料来源：MENESR-DGESIP-DGRI-SIES，l'état de l'École 2015.

1. 普通类

如图5-2所示，2014学年普通类bac考生获得学位后，直接在高等教育院校注册率为98.5%，其中55.7%的学生会选择进入大学学习（不含大学技术学院），10.1%的学生在大学技术学院注册学习，13.1%的学生进入大学校预科班为参加大学校入学选拔考试做准备，8%的学生会选择短期高等技师培训教育，11.7%的学生选择其他类型高等教育。普通类bac考试中理科专业学生注册高等院校比率最高，其中55.3%的学生会在大学学习，11.6%的学生进入大学技术学院，18.7%的学生选择到大学校预科班学习，5.8%的学生选择短期高等技师培训教育，12.2%的学生选择其他类型高等教育。

2. 技术类

2014学年技术类bac考生获得学位后，直接在高等教育院校的注册率为75.5%，其中20.6%的学生会选择进入大学学习，11.4%的学生在大学技术学院注册学习，1.8%的学生进入大学校预科班；36.6%的学生会选择短期高等技师培训教育，5.2%的学生选择其他类型高等教育。技术类bac考试中STI2D专业考生注册高等院校比例最高，其中13%的学生会在大学学习；24%的学生进入大学技术学院；4.1%的学生选择进入大学校预科班学习；41.2%的学生选择短期高等技师培训教育；5.2%的学生选择其他类型高等教育。

3. 职业类

2014学年职业类bac考生获得学位后，直接在高等教育院校的注册率为35.1%，其中7.9%的学生会选择进入大学学习，0.6%的学生在大学技术学院注册学习，26.2%的学生会选择短期高等技师培训教育，0.5%的学生选择其他类型高等教育。

整体而言，在所有注册高等院校就读的学生中，比例为33.8%的学生选择进入大学学习；7.5%的学生选择在大学技术学院学习；6.8%的学生进入大学校预科班接受教育；19.5%的学生会选择短期高等技师培训教育；7%的学生会选择其他类型的高等教育。通过对比三种不同类型的bac学位获得者对于高等教育院校类型的选择，不难发现，所有在高等教育院校注册的普通类bac学生中，超过一半以上的会选择大学；在所有注册的技术类学生中，接近一半的学生选择短期高等技师培训教育；在所有注册的职业类学生中，约四分之三的学生选择短期高等技师培训教育，这种现象与不同类型

bac 教育的目标是非常吻合的。同时，我们也发现不同类型的高等院校对于接受不同类型 bac 教育的学生的开放程度也有所不同。

（五）2014—2015 年度大学新生 bac 教育背景与大学专业选择

表 5-7 2014—2015 年度大学新入学学生情况表

学位类型	普通类 bac				技术类 bac		职业类 bac		非 bac 学位获得者	共计	
	理科	经济	文科	新 bac 学位获得者	总数	新 bac 学位获得者	总数	新 bac 学位获得者		总人数	女性比例（%）
法律、政治学	5 599	15 395	6 746	26 060	4 619	3 768	2 515	1 891	1 316	36 190	66.4
经济、社会与经济管理	4 348	13 185	361	16 656	5 356	4 315	3 834	3 048	1 646	28 730	49.9
艺术、文学、语言、人文社科	11 165	19 697	29 412	53 183	13 221	9 650	9 469	7 017	3 842	86 806	71.2
理科	27 856	1 311	163	27 106	4 726	3 826	1 624	1 229	1 839	37 519	42.5
体育学科	6 307	3 608	415	9 862	3 415	3 111	1 454	1 233	72	15 271	25.9
医科（一年级 PACES）	33 713	675	109	33 527	1 604	1 421	378	344	631	37 110	66.9
医疗卫生职业教育（不含 PACES）	700	184	82	78	63	5	6		9	1 044	87.8
大学技术文凭教育	20 369	11 926	1 074	30 917	15 603	14 670	1 323	1 078	1 219	51 514	38.6
大学工程师教育	561	20		400	37	17	3		98	719	21.1
其他类型教育	2 472	1 252	522	3 303	896	454	414	231	5 907	11 463	61.8
总计	113 090	67 253	38 884	201 092	49 540	41 237	21 020	16 071	16 579	306 366	56.4

资料来源：l'état de l'École 2015，MEN，表格内容为作者翻译。

如表 5-7 所示，2014—2015 年度大学新生中包括普通类的应届 bac 学位获得者 201 092 名，他们所选择的大学专业分别为：法律与政治学（13%）、经济与社会经济管理（8.3%）、艺术、语言与人文社科专业（26.4%）、理科（13.5%）、体育学科（4.9%）、医科 PACES（16.7%）、医疗卫生教育（除 PACES 外）（0.04%）、大学技术文凭教育（15.4%）、大学工程师教育（0.2%）、其他类型教育（1.6%）。技术类的应届 bac 学位获得者中共计 41 237 名在大学注册学习，在各个专业分布的比例为：法律与政治学（9.1%）、经济与社会经济管理（10.5%）、艺术、语言与人文社科专业（23.4%）、理科（9.3%）、体育学科（7.5%）、医科 PACES（3.4%）、大学技术文凭教育（35.6%）、其他类型教育（1.1%）。职业类的应届 bac 学位获得者中共计 16 071 人在大学注册学习，在各个专业分布的比例为：法律与政治学（11.8%）、经济与社会经济管理（19%）、艺术、语言与人文社科专业（43.7%）、理科（7.6%）、体育学科（7.7%）、医科 PACES（2.1%）、大学技术文凭教育（6.7%）、其他类型教育（1.4%）。应届 bac 学位注册学生与非应届学生中女性占大学一年级的注册学生总数的 56.4%，女性学生在各个学科的分布比例为：法律与政治学（66.4%）、经济与社会经济管理（49.9%）、艺术、语言与人文社科专业（71.2%）、理科（42.5%）、体育学科（25.9%）、医科 PACES（66.9%）、医疗卫生教育（除 PACES 处）（87.8%）、大学技术文凭教育（38.6%）、大学工程师教育（21.1%）、其他类型教育（61.8%）。整体而言，女性学生在与理工科相关的专业所占比例较弱，在文科类的专业与医护类专业领域占有绝对的优势。

（六）2014—2015 年度法国高校学生出身阶层与教育类型、专业分布情况

下面的表 5-8 和表 5-9 分析了法国高校学生的出身阶层与高等教育院校类型、专业选择之间的关系。表 5-10 中所呈现的是 2014—2015 年度对于法国高校学生出身社会阶层的统计，其中出身于干部或高级知识分子家庭的学生在大学生总数中所占比例为 30%；在具有选拔性质的工程师学校的总学生人数中的比例为 38.8%；在大学校预科班学生人数中的比例则高达 46.5%；在商校、管理类、销售类与会计学校学生人数中的比例为 37.1%；在国立高等师范学院学生人数中的比例为 53.2%。相较之下，出身工人家庭的学生在大学生中的比例为 10.8%；在工程师学校中的比例为 6%；在大学校预科班中的比例 6.4%；在商校、管理类、销售类与会计学校中的比例为 2.5%；在国立高等师范学院中的比例为 2.7%。整体而言，出身干部或高级知识分子家庭的学生在高等教育院校学生总数中所占比例为 30.3%，而他们在高等教育精英院校中所占比例却高达一半以上。出身工人家庭的学生在高等教育院校学生总数中占 10.7%，而他们在精英院校中的比例却非常低；尤其是在工程师专业与商校专业方面他们所占比例更是微乎其微。这些数据很明显地展示了不同社会阶层对于优质教育资源的占有比例出现了极度的不平衡，同时也暗示了出身阶层不同的学生未来在社会上的职业发展前景以及在社会某些领域的话语权的不平等。

表 5-8　2014—2015 年法国高校学生出身社会阶层统计

	农业从业者手工业者/商人/公司经理	干部/高级知识分子	中等级别职业	职员	工人	退休人员与无业者	其他	总数
大学	9.1	30.0	12.7	12.7	10.8	13.1	11.5	100.0
大学中普通专业与医科	8.9	30.0	12.3	12.4	10.4	13.6	12.4	100.0
大学技术专科学位教育	11.5	28.8	16.9	15.8	14.6	8.7	3.7	100.0
大学工程师培训专业	10.1	38.8	15.2	10.9	9.9	9.8	5.2	100.0
工程师学校（包含与大学合作的工程师教育）	11.5	46.5	11.7	7.5	6.0	7.4	9.3	100.0
短期技术专科培训	10.1	13.8	12.0	15.6	20.4	13.1	15.0	100.0
大学校预科班	10.6	49.5	12.0	10.1	6.4	6.4	5.1	100.0
商校、管理、销售、会计学校	13.9	37.1	6.4	4.5	2.5	5.1	30.4	100.0
高等师范学校	12.1	53.2	12.3	6.7	2.7	4.8	8.1	100.0
法国学生总数	9.8	30.3	11.9	11.9	10.7	11.8	13.5	100.0

表 5-9　2014—2015 年法国大学学生专业分布与出身社会阶层统计（包含大学技术类专科教育）

	法律	经济	文学	理科	医科	大学技术专科教育	大学包括技术专科教育
农业从业者	1.4	1.8	1.4	1.9	1.5	2.4	1.7
手工业者/商人/公司经理	8.9	8.7	6.5	7.3	6.6	9.1	7.5
自由职业者/高级干部	34.2	24.5	25.0	30.3	40.5	28.8	30.0
中等级别职业	10.9	10.5	13.2	14.1	11.2	16.9	12.7
职员	12.2	12.7	13.8	13.4	8.3	15.8	12.7
工人	9.3	12.4	11.2	12.2	6.0	14.7	10.8
退休者/无业者	14.0	15.2	16.3	11.5	8.9	8.7	13.1
其他	9.0	14.2	12.6	9.3	17.0	3.6	11.5
总人数	180 807	147 967	402 817	268 944	202 345	109 956	1 312 836

表 5-9 所呈现的是 2014—2015 年期间大学在校生专业选择与出身阶层的数据统计，其中包括了大学技术专科教育。统计后的数据显示，大学学生总数为 1 312 836 人，其中 402 817 人选择了文学专业，在总人数中所占比例为 30.7%。在选择文学专业的学生中，25%的学生来自自由职业或高级知识分子家庭，11.2%来自工人家庭。在选择法律专业的学生中，34.2%的学生来自自由职业或高级知识分子家庭，9.3%来自工人家庭。在选择经济专业的学生中，24.5%的学生来自自由职业或高级知识分子家庭，12.4%来自工人家庭。在选择理科专业的学生中，30.3%的学生来自自由职业或高级知识分子家庭，12.2%来自工人家庭。在选择医科专业的学生中，40.5%的学生来自自由职业或高级知识分子家庭，6.0%来自工人家庭。在选择技术专科教育的学生中，28.8%的学生来自自由职业或高级知识分子家庭，14.7%来自工人家庭。法律、医科这两个经典的精英学科中学生出身社会阶层的分布体现了专业的选择与家庭背景有着密切的关系。

表 5-8 与表 5-9 从不同的视角揭示了学生的教育选择受制于出身社会阶层，尽管不同阶层的学生现在有更多的机会接受高等教育；然而这种形式上的逐渐平等并不能掩饰本质上的不平等。bac 考试多样化的体系给不同阶层的考生提供了进入不同类型院校、不同专业的机会，然而它无法保证教育的

社会公平性。

在以上部分的阐述中，作者主要列举与介绍了 bac 考试以及法国高等院校近三年的录取信息，旨在通过这些量化的数据统计来实现两个目标：一方面，读者可以对于法国高校的考试与招生形成基本的认识；另一方面，这些数据来源于法国国家教育部的官方统计机构，透过这些图表，我们可以很清楚地看到官方对于考试以及录取的测量维度与视角。

三、bac 考试、高校录取与教育民主化的发展

作者以官方发布的数据信息为基础，民主化形式的理论为理论框架，从时间的维度来解读教育民主化与 bac 考试及高校录取之间的关系。

（一）平等式民主化

表 5-10　受教育时长的发展（1985—2014 年）

9.1 – Évolution de l'espérance de scolarisation de 2 à 29 ans (en années)

	France métropolitaine			France métropolitaine + DOM (hors Mayotte)			
	1985-1986	1990-1991	1995-1996	2000-2001	2005-2006	2012-2013	2013-2014
Ensemble[1]	16,9	17,9	18,8	18,6	18,4	18,2	18,3
– Filles	17,1	18,1	19,0	18,8	18,6	18,5	18,5
– Garçons	16,8	17,8	18,6	18,5	18,2	18,0	18,1
Préélémentaire	3,3	3,4	3,4	3,4	3,3	3,1	3,1
Élémentaire	5,5	5,4	5,2	5,2	5,2	5,1	5,1
Secondaire	6,8	7,5	7,7	7,6	7,4	7,3	7,2
Supérieur	1,3	1,7	2,4	2,4	2,5	2,7	2,8

1. Y compris l'enseignement dispensé à des élèves en grande difficulté dans des établissements ne dépendant pas du ministère de l'Éducation nationale, de l'Enseignement supérieur et de la Recherche, enseignement que l'on peut classer ni dans l'enseignement préélémentaire, ni dans l'enseignement élémentaire, ni dans l'enseignement secondaire.

Sources : MENESR-DEPP-DGESIP-DGRI-SIES (population scolaire) ; Insee pour les effectifs de population

表 5-10 呈现了 1985—2014 年期间年龄为 30 岁以下者受教育年限期望值的变化趋势，数据统计方法是以统计年份年龄为 2 岁的儿童为样本，以当年同一年龄段受教育比例为参数进行估算。例如 1985—1986 年年龄为 2 岁的儿童如果开始接受教育，他们将面临平均时长为 3.3 年的学前教育，5.5 年的小学教育，6.8 年的中等教育与 1.3 年的高等教育。即这些儿童平均受教育年限为 16.9 年，其中女性受教育的平均年限为 17.1 年，男性受教育的平均年限为 16.8 年。受教育年限期望值在 1995—1996 年达到最高，即

1995—1996年年龄为2岁的儿童,平均受教育的期望年限为18.8年,其中中等教育年限也达到了最长的7.7年。此后,这一受教育年限期望值开始呈现下降趋势,主要体现在学前教育和中等教育阶段,而接受高等教育平均年限却一直处于增长中。2013—2014年统计数据显示,年龄为2岁的儿童将面临长达18.2年的教育时长,其中包括了2.8年的高等教育年限。1985—2014年期间高等教育时长平均值的增长也证明了学生接受高等教育的机会在不断增加。

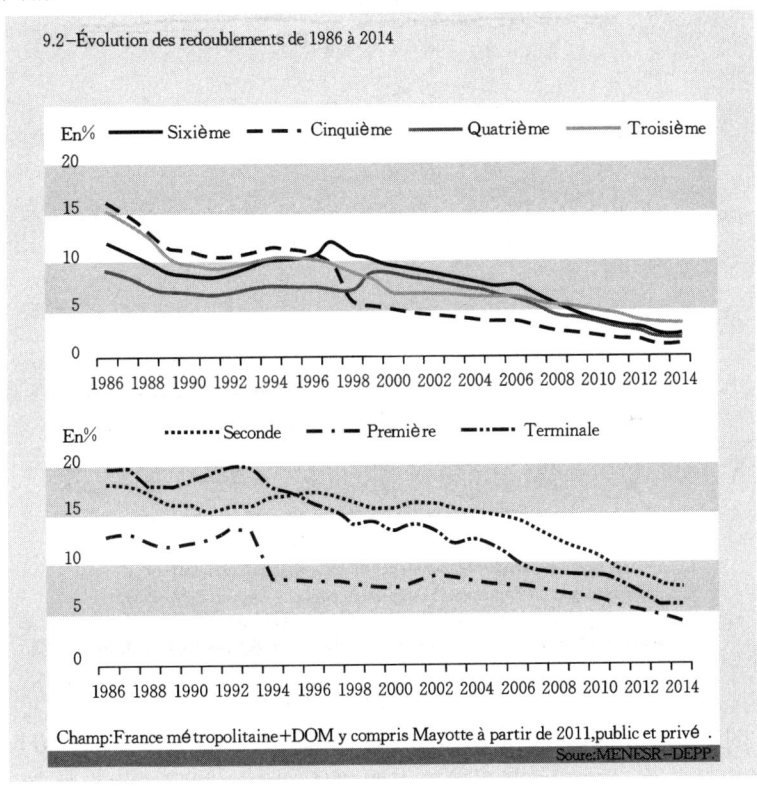

图5-3 中等教育留级率示意图（1986—2014年）

图5-3为1986—2014年期间中等教育留级率的变化,可以看出无论是初中阶段还是高中阶段在这二十几年中留级率都呈现递减趋势。1986年,初中一年级的留级率约为12%；初中二年级的留级率约为16%；初中三年级约为9%；初中四年级约为15%。到2014年,留级率在初中各个年级都出现了大幅度下降,且都低于4%。1986年,高中一年级的留级率约为

18%；高中二年级约为12.5%，高中三年级约为20%。2014年时这一数据也发生了极大变化，约降至7.5%，4%与6%。值得注意的是，留级率的降低并不能完全说明学生素质在这段时间得到了提高，须将教育政策的演变考虑在内。此外，两图结合便可以解释为何中等教育年限的平均值在减少。

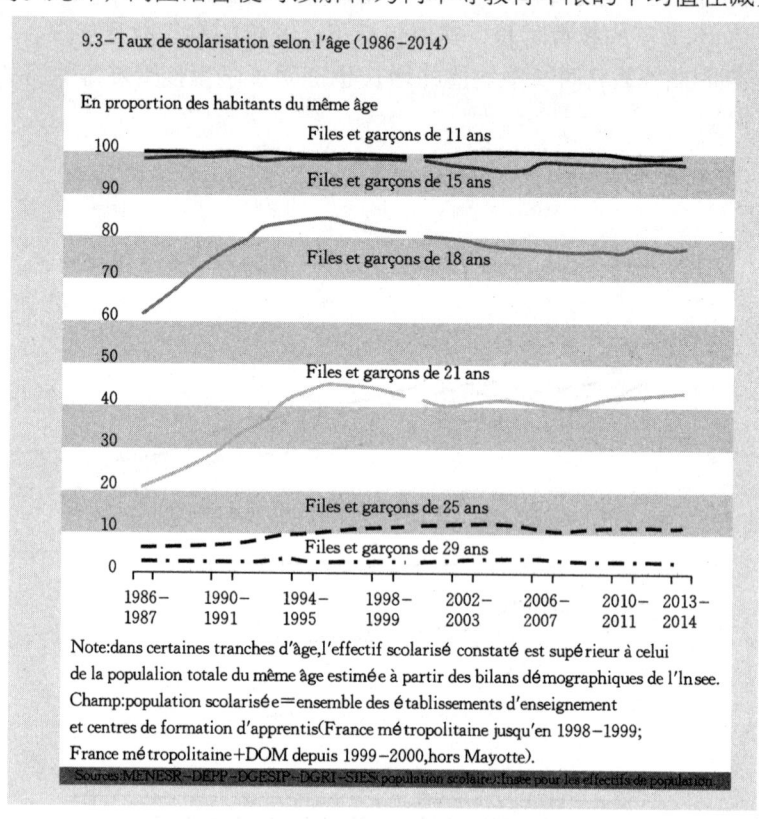

图5-4 不同年龄段受教育比例变化

上图呈现了1986—2014年期间不同年龄段学生受教育比例的发展趋势，11岁的男孩子与女孩子在同年龄段受教育比例在这期间基本保持了100%，即这一年龄的学生基本都在接受教育。18岁的男女学生受教育比例在1986年至1996年十年期间发生了迅猛增长，由约62%上升到85%，这与80年代的bac教育的改革有直接的关系。21岁的男女性受教育的比例也在1986—1996年期间发展到了顶峰，达到了45%。此外，25岁的男女性受教育比例虽然在2000年以后发展缓慢，2006—2007年期间出现了比例减少，此后一直呈现缓慢增长趋势。相较于21岁与25岁这两个年龄段，29岁男女性在同龄人中受教育比例自 1986—2014 年期间变化趋势不太明显。18 岁与 21 岁两个年龄阶段受教育比例整体性与相对性增长，说明了选择接受 bac 教育与高等教育的人数在增加。

上面三个图中所采用的统计参数：受教育平均年限、留级率与同一年龄段受教育比例，通过数据之间的相互佐证，呈现了（1）1985—1986—2013—2014 年这期间学生受教育年限在增加，体现了高等教育的入口更加开放；（2）随着留级率的降低，新时代的学生完成同一教育层次所需时间在减少，较之前的学生群体相比更加年轻；同时由于留级率的降低，也使得更多的人可以顺利完成中等教育；（3）不同年龄阶段受教育比例的变化，再次证实了接受高中教育与高等教育群体人数的增多。这些宏观的参数证明了量化的民主化的发展，然而想了解教育系统内部，尤其是与 bac 教育直接相关的中等教育内部的发展与变化，则需要更加详细的参数。

（二）单一式民主化

1. 高中三年级注册人数与 bac 教育类型

表 5-11　1996/1997 年—2013/2014 年期间高中三年级注册人数与 bac 教育类型

14.3 – Évolution des effectifs d'inscrits en terminale selon le type de baccalauréat

	1996-97	2004-05	2009-10	2011-12	2012-13	2013-14
Bacs généraux	56,9	52,2	52,2	45,5	49,3	47,4
– S	26,7	26,0	26,8	23,1	25,3	24,7
– ES	15,7	16,5	16,7	15,0	15,8	15,2
– L	14,5	9,7	8,7	7,4	8,2	7,5
Bacs technologiques	28,7	29,8	26,5	20,8	21,3	20,1
– STG (STT avant 2006)	14,7	15,7	13,2	10,5	10,7	9,8
– STI2D, STD2A (STI avant 2012)	7,8	7,4	6,1	4,5	4,4	4,3
– ST2S (SMS avant 2007)	3,3	3,9	4,3	3,6	3,8	3,7
– Autres séries technologiques[1]	2,9	2,8	2,9	2,3	2,4	2,4
Bacs professionnels	14,4	18,0	21,3	33,7	29,4	32,4
dont apprentissage	1,4	2,8	4,1	4,4	3,9	3,7
dont lycées agricoles	0,1	1,4	2,2	3,6	3,0	4,2
– Production	6,2	8,8	9,9	17,5	14,4	14,6
– Services	8,2	9,2	11,4	16,2	15,0	17,9
Ensemble	100,0	100,0	100,0	100,0	100,0	100,0
Effectifs	601 345	611 712	608 326	712 658	668 570	703 039

1. STL, hôtellerie, TMD, STAV (STPA et STAE avant 2007).
Lecture : parmi les 703 039 élèves inscrits en terminale en 2013-2014, 47,4 % préparent un baccalauréat général.
Champ : France métropolitaine + DOM (y compris Mayotte) depuis la rentrée 2011-2012.
Sources : MENESR-DEPP, systèmes d'information (SI) des ministères en charge de l'Éducation nationale et de l'Agriculture, SI des centres de formations d'apprentis.

从表5-11可见1996/97年，普通类bac学生在所有高三学生中所占比例为56.9%，到2011/12年已降至45.5%；虽然这一比例在2013/14年上涨了3.8个百分点，但是在2013/14年又降至47.4%。技术类在这期间与普通类bac学生比例呈现相同趋势，由1996/97年所占比例28.7%下降至2011/12年的20.8%；除了在2012/13年出现微弱的增长幅度，在2013/14年又降至20.1%。与前两类学生相比较，职业类bac学生由1996/97年所占比例14.4%增至2011/12年的33.7%；在2012/13年出现短暂的下降后，在2013/14年又增至32.4%。2012/2013年成为这三类学生比例出现扭转的年份，主要与2009年职业类bac教育改学制为三年有直接的关系。职业类bac教育经过近二十年的发展，其考生群体在高三学生群体中所占比例已升至三分之一。从普通类bac教育内部来看，虽然三个专业方向学生人数都在减少，然而下降比例最高的是文科专业学生。1996/97年文科生所占比例为14.5%，2013/14年时这一比例已降至7.5%。从技术类bac教育内部来看，相较于1996/97年与2013/14年的数据，只有ST2S专业方向的学生比例出现了微弱的增长趋势，由3.3%上升到3.7%。这一专业方向学生人数比例在2009/10年达到最高4.3%，此后出现一定的下降趋势。STG专业方向的学生所占比例由1996/97年14.7%降至2013/14年9.8%；STI2D、STD2A方向的学生比例由1996/97年7.8%降至2013/14年4.3%。从职业类bac教育内部来看，学徒比例在1996/97年为1.4%，在2011/12年达到最高4.4%，此后有所下降，2013/14年降至3.7%。农业职业教育学生比例在1996/97年为0.1%，经过近两年的发展，到2013/14年，其所占比例已达到4.2%。生产方向与服务方向的学生比例这期间也呈现了持续增长，2011/12年除外。生产方向学生的比例由1996/97年的6.2%增至2013/14年的14.6%；服务方向学生比例由8.2%增至17.9%。整体来看，所有bac教育类型高三学生的总数由1996/97年的601 345人增至2013/14年的703 039人。在过去的近二十年发展过程中，高三学生人数一直呈增长趋势，2011/12年例外。职业类教育的蓬勃发展延长了学生受教育的时限，也在一定程度上提高了学生的技术职业资格水平。然而这种形式上的开放，是否仅仅是Prost所提出的将不平等转移到更高的教育层次呢？

2. 接受高等教育机会

高等教育注册率发展的统计样本，为新获得bac学位的学生直接在高等教育院校注册的比例，其中不包括普通类与技术类bac学位获得者以学徒制教育形式注册高等院校所占比例。值得注意的是学生可以同时选择几个不同专业进行注册，双注册多数指的是大学校预科班学生。

第五章　法国高校招生考试制度的公平性问题

表 5-12　接受高等教育机会统计表

16.1 – Évolution des taux d'inscription dans l'enseignement supérieur[1]

		2000	2010	2012	2013	2014
Baccalauréat général	Ensemble	103,7	99,8	98,2	98,0	98,5
	Université	73,0	65,5	64,1	65,2	65,8
	dont IUT	11,2	10,7	10,6	10,2	10,1
	CPGE	12,6	13,2	13,0	12,5	13,1
	STS	9,0	8,9	8,6	8,1	8,0
	Autres formations	9,1	12,3	12,5	12,2	11,7
dont bac S	Ensemble	107,9	103,2	102,1	101,7	101,6
	Université	71,7	64,5	63,2	64,7	64,9
	dont IUT	14,6	12,5	12,4	11,8	11,6
	CPGE	19,1	19,3	19,1	18,1	18,7
	STS	7,0	6,8	6,5	6,0	5,8
	Autres formations	10,1	12,6	13,3	12,9	12,2
Baccalauréat technologique	Ensemble	77,6	77,8	76,4	74,1	75,5
	Université	28,2	28,5	28,3	30,8	31,9
	dont IUT	9,1	9,9	9,6	11,0	11,4
	CPGE	1,0	1,5	1,7	1,7	1,8
	STS	44,5	42,7	40,8	36,2	36,6
	Autres formations	3,9	5,1	5,6	5,4	5,1
dont bac STI2D	Ensemble	88,4	89,5	86,3	90,8	87,5
	Université	23,5	26,2	26,7	36,7	37,0
	dont IUT	16,2	17,6	17,2	24,4	24,0
	CPGE	2,1	2,9	3,1	3,8	4,1
	STS	60,5	56,6	51,8	44,7	41,2
	Autres formations	2,3	3,7	4,7	5,6	5,2
Ensemble général et technologique	Ensemble	94,3	92,7	91,7	91,1	91,7
	Université	56,9	53,5	53,4	55,2	55,7
	dont IUT	10,5	10,4	10,3	10,4	10,5
	CPGE	8,4	9,4	9,6	9,4	9,7
	STS	21,8	19,8	18,3	16,2	16,5
	Autres formations	7,2	10,0	10,4	10,3	9,7
Baccalauréat professionnel	Ensemble	17,1	34,1	34,3	38,4	35,1
	Université	6,9	7,7	8,8	8,6	8,4
	dont IUT	0,5	0,8	0,8	0,8	0,6
	CPGE	0,0	0,0	0,0	0,0	0,0
	STS	9,7	25,8	24,9	29,2	26,2
	dont apprentissage	nd	8,2	6,5	6,5	6,5
	Autres formations	0,5	0,6	0,6	0,6	0,5
Ensemble tous baccalauréats	Ensemble	80,4	79,9	74,0	77,1	74,5
	Université	47,9	43,3	39,4	42,6	41,3
	dont IUT	8,7	8,3	7,3	7,8	7,5
	CPGE	6,9	7,3	6,6	6,9	6,8
	STS	19,6	21,3	20,6	20,0	19,5
	Autres formations	6,0	7,9	7,4	7,6	7,0

1. Voir « définitions » ci-contre.
Champ : France métropolitaine + DOM.
Sources : MENESR-DGESIP-DGRI-SIES, systèmes d'information Scolarité, SISE, SIFA et SAFRAN (MAAP) ; enquêtes auprès des autres établissements d'enseignement supérieur.

根据表 5-12 数据显示，在 2000 年，普通类 bac 学生获得学位后直接进入高等教育院校的比例为 103.7%，选择在大学注册的学生在普通类 bac 学位获得者中的比例为 73%，其中在大学技术学院注册学生比例为 11.2%，选择进入大学校预科班就读的占 12.6%（这里面很大一部分学生须进行双注册，即在预科班所在中学与协议大学同时注册），进入短期高级技师培训教育的有 9%。技术类 bac 学生获得学位后直接进入高等教育院校的比例为 77.6%，选择在大学注册的学生在技术类 bac 学位获得者中的比例为 28.2%，其中在大学技术学院注册学生比例为 9.1%，选择进入大学校预科班就读的占 1%，进入短期高级技师培训教育的有 44.5%。职业类 bac 学生获得学位后直接进入高等教育院校的比例为 17.1%，选择在大学注册的学生在职业类 bac 学位获得者中的比例为 6.9%，其中在大学技术学院注册学生比例为 0.5%，选择进入大学校预科班就读的占 0%，进入短期高级技师培训教育的有 9.7%。整体而言，2000 年 80.4% 的 bac 学位获得者直接进入高等教育院校，其中 47.4% 选择进入大学学习，8.7% 进入大学技术学院，6.9% 选择进入大学校预科班，19.6% 选择短期高级技师培训教育。基于 2000 年统计的这些数据，可以看出大学接收的新生超过三分之二来自普通类 bac 学生，短期技术教育的新生多来自技术类与职业类学生，能进入具有选拔录取机制的大学校预科班的则更多是普通类 bac 学生，尤其是理科方向学生所占比例居高。

在 2014 年，普通类 bac 学生获得学位后直接进入高等教育院校的比例为 98.5%，选择在大学注册的学生在普通类 bac 学位获得者中的比例为 65.8%，其中在大学技术学院注册学生比例为 10.1%，选择进入大学校预科班就读的占 13.1%，进入短期高级技师培训教育的有 8%。技术类 bac 学生获得学位后直接进入高等教育院校的比例为 75.5%，选择在大学注册的学生在技术类 bac 学位获得者中的比例为 31.9%，其中在大学技术学院注册学生比例为 11.4%，选择进入大学校预科班就读的占 1.8%，进入短期高级技师培训教育的有 36.6%。职业类 bac 学生获得学位后直接进入高等教育院校的比例为 35.1%，选择在大学注册的学生在职业类 bac 学位获得者中的比例为 8.4%，其中在大学技术学院注册学生比例为 0.6%，选择进入大学校预科班就读的占 0%，进入短期高级技师培训教育的有 26.2%。整体而言，2014 年 74.5% 的 bac 学位获得者直接进入高等教育院校，其中

41.3%选择进入大学学习，7.5%进入大学技术学院，6.8%选择进入大学校预科班，19.5%进入短期高级技师培训教育。

将2000年与2014年的数据进行比较，表格中所显示出的数据差说明了两个很重要的转变：(1)职业类bac学生在高等教育院校的注册率提升了一倍，在短期高级技师培训教育中的比例也增加了将近二倍。这一数据的变化反映了一方面职业类bac学生有了更多的机会接受高等教育，另一方面，职业类bac学位进入精英与带有选拔性质的高等教育类型的概率依旧微乎其微。(2)相较于职业类学生在短期高级技术培训教育比例的大幅度上升，原来占据绝对优势的技术类学生将选择延伸到选拔类型的高等教育，即大学校预科班与大学技术学院。技术类学生在这两类院校的注册率都呈现了上升趋势，尤其是STI2D专业方向的学生的注册比例增长显著。

3. 不同类型bac考试结果发展情况

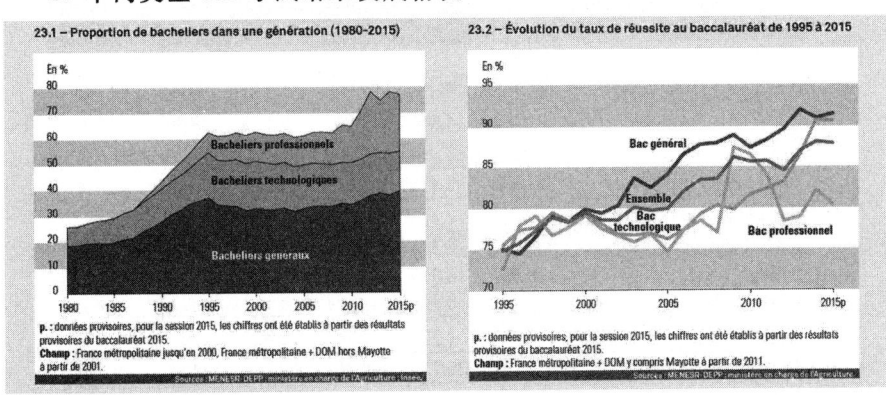

图5-5　不同类型bac考试结果示意图

上面第一幅图片（左）呈现了1980—2015年间获得bac学位者在同一年龄段人群中的比例，1980年这一比例只有25%左右。1985年职业类bac教育创建，一方面为了回应当时社会对职业教育的需求，一方面为了降低社会失业率；同时政府宣布希望在2000年到来之际高中学生获得bac学位的比例可以提升到80%。1995—2015年间，普通类与技术类的bac学位获得者的比例呈现缓慢发展趋势，两类bac学位获得者所占比例基本保持在50%～53%之间，职业类bac学位获得者比例在2011—2012年间迅速上升（与增加口试补考制度相关），整体提升了bac学位获得者的比例，到2015年这一比例已经增至77.2%。第二幅图片（右）呈现的是1995—2015年期间不

177

同类型 bac 考试通过率的发展情况，bac 考试通过率的计算为所有获得 bac 学位者与参加 bac 考试学生之间的比率，其中 bac 考试应考者须至少参加一门考试。在这二十年间，普通类与技术类 bac 考试通过率在 1995 年是较为接近的，普通类通过率则略低于技术类。然而在此后的发展过程中，技术类 bac 通过率在 2000 年以后开始出现递减趋势，普通类通过率则一直呈现增长趋势。两者之间的差距在 2009 年达到最大，此后技术类通过率出现大幅度增长，到 2013—2014 年两者已经基本达到同一水平。职业类通过率在 2008—2009 年间达到最高点，此后一直处于下降趋势，在 2012 年达到最低点。

表 5-13 不同类型 bac 学位获得者分布情况

23.3 – Répartition par série des bacheliers aux sessions 1995, 2014 et 2015

	Session 1995[1]		Session 2014		Session 2015 (p)	
	Admis	Répartition	Admis	Répartition	Admis	Répartition
Baccalauréat général						
ES	76 555	15,5 %	97 000	15,5 %	100 385	16,2 %
L	71 460	14,5 %	47 991	7,7 %	49 805	8,1 %
S	139 031	28,2 %	160 676	25,7 %	166 781	27,0 %
Total séries générales	287 046	58,3 %	305 667	48,9 %	316 971	51,3 %
Baccalauréat technologique						
STI2D (ex-STI[2])	35 251	7,2 %	25 537	4,1 %	26 740	4,3 %
STMG (ex-STT)	78 894	16,0 %	62 634	10,0 %	60 036	9,7 %
ST2S (ex-SMS)	13 337	2,7 %	23 767	3,8 %	20 565	3,3 %
Autres séries technologiques	10 785	2,2 %	17 272	2,8 %	17 456	2,8 %
Total séries technologiques	138 267	28,1 %	129 210	20,7 %	124 797	20,2 %
Baccalauréat professionnel						
Production	26 218	5,3 %	81 479	13,0 %	82 137	13,3 %
Services	40 878	8,3 %	109 294	17,5 %	94 042	15,2 %
Total séries professionnelles	67 096	13,6 %	190 773	30,5 %	176 179	28,5 %
Total baccalauréat	492 409	100,0 %	625 650	100,0 %	617 947	100,0 %

p. : données provisoires, pour la session 2015, les chiffres ont été établis à partir des résultats provisoires du baccalauréat 2015.
1. Hors Mayotte. 2. Y compris la spécialité « génie optique », série à part entière avant 1999.
Champ : France métropolitaine + DOM y compris Mayotte à partir de 2014.
Sources : MENESR-DEPP ; ministère en charge de l'Agriculture.

表 5-13 呈现了 1995 年（不含马约特）、2014 年与 2015 年（预期值）不同类型 bac 学位获得者的分布情况。1995 学年时，在 bac 学位获得者中，普通类学生占据了 58.3% 的比例，技术类学生比例为 28.1%，职业类学生比

例为 13.6%。十年之后，普通类学生比例下降了 7 个百分点，技术类学生比例下降了将近 8 个百分点，而职业类学生比例则增加了近 15 个百分点。从专业方向来看，1995 年，理科学生在普通类 bac 学位获得者中所占比例超过一半以上，而在 2015 年时所占比例已不足一半；文科学生所占比例也出现了大幅度减少。1995 年时，STMG 专业学生在职业类 bac 学位获得者中所占比例约为 57%，而在 2015 年时所占比例已不足一半，STI2D 专业学生所占比例也降低了 4 个百分点。这一图表中所提供的数据与前几张图表中所传达出来的信息是一致的，2015 年度 bac 学位获得者预计可达 617 947 人，比 1995 年度统计结果增加了 125 538 人；2015 年度职业类 bac 学位获得者为 176 179 人，比 1995 年度增加了 109 083 人。这两组数据的对比，说明 1995—2015 年期间获得 bac 学位增加的人数约 87% 来自职业类 bac 学位获得者的增长。

（三）分离式民主化

1. 教育平等与性别差异

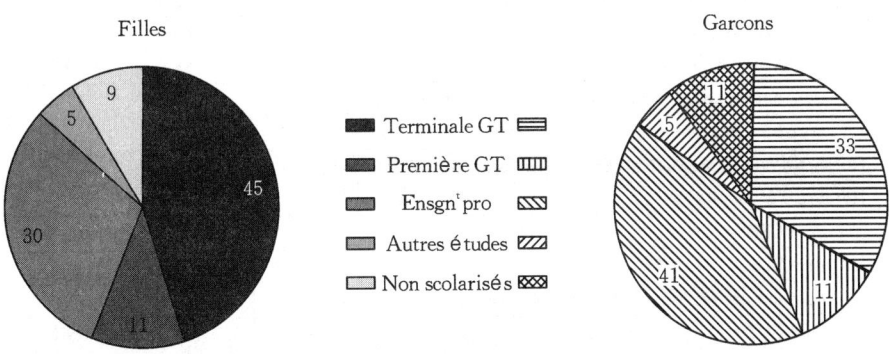

Lecture:en 2013 et à 17 ans,45% des filles et 33% des garçons sont scolarisés en classe de terminale générale et technologique.
Champ.France métropolitaine+DOM hors Mayotte-Ensemble des établissements d'enseignement et centresde formation des apprentis.

图 5-6　17 岁学生性别在中等教育中的分布情况（2013 年）

图 5-6 呈现的是 2013 年 17 岁女性与男性在中等教育中的分布情况，在普通类与技术类高三年级就读的男女比例为 33% 对 45%；就读于普通类与技术类高二年级的男女比例都为 11%；职业类教育男女比例为 41% 对 30%；脱离教育体系男女比例为 11% 对 9%。这几组数据说明 2013 年同龄的男女学生中，女性受教育比例高过男性，且在普通类与技术类教育中所占比例也高过男性。

表 5-14　2014 年女性学生在不同教育层次及专业方向分布情况

	Rentrée 2014	
	Effectifs en milliers	Filles en %
Élèves, étudiants et apprentis	15 382,2	49,7
Nombre d'élèves des premier et second degrés (MENESR)	12 285,7	49,2
Premier degré	6 788,6	48,9
Second degré	5 497,1	49,5
Collégiens (1er cycle et Segpa)	3 335,2	48,9
Lycéens (2nd cycle général et technologique)	1 498,9	54,1
dont terminale S	178,1	46,4
dont terminale ES	108,8	60,1
dont terminale L	54,5	78,9
dont terminale STI2D	29,2	7,1
dont terminale STL	8,0	57,5
dont terminale STMG	66,3	52,7
dont terminale ST2S	22,7	90,2
Lycéens professionnels (2nd cycle professionnel)	663,0	43,8
dont CAP de la production	63,6	19,5
dont CAP des services	55,6	69,0
dont baccalauréat professionnel et BMA de la production	226,5	11,8
dont baccalauréat professionnel et BMA des services	308,5	67,1
Nombre d'élèves premier et second degrés autres ministères[1]	214,0	46,0
Nombre d'étudiants	2 470,7	55,2
dont CPGE	84,2	41,9
dont STS	255,2	50,2
dont universités (hors DUT et formations d'ingénieurs)	1 388,2	59,0
dont DUT	116,4	39,2
dont formations d'ingénieurs	141,6	27,2

1. Ministères en charge de l'agriculture et de la santé (établissements hospitaliers et médico-éducatifs).
2. Données définitives.
Champ : France métropolitaine + DOM.
Sources : MENESR-DEPP et MENESR-DGESIP-DGRI-SIES.

从表 5-14 可见，女学生在中等教育中所占比例为 49.5%，在普通类与技术类高中中所占比例为 54.1%，在职业类高中中所占比例为 43.8%。而且女性学生在各类中学中不同专业方向所占比例也不同。女性在普通类文科方向的比例为 78.9%，在经社科方向所占比例为 60.1%，在理科方向所占比例为 46.4%。这三组数据也说明了普通类 bac 学生中女性学生所占比例的绝对优势。在技术类 bac 教育内部，女性学生占据比重最高的是 ST2S 方向，高达 90.2%；在 STL 与 STMG 方向占据的比例也超过了一半，分别为 57.5%与 52.5%；然而在 STI2D 方向的比例仅为 7.1%。基于普通类与技术类不同专业方向女性学生的比重，不难发现女性学生多选择与人文社科相关的专业，而偏重理科专业的女性学生所占比例较小。在职业类 bac 教育内部，生产领域方向女性学生的比例为 11.8%；而服务领域方向的女性比例为 67.1%。这一比例与技术类 ST2S 女性学生比例达成了一致，说明女性多选择社会服务行业。从高等教育院校类型来看，女性学生在大学学生中的比例为 59%，在短期高等技师培训教育所占比例为 50.2%；而在带有选拔性的教育类型院校中所占比例相对较小，在大学校预科班中所占比例为 41.9%；在大学技术学位教育所占比例为 39.2%；在工程师教育中所占比例为 27.2%。

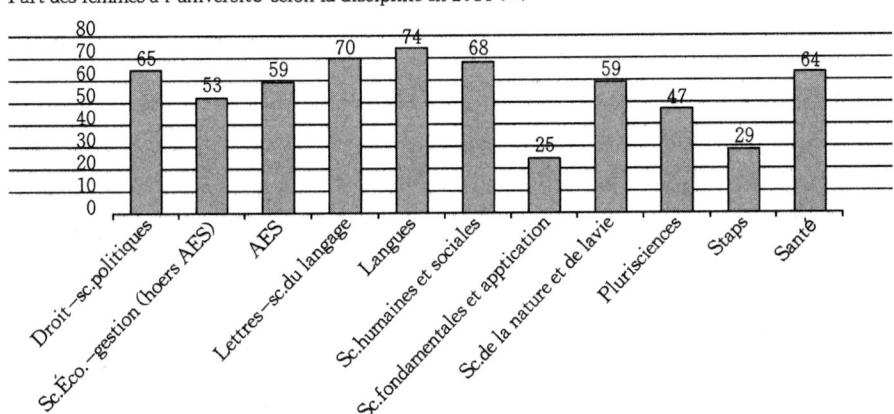

Lecture:en 2014.65% des étudiants inscrits en 《droit-sciences politiques》 sont des femmes.
Champ:France métropolitaine+DOM.
Source:MENESR-DGESIP-DGRI-SIES.

图 5-7　大学不同专业注册学生中女性学生比例分布

图 5-7 呈现了 2014 年大学不同专业注册学生中女性学生所占比例。女性学生在基础与应用科学专业以及体育教育专业的比例最低，仅为 25%与 29%，在理科跨学科专业方向所占比例为 47%。除此之外，在大学其他所有专业，女性学生比例都超过了 50%。女性学生所占比例最高的专业为语言类，为 74%。整体而言，女性学生的专业选择偏向人文社科专业，而在自然科学专业领域人数相对较少。

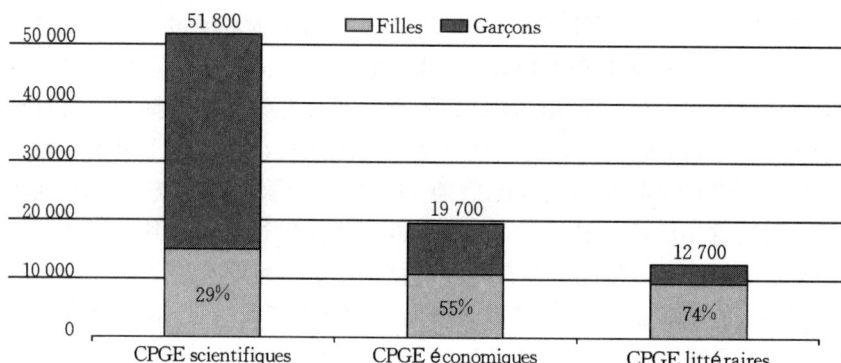

图 5-8　2014 年大学校预科班注册情况

从图 5-8 可见 2014 年共有 84 200 名学生进入大学校预科班学习，其中 51 800 名学生进入大学校预科班理科专业，女性学生所占比例为 29％；19 700 名学生就读经济专业，女性学生比例为 55％；12 700 名学生就读文科专业，其中 74％为女性学生。

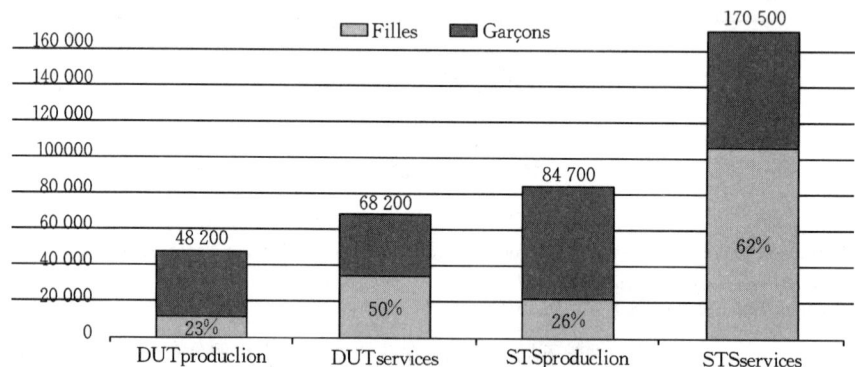

图 5-9　2014 年大学技术学院与高级技工培训注册情况

从图 5-9 可见 2014 年注册短期高等技术教育专业学位的人数为 371 600 名，其中包括了大学技术学位教育与高级技工培训。选择攻读大学技术学位的学生分为两个专业方向：生产领域与服务行业，其中选择生产领域的有

48 200 名学生，女性学生所占比例为 23%；选择服务行业的学生有 68 200 名，女性学生所占比例为 50%；选择高级技师培训生产方向有 84 700 名学生，其中女性比例为 26%；选择服务行业的有 170 500 名学生，女性比例为 62%。从这两组数据可以发现，女性学生多选择服务行业职业教育。

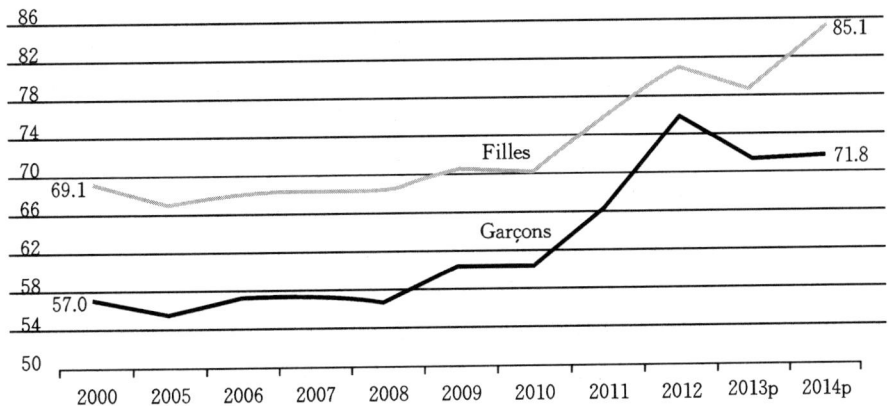

Évolution de la proportion d'une génération titulaire du baccalauréat(%)

Lecture:en 2014,la proportion de bachelières dans une génération s'élève à 85.1%,celle des bacheliers s'élève à 71.8%,soit un écart de 13.3 points en faveur des filles.En 2000,cet écart était de 12.1 points.
Note:la forte progression de l'indicateur en 2011 et 2012 s'explique par l'arrivée des premiers bacheliers professionnels ayant suivi le cursus en trois ans qui s'ajoutent aux bacheliers passés par le cursus en quatre ans(BEP suivi d'un baccalauréat en deux ans).
En 2013,à la fin de la transition,l'indicateur a diminué davantage pour les garçons que pour les filles,ces derniers ayant davantage profité de l'essor de la voie professionnelle.
Champ:France métropoliaine+DOM hors Mayotte.

图 5-10　同一年龄段获得 bac 学位增长比例（2000—2014 年）

从图 5-10 可见 2000—2014 年（预计值）获得 bac 学位学生比例的发展趋势。在这十几年间，女性与男性学生 bac 考试通过率都得到了很大的提升，且女性成功率的比例高于男性学生。在 2014 年，获得 bac 学位的女性学生比例已经提升到 85.1%，男性学生达到 71.8%，两者的差距为 13.3 个百分点；与 2000 年相比，差距呈增长趋势。

2. 教育公平与社会阶层

本部分的阐述旨在揭示学生家庭阶层与学生所接受的 bac 教育以及高等教育类型与专业选择之间的关系，以 2001 年至 2015 年间官方所发布的数据为基础展开分析。第一部分的论述主要以 2001—2007 年发布的官方数据为样本，以新获得 bac 学位的学生所选择高等教育专业与类型、学生家庭阶层（以父亲职业为主）两个参数为主。2000—2001 年统计数据（本土行政区）

183

所引用的社会阶层职业的划分为：农业从业者、手工业者/商人/公司经理、自由职业/高级干部、中等级别职业者、雇员、工人、退休者/无业者、其他。在2003年的职业分类中，将教师和自由职业/干部划分为一个阶层，且高级干部在分类中消失。第二部分的论述则主要以2008—2015年发布的官方数据为样本，以新获得bac学位学生所接受的bac教育分类与学生家庭阶层（以父亲职业为主）两个参数为主进行分析。自2008年开始，法国教育部发布的数据中开始对于三种不同类型bac学位获得者出身的社会阶层进行统计，且对社会职业阶层的划分进行了重组，分为：农业从业者、手工业者/商人/公司经理、干部/高等教育知识分子与教师（教师与类似职业者部分数据可独立）、中等级别职业者（小学教师与类似职业者数据可独立）、雇员、工人、退休者、其他。以下两部分分析集中选取两个社会阶层：工人家庭与自由职业者和高级干部与知识分子的家庭子女为主要分析样本。

2000—2001年所有在大学注册的学生中，30.4%的学生来自自由职业/高级干部家庭，14.9%的学生来自工人家庭。2001—2002年，对应的数据为30.5%的学生来自自由职业/高级干部家庭，14.6%的学生来自工人家庭。2003年时，30.4%的学生来自自由职业/高级干部家庭，13.9%的学生来自工人家庭。2005年，30.2%的学生来自自由职业/高级干部家庭，13.3%的学生来自工人家庭。下面几个表格具体呈现了学生出身阶层与在高校注册专业之间的对应比例。

表5-15　2000—2001年新获得bac学位者高等教育院校专业注册与社会出身阶层情况

注册专业 社会阶层	法律专业	经济专业	文科类专业	理科与体育类专业	医科类专业	大学技术学院	大学校预科班	短期高级技师培训
自由职业/高级干部家庭	32.7%	27.8%	25.5%	36.4%	44.4%	26.2%	50.2%	14%
工人家庭	13.8%	17.7%	15.9%	12%	10.7%	17.6%	5.8%	25%

表5-16　2001—2002年新获得bac学位者高等教育院校专业注册与社会出身阶层情况

注册专业 社会阶层	法律专业	经济专业	文科类专业	理科与体育类专业	医科类专业	大学技术学院	大学校预科班	短期高级技师培训
自由职业/高级干部家庭	33.3%	28.5%	26%	36.7%	43.2%	25.8%	52.1%	14%
工人家庭	13.9%	16.9%	15.6%	11.5%	9.8%	17.4%	5.3%	25.1%

表 5-17 2003 年新获得 bac 学位者高等教育院校专业注册与社会出身阶层情况（本土行政区十海外省）

注册专业 社会阶层	法律专业	经济专业	文科类专业	理科与体育类专业	医科类专业	大学技术学院	大学校预科班	短期高级技师培训
自由职业/高级干部家庭	33.1%	26.9%	26.2%	34.1%	43.8%	26.4%	52.1%	13.8%
工人家庭	11.9%	15.8%	15%	11.9%	9.8%	16.5%	5.1%	23.9%

表 5-18 2005 年新获得 bac 学位者高等教育院校专业注册与社会出身阶层情况

注册专业 社会阶层	法律专业	经济专业	文科类专业	理科与体育类专业	医科类专业	大学技术学院	大学校预科班	短期高级技师培训
自由职业/高级干部家庭	33.4%	27.3%	25.9%	33.3%	42%	25.9%	51.8%	13.9%
工人家庭	11.2%	15%	14.3%	11.6%	9.5%	16.3%	4.9%	22.7%

比较这四组年份的统计数据可见，在大学注册的学生中，两个阶层的学生群体在法律、经济、文科专业领域所占比例差距在加大，而在理科与体育类专业、医疗专业领域所占比例差距在缩小。在大学校预科班中所占比例差距明显增加；而在短期高级技师培训教育领域，随着出身自由职业/高级干部家庭学生比例不断提高，其与工人家庭出身的学生所占比例差距在缩小。整体而言，除短期高级技师培训教育以外，出身自由职业/高级干部家庭子女在其他专业或教育类型中所占比例高过出身其他社会阶层的学生，在大学校预科班与医科类专业注册学生群体中的比例尤其如此。正如前面章节所提及的，大学校预科班采用选拔机制，学生的目标是通过两年的学习为进入大学校准备。大学校入学考试严苛残酷，淘汰率极高。医科类的学生在大学一年级之后，也要面临严酷的考试，淘汰率也在一半以上，且医学教育相对周期较长。因此，通过推理可以得出出身工人家庭的学生在有机会进入高等院校的前提下，一般会选择周期比较短、选拔性不是很强以及偏职业化的专业。

与前一部分不同的是，以下资料图 5-11 是关于学生所受 bac 教育类型与家庭所属社会阶层的比较数据。

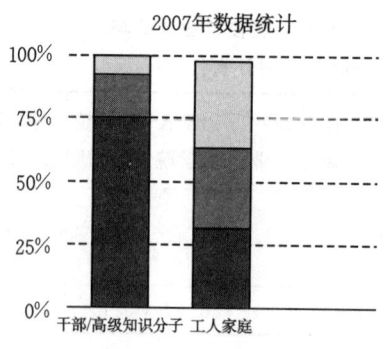

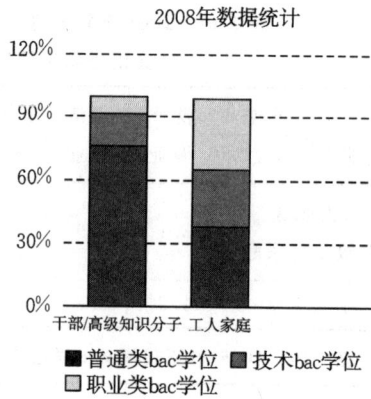

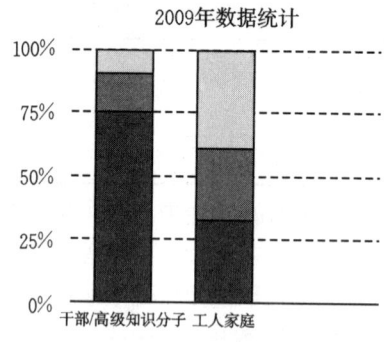

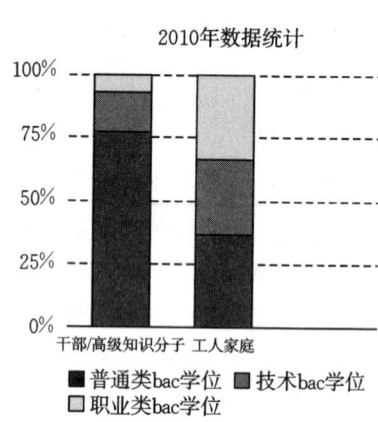

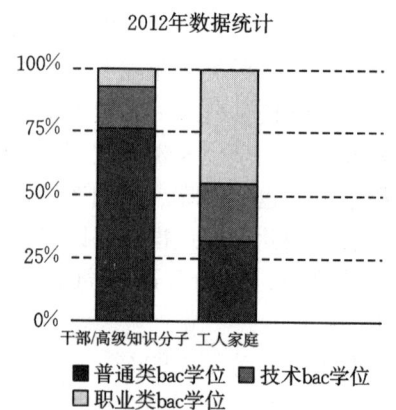

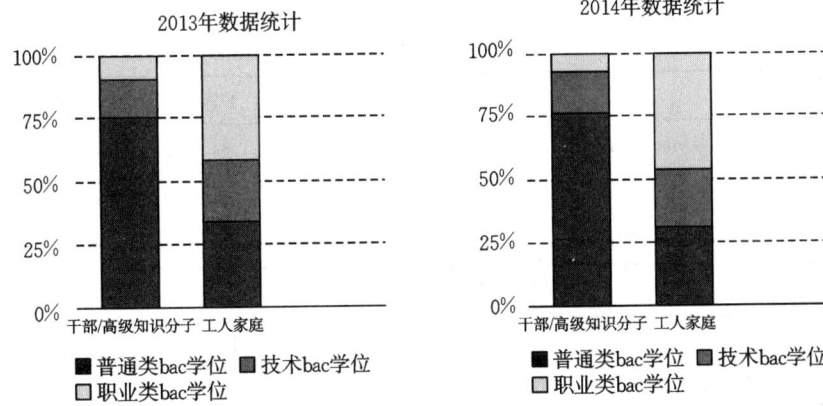

图 5-11 学生所受 bac 教育类型与家庭所属社会阶层的比较分析（2007—2014 年）

通过以上八组年份数据的对比，可以看出出身工人家庭的学生进入职业教育的比例在这八年中出现了大幅度增长，在技术类 bac 教育所占比例出现下降，在普通类 bac 教育所占比例略微降低。出身干部/高级知识分子与教师家庭的学生中的四分之三以上都获得的是普通类 bac 学位，近八年来的变化趋势不明显；在技术类 bac 教育中所占比例呈下降趋势，在职业类 bac 教育中所占比例略有上升。

表 5-19 bac 考试通过率（2007—2014 年）

2007 年 bac 考试通过率

	干部/高级知识分子	工人家庭	总通过率
普通类 bac 考试	92.5%	82.6%	87.7%
技术类 bac 考试	84.4%	78%	79.3%
职业类 bac 考试	83%	78.5%	78.5%

2008 年 bac 考试通过率

	干部/高级知识分子	工人家庭	总通过率
普通类 bac 考试	92.7%	82.9%	87.9%
技术类 bac 考试	85.3%	79%	80.3%
职业类 bac 考试	80.7%	76.7%	77%

2009 年 bac 考试通过率

	干部/高级知识分子	工人家庭	总通过率
普通类 bac 考试	93.4%	84.2%	88.9%
技术类 bac 考试	85%	78.4%	79.8%
职业类 bac 考试	90.2%	87.4%	87.3%

续表

2010 年 bac 考试通过率

	干部/高级知识分子	工人家庭	总通过率
普通类 bac 考试	92.3%	81.8%	87.3%
技术类 bac 考试	86.4%	81.1%	81.6%
职业类 bac 考试	89.4%	86.3%	86.5%

2011 年 bac 考试通过率

	干部/高级知识分子	工人家庭	总通过率
普通类 bac 考试	93%	83.5%	88.3%
技术类 bac 考试	87%	81.4%	82.3%
职业类 bac 考试	87.9%	82.7%	84%

2012 年 bac 考试通过率

	干部/高级知识分子	工人家庭	总通过率
普通类 bac 考试	94.1%	85.5%	89.6%
技术类 bac 考试	88.4%	82.6%	83.2%
职业类 bac 考试	83.9%	76.5%	78.4%

2013 年 bac 考试通过率

	干部/高级知识分子	工人家庭	总通过率
普通类 bac 考试	95.5%	88.7%	92%
技术类 bac 考试	90.9%	86.1%	86.5%
职业类 bac 考试	85.2%	77.3%	78.9%

2014 年 bac 考试通过率

	干部/高级知识分子	工人家庭	总通过率
普通类 bac 考试	95%	87.2%	91%
技术类 bac 考试	94%	90.7%	90.7%
职业类 bac 考试	87.2%	81.3%	82.2%

以上八组数据的对比表明，出身工人家庭的学生每年 bac 考试的通过率都低于总通过率，且在每类 bac 考试中的表现也都低于平均水平。与之相反

的是，出身干部/高级知识分子与教师家庭的学生除了在每类 bac 考试中的表现都高于平均水平之外，近几年在普通类与技术类 bac 考试中的成绩也相当优异（正如前面对 2015 年 bac 考试成绩的分析中所呈现的，在普通类和技术类 bac 考试的一些专业方向，如理科方向，STI2D 方向通过率几乎为 100％）。

综合前面的分析，不难发现分离式的民主化确实在 2001—2015 年期间依旧存在，而且出身两个不同社会阶层的学生在高中阶段不同类型 bac 教育中所占据的比例差距在加大；与进入高等教育层次时，在精英类型院校以及选拔性专业学生群体中所占的比例差距也在加剧。出身工人阶层的学生更多地在中学阶段已经选择或者被选择了职业类的教育，因此在过去的十几年中，这类家庭出身的学生在短期职业类高等教育所占比例在不断地增长。而出身干部/高级知识分子与教师家庭的学生在中学时更多选择传统的贵族式学科方向，之后进入教育周期较长且更具有社会资本竞争优势的学科专业领域。结合第四章中的一流大学与大学校的招生录取案例分析，可以明显看出平等式的教育民主化无法掩盖 bac 教育类型、专业与高等教育院校之间的等级划分，职业类 bac 教育的创建与发展大幅度推进了教育民主化的形式上、数量上所呈现的平等，然而学生出身的社会阶层在很大程度上限定了学生受教育的轨迹，布迪厄所提出的通过文化资本达到社会结构的再生产在社会阶层越来越固化的今天，更加难以实现。

第二节　教育导向和社会公正

在前一节作者介绍了近两年来 bac 考试与录取的学生群体结构、专业选择与教育类型情况。官方数据的呈现除了能够给读者提供具体的参数以及量化的发展趋势，更重要的是为研究者进行理论化分析奠定了坚实的数据基础。这其中涉及的具体参数包括了不同类型 bac 考试专业方向学生的通过率与学生性别比例、bac 考试通过者的社会阶层、年龄、性别与不同类型 bac 的关系、不同类型与专业方向的 bac 考试通过者、出身的社会阶层与高等教育院校类型、专业选择之间的关系。在介绍这些指定参数近两年表现的基础上，可以通过阶段性的数据来确定参数指标的发展趋势，在选定的时间段中，用教育民主化的不同含义来解释参数变化的趋势与不变的原因。在大量样本数据中，作者选择了民主化最核心的两个指标：社会阶层与性别，主要是在量化数据分析基础上来探究教育的民主化如何体现在考试与招生中。总体而言，前两节的阐述主要是从宏观与量化的角度来呈现考试录取与教育平等之间的关系，以现有结果为导向，以相对客观的数据为基础。在本节中，作者将引入较为微观与主观性的参数，例如教育政策、学校机构、教师群体以及学生家庭的参与等来审视隐藏在量化数据背后且对于学生的教育发展起着决定性作用的教育导向问题。前两节中所介绍的相关数据参数是静态的，只呈现了特定的学生群体在特定的时间与事件中的表现；而教育导向问题则是流动性的，与之相关的因素是复杂多样的，它是由一个个特定的群体、特定的时间、特定的事件所构成的。下面的介绍与分析将关注学生在中学阶段的教育导向问题，从而让读者更加清楚前两节中所提供的数据事实是如何形成的。同时，本小节还将介绍法国在推进教育平等与社会公正方面所实行的优先教育政策，以及这一政策如何与高等教育院校对接及其结果。

一、学生的教育路径：在被选择与选择之间

学生教育路径是多方利益相关者在复杂多样的因素影响与共同作用下形成的，对于学生个体的发展、家庭社会阶层的流动、整个社会的发展与稳定都有着直接或间接的影响。大众化教育的发展给学校带来了多样化的学生群体，经过十几年的学校教育后，这一群体便成为社会建设中的一分子。如何保证群体中的每个成员都能充分发挥其个人的能力且能够实现其自身价值是一个很严峻的问题，而解决这一问题的一个重要的环节便是学生的教育与职业导向，两者密切相关，相互依存。

（一）导向：从职业导向到教育导向

在19世纪末至20世纪初，导向问题一直由学生的家庭出身来决定。例如，平民阶层的孩子一般会选择高级初等教育，在获得文凭后直接进入社会工作；而社会精英阶层家庭的孩子则会选择精英教育路径，即中等教育和高等教育。这一时期，学生的教育与职业导向是具有统一性的，完全受限于社会阶层。

导向问题由社会领域延伸到教育领域，由职业导向扩展到教育导向，这和考试科学（简称考试学）的发展密切相关。考试学作为一个专业学科，由 Henri Piéron 与 Henri Laugier 创建于1920年。考试科学学科名称来源于两个希腊词语 dokimé（测试）和 logos（科学），旨在研究考试的组织、内容与教学目标，考试评判以及考官与备考者行为[1]。Martin 指出，1989年至

---

[1] Jérôme Martin, Aux origines de la science des examens(1920-1940). L'histoire de l'éducation, mai 2002, n°94, pp. 177-200.

1992年期间政府在中小学设立了三个阶段评估，以评估结果为基础对学生进行教育导向，这一教育政策的出台与实施使教育评估成为学者关注的中心。考试学源于试验心理学，以测验的形式来评估个体的能力。考试学的创始人在20世纪20年代积极参与了职业导向的发展。职业导向的创始人之一Julien Fontègne认为职业导向是"职业应用心理学"，目的是将个体，通常是青少年，引入一个更契合其心理与体力能力，且拥有更大成功机会的职业。Henri Piéron与Henri Laugier则认为职业导向应该在更广阔的领域发挥作用，成为能够解决社会问题，进行社会调解的一种工具。职业导向的发展给传统教育带来了危机，对传统教育所设定的最终教育目标以及所应用的教学法都提出了新的挑战。传统教育不能仅停留在知识的传授层面，而是要培养学生个体的能力，以便学生能够以个人特点为基础在社会上找到对应的位置。同时，两位学者认为学校的考试与选拔仅仅是一种职业导向的方式，教育应以具体的职业类型为导向进行设计。在教学法方面，他们提出应以考试方式来确定学生的能力。对于学者们而言，教育的首要任务是帮助学生通过整体个性的发展实现理性的职业导向选择。学校与教育者的任务是帮助学生做好准备，且提供导向服务。基于以上的诉求，国家职业导向研究中心成立于1928年，旨在培养掌握科学方法的导向引导者以及开展相关的研究。考试学的发展成为连接职业导向与教育导向的纽带。20世纪30年代末，考试学的运用在整个教育体系中得到了进一步发展。

教育导向在1959年的贝图安教育改革中正式出现[1]，该教育导向在小学最后一年设立了导向过渡。此后随着义务教育延长至16岁，这一导向阶段推迟至初中第二年。根据个人能力测试的结果，学生可以进入五个不同的方向：普通类长期教育（培养未来干部与管理人员）、短期就业导向教育（培养专业工人、农业从业者以及手工业者）、技术长期教育（培养高级技师）、短期技术教育（培养技术工人）、普通类短期教育（在普通类中学学习）。这五类教育导向的培养目的具有很大的差异性，表明了当时后小学阶段教育的复杂性，且明显地体现了以学生社会阶层为主的导向性。Stevanovie指出贝图安改革的优点体现在将教育导向纳入到教育改革体制的中心。然而实际上，教育导向设置的目的是为了控制在中等教育实现义务化之后学生的流动。1975年哈比改革中设立单一初中，使得所有学生在完成

---

[1] Biljana Stevanovic, L'orientation scolaire. Le Télémaque, 2008/2, n°34, pp. 9-22, p. 10.

小学阶段学习后都可以进入拥有同样的课程设置与师资配备的初中进行学习。单一初中取消了初中一年级和二年级的专业分类，实行统一课程教学。20世纪90年代以后，随着初中教育面试入学政策的推行，教育导向的阶段以及导向类型产生进一步的改变。现有的教育导向分为三个阶段：第一阶段为初中最后一年，学生要选择未来进入何种类型的高中，接受普通与技术类或职业类高中教育。对于选择职业类高中教育的学生，他们可以选择以学生或学徒的身份完成这一阶段的教育。第二阶段为高中一年级结束时，面临bac类型选择——普通类或技术类。第三阶段为通过bac考试后对高等教育院校类型与专业的选择。在这三个阶段的导向中，学生在初中最后一年、高中一年级的分流选择对他们未来的发展会产生决定性影响。

（二）主要的相关研究

对于影响教育导向的相关因素，尤其是来自家庭方面的因素的研究，社会学家们主要从四种视角进行分析[①]。第一种分析基于内化的社会角色，个体以当时所处的社会阶层为基础，选择最具可能性的教育机会。采用这种分析视角的主要代表为社会学家布迪厄与巴斯隆（Passeron）。他们认为家庭的经济资本、社会资本以及学生的文化资本对于整个家庭的社会再生产起了决定性作用。这种研究视角在这一研究领域中占据主导地位。第二种分析视角则是假定在教育选择过程中的参与者是理性的，通过建立理性的模式，来分析家长或学生是如何做出选择的（Boudon，Cherkaoui）。教育导向的选择同时也是基于教育费用以及教育回报的考虑基础之后所做出的决定。家庭或个人的需求成为中等教育导向的决定性因素（Duru-Bellat，Mingat）。这种需求成为学校导向顾问最终作决定的依据。第三种分析采用心理学视角，运用一些心理学术语，如学习动机，来解释学生的不同教育经历。主要用于对出身平民家庭学生学习成绩（Zéroulou，Terrail，Laurens）以及不同性别学生学习表现与教育导向的分析。研究者认为女性学生学习的动机明显高于男性学生，而且学习成绩普遍也优于男性学生。Stevanovie在其研究中指出在初中最后一年的教育导向过程中，学生的性别起到了很重要的作用，学生家长对于女性与男性的期待不同。家长更期望男孩子能够选择职业类或技术类高中教育，而希望女孩子接受普通类教育，以便以后进入高等教育院校

---

① Philippe Masson, Élèves, parents d'élèves et agents scolaires dans le processus d'orientation, Revue française de sociologie, 1997, 38-1, pp. 119-142.

继续学习；即使女孩子进入职业教育，专业的选择也会以性别为基础。整体而言，学生家长对于女孩子受教育层次与时长的期望高于男孩子。同时，学生的家庭出身对高中教育类型的选择产生了一定的影响。在第二阶段，即高中一年级末，学生需要选择 bac 教育类型——普通类或是技术类。这一阶段的导向主要依据学生的学习成绩，受性别差异的影响。Stevanovie 指出，调查中他们发现[1]，在高中第一学年末，选择进入理科普通类 bac 方向的学生所占比例为总数的一半，然而女孩申请者只占女性学生总数的三分之一。相反，占据女性学生群体 27% 的学生和占男性学生群体 10% 的学生申请了文科方向。而且，性别所带来的差异在技术类 bac 教育专业方向选择中体现得更加明显。前面两小节所提供的官方数据证实了女性学生在高中阶段以及 bac 考试中的学习表现都要优于男性学生，然而对于专业以及高等教育类型的选择则体现了某种无法逾越的限制，尤其是在选择精英教育院校以及理工科专业上，女性人数明显低于男性学生。Masson 认为这三种视角的分析并未建立在对学生家庭和学生个体认知基础上，而是从较为宏观的教育机构的视角来解读的。第四种分析则是将导向的过程视为一种集体的活动，这类研究主要关注学校或班级是如何组织和开展这项活动。

　　基于已有的四种不同研究视角以及研究成果，Masson 通过实地调研的方式，进入学校，直接观察整个教育导向流程。他发现教育导向在实践中对家长和学生存在着极大的不透明性，这种长期的信息不透明导致了家长和学生对于导向顾问的不信任和导向结果的质疑。同时，在教育导向过程中，学生的教育经历、学校内部组织与协调也扮演着重要的角色。将学生过去的学习经历及表现与学校当时的现实情况相结合，如不同专业方向可以接收学生的数量等问题，通过学校内部协商做出决定。因此，某种程度上，这种决定也具有一定的条件性。

　　Masson 用了四年的时间在一所多学科高中进行实地观察，这一学校 60% 的学生都来自工人或雇员家庭。此外，Masson 还对另外两所公立初中的教育导向的整个流程进行了追踪调查，并且对部分家长代表进行了访谈。Masson 揭示了学生教育导向过程中出现的几个问题：首先，学生家长很少能直接参与整个过程，而且即使有机会参与，家长代表也表示对学校教学结

---

[1] Philippe Masson, Élèves, parents d'élèves et agents scolaires dans le processus d'orientation, Revue française de sociologie, 1997, 38-1, pp. 119-142.

构不太了解。家长们认为班级咨询会对于学生未来教育走向是很关键的,每个教师与导向顾问在做决定之前都应对学生的表现进行更深度地调查与评估,而不应该仅仅停留在学生的学习表现以及学生自己所制定的未来规划上。而学校的教师则认为班级咨询会更像是一种行政管理流程,因为在此之前,他们对于每个学生的情况都已经做出了判断。其次,学生家长表示对于导向决定的标准不清楚,甚至怀疑真正的参考标准并非是班级咨询会上教师们所提出的那一系列指标。Masson 认为,家长的怀疑某种程度上是有道理的,因为学校的负责人为了完成教育部、学区以及教育督导处所制定的目标,必须要降低学生的留级率。因此,大部分行政管理人员在对待学生教育导向问题上和教师们所持有的态度与理念是不同的。这两种不同的理念所导致的班级咨询会上不同利益群体之间的争执,更加深了学生家长对学校教育导向决定严肃性的怀疑。最后,负责提供导向信息服务与指导的顾问们处在一种被双重否定的尴尬境地。一方面,教育导向顾问得不到教师们的认可,被认为只是一种行政"摆设",起不到对于学生真正的指导作用;另一方面,他们也得不到学生和家长的认可,被认为给不出可行的导向方案,解决不了实际问题。对于导向顾问的双重否定反映了对这一职位定位的不准确。针对以上提及的这些问题,Masson 提出学生的受教育路径是在已有的教育经历与当下的具体情况共同作用下而设定的,此前的学习经历对于学生未来的导向起着决定性的作用,因为不同路径之间即使搭建了桥梁,学生的选择也是相当有限的。因此学生受教育的路径可以视为由一系列选择所铺就的一条路,而每一次的导向选择,学生都受到了不同因素的影响,例如学生的社会阶层、此前的学习经历与成绩等。这些因素在不同阶段的导向选择中又扮演了不同的角色。同时,有效的教育导向还来自学生、家长以及学校教职人员的互动,这些互动是由学校内部因素例如学生群体、教师群体以及学校教育条件等所决定的。

(三) 程序与问题

2008 年教育部高级咨询委员会专门针对教育导向问题发布一份报告[①],报告中提出导向包括两方面含义,一方面指的是将学生分类,划分到不同的教育方向、专业与类别的过程;一方面指的是帮助个人在教育与职业发展方

---

① Haut Conseil de l'Éducation, 2008, L'orientation scolaire: bilan des résultats de l'École.

面做出选择。导向问题所涉及的参与者包括了学生、家长与相关教育人员、学校与职业发展领域的专业人士等。这份报告对当前学生教育导向的情况、出现的问题以及未来要解决的首要问题都给出了简要的阐述。报告指出现在的教育导向机制已经逐渐演变成一种排除性工具，初中与高中的教育导向最根本的依据还是学生小学阶段的成绩，以学生对于抽象知识的掌握结果为基础进行筛选。同时，学生家长的社会阶层以及受教育水平对于学生的教育导向起了决定性作用，因此，在等级化的教育体系中，教育导向以逐步排除的方式进行着，而糟糕的导向结果是无法修复的。此外，学生的教育导向以及最终可以达到的教育水平受教育机会结构的影响。

从程序上来看，学生的教育导向选择以班级咨询会的意见为主要依据。根据教育部官方信息①，班级咨询会是由学校负责人、班级任课教师、主顾问或教育顾问、导向顾问、两名学生代表、两名学生家长代表组成，在条件允许的情况下，还可以包括一名校医、一名社会工作助理、一名学校护士。咨询会由学校负责人或其代表来主持，每年都会召开三次以上会议来检查与班级生活相关的教学问题，尤其是学生个人学习组织方面的问题。在初中的最后一年，班级咨询会对学生是否达到这一阶段的教育目标进行审核，审核的结果由班主任传达给学生及其家长。家长或已成年学生根据这一审核结果中所提供的信息、学校教育团队对于学生的评价结果进行教育导向申请。班级咨询会对学生的导向申请进行审查，参考与学生相关的所有信息来向学生与其家庭提供学生最终的教育导向建议。如果咨询会的建议与学生的申请一致，学校负责人会将咨询会的决定通知学生家长或成年学生。如果咨询会的建议与学生提出的申请不一致，学校负责人将会约见学生及其家长，将咨询会的决定告知，并且观察学生与家长对于这一决定的反应。在商谈之后，由学校负责人最终决定学生的教育导向选择，且将这一最后决定正式通知教学团队、学生及其家长。在咨询会的建议下，学校负责人可以向学生及其法人代表提出学生须接受能力强化辅导的要求。如果负责人的最后决定与学生的申请不一致，负责人须起草并签署一封动机信，解释这一决定的依据，包括提供学生知识、能力与兴趣等方面的信息评估等。学生与家长在收到这封信后，三天之内给予相应的反馈。如果家长不接受这一决定，可以提出申诉。

---

① http://www.education.gouv.fr/cid74/le-choix-d-orientation-d-un-eleve.html&xtmc=leconseildeclasse&xtnp=1&xtcr=7.

学生的情况将会由学区督导主持的申诉委员会进行审核，并由申诉委员会对学生最终的导向做出选择或做出让学生留级的决定。

学生在高中阶段的教育导向主要由学生的整体水平、对于所选专业方向的个人动机以及通过所选专业主要学科考核的成功率决定。高中一年级学年末的导向选择流程与之前的流程一致，由学校的负责人根据班级咨询会的建议做出决定。在学生导向申请与咨询会提供的建议不一致的情况下，学校负责人做出最终决定。在选择了 bac 教育类型之后，每个学生都有权利进入第三学年的学习。而且，学生在第一次参加 bac 考试失败后，有权进行复读。在进行教育导向选择之前，学生家长可以向学生所在班级的班主任了解学生的情况，也可以向导向顾问就学生的个别情况进行咨询，又或者可以去信息与导向中心获得更多的教育信息。

简言之，整个教育导向过程不仅仅是个教育问题，里面渗透了来自社会相关因素的影响，学生的学习成绩以及个人发展规划仅仅是整个决策过程中主要的参考因素之一。学生作为整个过程的主体，其导向申请受到了家庭的社会阶层、性别、家长意见等因素的影响，而这种影响有时候要凌驾于学生自身学习表现以及个人学习兴趣之上。参与导向的不同利益群体——教师、导向顾问、学校管理层在整个过程中会因为某些客观或主观因素的影响而作出决定，例如学校管理层对于学生教育导向的选择会受到教育政策（如考试通过率），学校未来专业设置与发展以及学校现有的教育资源使用等方面的影响。

二、教育优先政策——政府的扶贫计划

（一）优先教育政策实施现状[①]

教育优先政策实施于 1981 年，伴随着优先教育区（ZEP）的设置而开始。在 1999 年入学季，政府对优先教育区划分重新定义且增加了一个新的组织结构：优先教育网（REP）。在 2006 年新学期入学时，政府又将优先教育区与优先教育网重组为 254 个教育成功理想网（RAR）和另外一部分教育成功网（RRS）。2011 年入学时，为了推动教育机会平等，政府推出了

---

① Direction de l'évaluation, de la prospective et de la performance, Repères & Références & Stratistiques 2015, Ministère de l'éducation nationale, de l'enseignement supérieur et de la recherche.

"小学、初中、高中的理想、创新与成功"(简称"闪亮计划"Éclair)并以之为国家教育政策改革的重心。自 2010 年入学开始,"闪亮计划"在 105 所学校试行,到 2011 年入学季时已经延伸覆盖了几乎所有的教育成功理想网内部的学校。此后,优先教育所涉及的范围得以进一步扩展,衡量标准主要是以学生在学习中遇到的困难,学生家庭的困难及其对于学生学习的影响为参考指数。因此,在 2014 年入学时,政府采用试行的方式进行重新设计,成立了 102 个优先教育预设网(REP+)。在 2015 年入学时,这一设置延伸至 1 091 个优先教育网与优先教育预设网。

2014 年入学季,全法(包括本土行政区与海外省)共计 1 075 所公立初中被列入实行优先教育名单,其中 300 所被列入"闪亮计划",775 所成为教育成功网成员。这些实行优先教育的初中接收了约五分之一就读于公立初中的学生,其中约 5% 的学生(约 143 900 名)就读于列入"闪亮计划"的初中,约 15% 的学生(约 370 200 名)就读于教育成功网中的初中。同时,这些学校呈现不均衡的地理分布。例如,在本土行政区内,就读于列入"闪亮计划"初中的学生在格勒诺布尔学区所占的比例为 0.3%,在埃克斯-马赛学区所占的比例为总人数的 11.6%。在海外行政区,就读于列入"闪亮计划"初中的学生为总人数的 23.2%,远远高于本土行政区 4.5% 的比例。2014 年入学季,共计 2 115 所公立小学被列入"闪亮计划"、4 404 所小学列入教育成功网。"闪亮计划"小学接收了约占总人数 6.3% 的小学生(约 372 600 名),约 11.5% 的小学生就读于教育成功网小学(约 676 500 名)。这些公立小学在不同学区的分布比例也不等,而且接收的学生比例也存在差异,整体趋势与上面所提及的公立初中形势类似。此外,教育成功网在海外省中小学教育中扮演了较为重要的角色,教育成功网中的公立小学与初中接收了约 17.5% 的小学生与 20.2% 的初中生。就读于实行优先教育政策学校中的初中生绝大部分来自社会阶层较低的家庭,其中 72.6% 就读于"闪亮计划"学校的学生家长为工人或无业,56.6% 就读于教育成功网初中的学生家长为工人或无业,而 34.3% 就读于非优先教育区学校的学生家长为工人或无业。同时,就读于"闪亮计划"学校或教育成功网学校的学生多数年龄要大于就读于非优先教育区的学校的学生,主要原因是这些学生进入初中一年级学习的时间较晚。

2015年入学时,优先教育区以重组后的形式开始运行。有351所初中被列入"优先教育网+",740所初中被列入优先教育网,这两类初中在公立初中中所占比例为6.6%与14.0%。新的架构将会覆盖80%的"闪亮计划"与教育成功网学校。同时,在351所被列入"优先教育网+"的初中学校中,242所来自"闪亮计划",88所来自教育成功网。在740所被列入优先教育网的初中,56所来自"闪亮计划",500所来自教育成功网。然而,优先教育架构的重组并未能改变地理分布不均衡的局面。在本土行政区内,被列入"优先教育网+"的初中在雷恩学区所占比例为0.5%,在埃克斯-马赛学区所占比例则为15.7%。列入优先教育网的初中在克莱蒙费朗学区的比例为4.3%,在科西嘉学区的比例为34.5%。在海外省中,被列入"优先教育网+"的初中比例为28%,列入优先教育网的初中比例为32.2%,远高于本土行政区初中所占比例5.7%与13.2%。

实行优先教育政策的学校无论是数量还是结构组成都不是一成不变的。2014年入学时为被列入"闪亮计划"也未进入教育成功网的208所中学在2015年入学季时成为新的优先教育区成员,其中23所被列入"优先教育网+",185所进入优先教育网。随着学校情况的转变,优先教育区成员也在不断地发展变化。例如,2015年入学时,在法国本土行政区内,优先教育区包含了962所初中,其中有165所之前非"闪亮计划"非教育成功网初中成为了优先教育新成员;而此前属于优先教育区的179所初中不再继续享受优先教育政策。

(二) 优先教育区

20世纪80年代初,为了解决日益增长的社会失业率以及青少年教育失败的问题,时任教育部部长的萨瓦里创建优先教育区①,旨在修正由于教育选拔的加强而导致的不平等,尤其是在教育失败率较高的地方。政府这项计划于1982年入学季开始实施。在当时,政府认为这只是一项临时计划,是为了帮助条件比较差的学校能够尽快降低教育失败率,提高教育质量,因此此项计划的期限为四年。然而政府最初设想的目标并未实现。

优先教育区设立的目的在于改善条件比较差的学校的资源配置,给学校

---

① https://www.reseau-canope.fr/education-prioritaire/comprendre/reperes-historiques.html.

提供更多的资源来实现针对特定学生群体所需的特殊教育方法。优先教育区的设立被认为是法国首例积极反歧视政策与教育政策区域化的体现。1982年推行这一计划时，由学区的区长来确定能够被认定为实行教育优先政策的区域，主要依据是学生家庭是否为较低社会阶层，衡量标准包括社会性标准和教育性标准两类指标。其中社会性标准以学生家长的社会职业身份来区分，学生家长为以下职业者可实行教育优先政策：底层职业类型、无学位者、外国人、失业者、领取社会救助者等；教育性标准则包括学生受教育年龄是否迟于平均年龄，选择职业类预科班、学徒教育预科班等类型比例等。这些标准在1989—1990年重新启动优先教育政策时被重新定义，优先教育学区以提高学生，尤其家庭条件较差的学生学习成绩为目的，明确了教育优先区负责人的职责范畴且设立了协调员与咨询会。学校间合作计划成为了这一政策的重点，同时将优先教育区的发展计划纳入到整个城市规划中。1992年颁布的条例中指出，需要注重三个主要方面：教育优先区内部与外部基础评估、提升教育优先区形象与运营方式、提高教育优先区教职员工的工作条件。

优先教育的区域化发展以及与城市发展规划的相结合也造成了不同学区的优先教育区学校比例差异。被列入优先教育区的学校绝大多数是小学和初中，包括少量的高中。国家对所有列入优先教育区的学校都会提供额外的资源，例如教工的奖金、教工职业发展优势、额外工作时间的补贴等。优先教育区在设立以后，一直是社会争论的热点。然而，很多学者认为对于优先教育区的评估是缺乏的，国家对于优先教育区的评估多注重具体措施的落实以及组织方式。一所学校在被列入优先教育区后对于这所学校的影响以及学校在被列入优先教育区后学生的成绩是否得到了提升这两大问题成为关注的重点。

一方面，被列入优先教育区的学校会获得政府所提供的额外资源，班级人数应该减少，教师人数应该增加，班级学生社会出身阶层应该多样化，学生的学习能力应该提升。另一方面，理论上而言，随着班级人数的减少，教师人数的增加，学习困难的学生将会得到更多的学习帮助，从而学生的学习表现得到改善。此外，优先教育区政策旨在发展新的教育计划，与地方或地区团体共同参与促进教育成效。同时，政府给在教育优先区工作的教师提供更多的补贴，并开通更加便利的职业发展通道，然而这一系列的措施都没有产生预期的积极效果。Bénabou、Kramarz、Prost和Gurgand的研究结果表明①,首先,政府整体上确实向这些学校投入了大量额外的资源,这些投入主要用于学校教师的津贴方面,学生所得到的仅仅是几个小时的额外教学时间。其次,列入优先教育区的中学,班级人数减少,班级学生的出身阶层之间的差距缩小。然而,学者认为学校总体人数减少的影响因素可能是多样的,如学生家长认为优先教育的标签会产生负面影响,而选择将子女送到其他学校接受教育。此外,有些家长甚至搬离优先教育区。再次,虽然在这些学校任教的教师会获得额外的补贴,却并未能吸引更多的教师,虽然年轻教师的数量略有上升,却依旧缺乏有经验的教师。最后,优先教育政策的实施并未真正地改善学生的学习表现,在学生获得学位的比例、高中阶段所接受的 bac 教育类型以及 bac 考试通过率等因素上可以看出这点。在某种程度上,优先教育区的标签更多地起到了一种固化的作用,甚至使原有的情况更加恶化。学生的学习表现,教师的工作表现等方面并未得到预期的改善。

(三)精英高等教育开放计划

与中小学所推行的优先教育政策相对应的,本世纪初大学校社会开放政策开始推行,旨在给予家庭出身较低的学生更多的机会进入精英大学校中。这一政策的推出主要基于社会一直在关注的问题,即出身底层社会的家庭子女与移民家庭子女在精英大学校中仅占极少比例。一方面,这一政策的推行旨在改善教育机会不平等的问题,与教育优先区设置目的相同。另一方面,旨在进一步提升大学校的社会形象,减少社会诟病,改善其固化封闭的师生群体构成②。

图 5-12③比较直观地展示了从初中到博士阶段两类不同社会出身的学生群体的比例,▇代表的是高级干部家庭的子女比例,▇代表的是工人家庭子女的比例。出身高级干部家庭的子女在学生群体中所占比例约为 12%,工人家庭子女所占比例约为 33%。在普通初中阶段,两类学生在群

---

① Bénabou Roland, Kramarz Francis, Prost Corinne, Gurgand Marc. Zones d'éducation prioritaire:quels moyens pour quels résultats? Suivi d'un commentaire de Marc Gurgand. Economie et statistique, n°380, 2004, pp. 3-34.

② Agnès van Zanten, L'ouverture sociale des grandes écoles:diversification des élites ou renouveau des politiques publiques d'éducation? Sociétés contemporaines, 2010/3, n°79, pp. 69-95.

③ Conférence des Grandes Écoles, Ouverture sociale des grandes écoles, 2010.

体中所占比例为 16% 与 27%。在高一阶段,出身高级干部家庭子女所占比例首次超过工人家庭子女,两者比例为 23% 与 19%。到本科学习阶段时,两者所占比例为 33% 与 14%。到博士学习阶段时,两者所占比例的差距约为 32 个百分点,工人家庭子女在这一学习群体中所占比例仅为 5%。

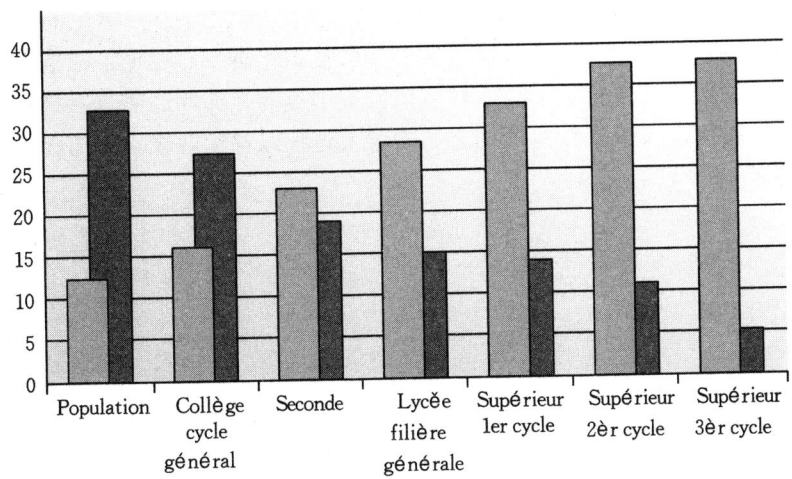

图 5-12 初中至博士阶段不同社会阶层学生所占比例

造成机会不均等的原因是多样的:除了学生的社会出身之外,还包括了获得信息的难度、自我评估的结果、学生周边的人对学生的期望等因素。为了降低这些阻碍学生获得同等教育机会的可能性,大学校组织总结了部分精英高等院校所采取的措施:第一步,走进普通社会阶层聚集的初中与高中进行宣讲,普及大学校知识,让学生了解大学校所提供的教育专业、教学模式以及未来就业前景。组织大学校学生志愿者对于有志于进入大学校学习的中学生给予相应的辅导。第二步,在招生环节,开放多个通道让学生有更多的机会进入大学校中。在促进大学校学生结构多样化的同时,给予出身普通阶层学生更多的希望。第三步,给学生提供针对性辅导,为了能够帮助来自不同教育背景的学生顺利地完成大学校的学习,学校设立了个人辅导服务。第四步，物质资助，设立更多的奖学金、助学金、学生贷款等项目帮助更多的学生接受精英教育，开设学徒教育通道，为学生创造更多机会。2008年11月由大学校组织开始实行"成功的纽带"计划，发展高等教育院校与优先教育区高中和初中之间的合作关系，旨在引导更多出身底层的中学生进入精英教育学校。同时，一些精英大学校设立了教育优先区中学生的特殊通道，如巴黎政治学院的招生录取方式中涉及其中一种专有通道。这些措施从政策的角度来审视是有利于降低教育机会不平等的，然而还需从具体实施过程以及学生在进入精英教育机构之后的融入过程以及学习表现等方面的研究来证实这一政策的有效性。

第六章 法国高校招生考试制度的比较借鉴

作为全书的最后一章，作者将基于前面章节对 bac 考试制度以及法国高等院校录取过程的介绍与分析，来探究这块他山之石的攻错或攻玉之处。本章将主要分为三个部分，第一部分以 bac 考试制度的整个发展与改革史为依据，结合法国精英高等院校的录取程序，总结法国高等院校考试与招生的基本特点。同时，揭示 bac 考试制度目前所面临的问题以及最新的改革动态的说明。第二部分，作者运用比较分析的方法来解读中国和法国高等院校招考制度的异同，从招考程序与制度两个大的维度展开比较。第三部分，以中法两国招考制度的比较结果为基础，我国建设世界一流大学与一流学科的大背景为契机，寻找法国高校招考制度中可为我们借鉴之处。

第一节 法国高校招生考试制度的主要特点

本节将围绕三个方面的问题展开阐述：首先，纵观二百多年的法国教育发展史，bac 考试历经种种改革，这一制度本身体现了哪些特点是作者要简要概括的首要问题；其次，bac 考试作为法国高校录取的基本依据，对于精英高等教育院校却又不是唯一的参考标准，那么双轨并存的高等教育院校招生制度整体呈现的特点是怎样？最后，在经历了百年风雨后，社会舆论对于 bac 考试的争论依旧不曾停止，那么这一考试制度目前面临的问题是什么，最新的发展动态有哪些？

一、bac 考试制度特点

Piobetta 在他博士论文[①]的前言中提及，自 bac 考试产生以来在很多小

---

① J.-B. Piobetta, Le Baccalauréat de l'enseignement secondaire, 1937.

说、戏剧、报纸专栏中经常会看见 bac 考试的身影，如 bac 考试场景的描述、bac 考试给学生带来的痛苦、bac 考试准备过程中父母与子女之间的关系冲突等桥段都曾经出现过。从 1978 年以 bac 考试为主题的影片《Passer ton bac d'abord》到 2016 年 3 月份上映的新影片《Baccalauréat》也可发现，bac 考试不仅仅是人们社会生活的一部分，也停留在不同年代人的记忆中。时代不同、地点不同、社会阶层不同，但是考生与身边人对 bac 考试的感情却是相似的。

（一）沙拉+汉堡+可乐

bac 考试的整个流程在作者看来可以比做一顿快餐，其中包括了沙拉、汉堡和可乐。bac 考试包括三大类别：普通类、技术类与职业类，虽然在前面 bac 考试实践介绍部分对不同类型的 bac 考试所考科目已经有了基本的介绍，但我在这里仍要强调职业类考试科目和普通类与技术类存在较大的差异，采用的是知识能力+专业技能相结合的考试方式。在普通类与技术类 bac 考试中，每种类型又包括了几种专业方向，每个专业方向的考试除了参加统考题目还须通过专业科目考试。这种多种类型、专业方向与考试科目就好比一盘沙拉，相互搭配，营养均衡。在与汉堡和可乐的搭配中，沙拉是最基本的营养来源，也是健康的必需品。因此了解 bac 考试流程的第一部也是必需的一步就是要了解这些不同的食物之间的搭配关系。

接着，汉堡作为整个快餐中最具补充能量作用的部分，在这里用来比喻 bac 考试中最基本的考察成绩部分。bac 考试所采用的是测试与考核相结合的形式，具体分为两轮：第一轮在高中二年级末进行，是对高中前两年所学科目进行考核，也称为提前考试；第二轮在高中三年级末进行，采取全国统一方式组织进行。此外，在考试形式上，bac 考试分为必考科目与选考科目。在全国统考时，成绩在 8 分到 10 分之间的学生还可以进行第二组考试，也就是实际意义上的补考。这层层的考试就好比汉堡的内部结构，高三年级末学生所参加的最终考试就是汉堡包中的核心肉饼，也是决定学生最终是否能够拿到 bac 学位最重要的部分。对于技术类 bac 考生所需要参加的实践类考试，具体考试时间则由其学校所在学区的区长决定。

最后，可乐作为沙拉和汉堡食用过程中必不可少的饮料，贯穿于饮食始终，且有帮助消化的功能。作者认为可以用可乐来比喻学生在参加 bac 考试时需要提供的学籍表，这份学籍表是对于学生学习经历与表现的一个总结，能够帮助考试委员会的评委对于学生在考试中的整体表现给予准确的解释。

同时，在特殊情况下，或许也能够挽救考试时表现大失水准的考生。教育部官方信息显示①，自1890年以来，bac考试评审委员会在评判学生的最后成绩时都需要学生提供中学阶段的学籍表。目前，这一传统继续应用于bac普通类考试ES专业、L专业以及S专业（地球生命学、工程师学、环境、农业与地域学），bac技术类考试ST2S专业、STD2A专业、STI2D专业、STL专业与STMG专业。学生的学籍表主要由教学人员来填写。在学生参加完第一轮和第二轮考试后，考试评审委员会在判定学生最终成绩之前须审阅学生学籍表。学籍表的辅助功能主要体现在评委评判考试成绩处于被淘汰和可以参加补考之间的学生之时。学籍表中所涉及的内容包括学生在高二年级与高三年级所学到的知识、取得的进步、能力的弱点等因素。教师对于学生的评估结果需要同时体现学生能力的水平以及和这一阶段所须达到水平之间的差距。因此，学籍表中教学团队对于学生的评估包括了量化部分和质性描述。

（二）统考不同卷

bac考试的考试日期由教育部决定，考试中心的名单由学区区长决定。现在以2016年bac考试的时间与考试科目为例来呈现其整体安排。见表6-1。

表6-1 2016年普通类bac考试时间及科目安排（本土行政区）

	L	ES	S
2016年6月15日 星期三	哲学 8点—12点	哲学 8点—12点	哲学 8点—12点
2016年6月16日 星期四	历史—地理 8点—12点	历史—地理 8点—12点	历史—地理 8点—12点
2016年6月17日 星期五	外语1 14点—17点	外语1 14点—17点	外语1 14点—17点
2016年6月20日 星期一	文学 8点—10点	社会与经济学 8点—12点或13点（高级经济或政治与社会学专业）	数学 8点—11点

---

① http://eduscol.education.fr/cid100124/livret-scolaire-lycee-pour-les-series-generales-technologiques.html.

续表

	L	ES	S	
2016年6月21日 星期二	外语2/地区方言 14点—17点	外语2/地区方言 14点—17点	物理与化学 8点—11点30分	外语2/地区方言 14点—17点
2016年6月22日 星期三	艺术（笔试） 14点—17点30分	古典语言与文化：希腊语 14点—17点	古典语言与文化：拉丁语 14点—17点	数学 8点—11点	数学 8点—11点	生命与地球学 14点—17点30分 环境、农业与地域学 14点—17点30分 工程师学 14点—18点

注：口试与实践测试时间由学区区长决定。

bac普通类考试的所有考生须考五门公共课程：哲学、历史—地理、外语1、外语2、数学。对于三个不同专业方向的学生，这几门科目在总成绩中的系数有所不同。

表6-2　2016年技术类bac考试时间与科目安排（本土行政区）（a）

	ST2S		STMG		Hôtellerie
2016年6月15日 星期三	哲学 8点—12点		哲学 8点—12点		哲学 8点—12点
2016年6月16日 星期四	历史—地理 8点—12点	数学 14点—16点	历史—地理 8点—12点	数学 14点—16点	旅游环境 14点—17点
2016年6月17日 星期五	外语1 14点—16点		外语1 14点—16点		
2016年6月20日 星期一	物理与化学 8点—10点 社会与卫生技术科学 14点—17点		专业测试 14点—18点		酒店管理与数学 13点—17点30分
2016年6月21日 星期二	外语2/地区方言 14点—16点		外语2/地区方言 14点—16点	组织管理学 8点—11点	技术与应用科学 14点—17点

续表

	ST2S	STMG	Hôtellerie
2016年6月22日 星期三	生物与病理生理学 8点—11点	经济—法律 8点—11点	

注：口试与实践测试时间由学区区长决定。

表6-3　2016年技术类bac考试时间与科目安排（本土行政区）(b)

	STL		STI2D	STD2A
	生物技术	实验物理与化学		
2016年6月15日 星期三	哲学 8点—12点	哲学 8点—12点	哲学 8点—12点	哲学 8点—12点
2016年6月16日 星期四	数学 14点—18点	数学 14点—18点	数学 14点—18点	数学 14点—17点
2016年6月17日 星期五	外语1 14点—16点	外语1 14点—16点	外语1 14点—16点	外语1 14点—16点
2016年6月20日 星期一	化学—生化—生命科学与专业学科 14点—18点	化学—生化—生命科学与专业学科 14点—18点	技术通识 14点—18点	实用艺术与设计系统分析法 14点—18点
2016年6月21日 星期二	外语2/地区方言 14点—16点	外语2/地区方言 14点—16点	外语2/地区方言 14点—16点	外语2/地区方言 14点—16点
2016年6月22日 星期三	物理—化学 8点—11点	物理—化学 8点—11点	物理—化学 8点—11点	物理—化学 8点—10点

报考技术类bac考试的学生，除酒店专业方向、舞蹈与音乐专业以外，须参加哲学、外语1、外语2、数学四门公共课程的考试。见表6-2、表6-3。

总体而言，bac考试时间安排时长为一周，哲学、外语1、外语2、数学也成为普通类与技术类bac考生必考的科目。其中哲学考试为每年六月份bac考试的第一场，时长为四小时，然而对于不同类型不同专业方向的考试，哲学考试内容却有所不同。下面将以2014学年哲学考试内容为例来介绍。见表6-4。

表6-4 2014学年bac考试高三学年末笔试必考科目（哲学）命题情况，考试日期为2015年6月16日①

Métropole（本土行政区）	普通类	L（考试时间为4小时，科目系数为7）	Sujet 1：Les œuvres d'art éduquent-elles notre perception? Sujet 2：Doit-on tout faire pour être heureux? Sujet 3：Explication de texte：Karl Popper,《La Connaissance objective》,1972
		ES（考试时间为4小时，科目系数为4）	Sujet 1：Suffit-il d'avoir le choix pour être libre? Sujet 2：Pourquoi chercher à se connaître soi-même? Sujet 3：Explication de texte：Hannah ARENDT, Condition de l'homme moderne, 1958
		S（考试时间为4小时，科目系数为3）	Sujet 1：Vivons-nous pour être heureux? Sujet 2：L'artiste est-il maître de son œuvre? Sujet 3：Explication de texte：René Descartes -Règles pour la direction de l'esprit, 1628
	技术类	TMD（考试时间为4小时，科目系数为3）	Sujet 1：La diversité des cultures fait-elle obstacle à l'unité du genre humain? Sujet 2：Peut-on être indifférent à la vérité? Sujet 3：Explication de texte：KANT, Doctrine de la vertu, 1795.
		toutes séries（除TMD外，考试时间为4小时，科目系数为2）	Sujet 1：Les échanges sont-ils toujours intéressés? Sujet 2：Une vérité peut-elle être définitive? Sujet 3：Texte extrait du Gorgias de Platon＋questions sur le texte dont "Celui qui vit dans l'injustice et qui cherche à échapper à la punition est-il le plus malheureux des hommes?"
Antilles-Guyane（安第列斯－圭亚那）	普通类	S	Sujet 1：La connaissance scientifique élimine-t-elle toute croyance? Sujet 2：Faut-il renoncer à expliquer une œuvre d'art? Sujet 3：Extrait de Léviathan de Hobbes

① http://etudiant.aujourdhui.fr/etudiant/info/bac-2014-les-sujets-et-corriges-de-la-philosophie.html.

Antilles-Guyane（安第列斯—圭亚那）	普通类	ES	Sujet 1：L'art est-il nécessaire à l'homme?
			Sujet 2：Puis-je renoncer à ma liberté?
			Sujet 3：Extrait d'Ethique à Nicomaque d'Aristote
		L	Sujet 1：Science et religion s'opposent-elles?
			Sujet 2：Suffit-il d'avoir des droits pour être libre?
			Sujet 3：Extrait de De la tranquillité de l'âme de Sénèque
	技术类		Sujet 1：Peut-on se faire justice soi-même?
			Sujet 2：Un homme se définit-il par sa culture?
			Sujet 3：Extrait de Propédeutique philosophique d'Hegel

哲学科目的考题为三选一，从2014学年的考题可以看出，命题分为两种类型，一种为正反论证题目，一种为对节选的文本进行阐释。虽然考试时长相同，然而哲学科目成绩在不同专业方向考生bac总成绩中的系数有所不同。同一哲学科目，以不同专业方向为基础，本土行政区内所有考生统一试题，海外岛以及法属殖民地以每年教育部决定为主。

表6-5 2016年职业类bac考试时间与科目安排

	本土行政区＋马约特	留尼旺	瓜德罗普岛＋马提尼克	圭亚那	圣皮埃尔与密克隆	法属波里尼西亚
法语	星期三 6月15日 9点30分—12点	星期三 6月15日 10点30分—13点	星期三 6月15日 14点—16点30分	星期三 6月15日 14点—16点30分	星期三 6月15日 15点—17点30分	星期三 6月15日 8点—10点30分
历史—地理＋公民教育	星期三 6月15日 14点—16点	星期三 6月15日 15点—17点	星期三 6月15日 14点30分—16点30分	星期三 6月15日 15点30分—17点30分	星期三 6月15日 16点30分—18点30	星期三 6月15日 9点30分—11点30分
实用艺术与艺术文化	星期四 6月16日 10点—11点30分	星期四 6月16日 11点—12点30分	星期三 6月15日 12点30分—14点	星期三 6月15日 13点30分—15点	星期三 6月15日 14点30分—16点	星期三 6月15日 7点30分—9点
预防健康与环境	星期五 6月17日 9点30分—11点30分	星期五 6月17日 10点30分—12点30分	星期五 6月17日 12点30分—14点30分	星期五 6月17日 13点30分—15点30分	星期五 6月17日 14点30分—16点30分	星期五 6月17日 7点30分—9点30分

续表

	本土行政区+马约特	留尼旺	瓜德罗普岛+马提尼克	圭亚那	圣皮埃尔与密克隆	法属波里尼西亚
经济—法律 经济—管理	星期五 6月17日 14点—16点30分 14点—16点	星期五 6月17日 15点—17点30分 15点—17点	星期五 6月17日 15点—17点30分 15点—17点	星期五 6月17日 16点—18点30分 16点—18点	星期五 6月17日 17点—19点30分 17点—19点	星期五 6月17日 10点—12点30分 10点—12点
数学物理与化学科学	需要用计算机支持的实践测试与笔试：组织日期为2016年5月30日至6月10日，从早8点开始。					

通过表6-5所提供的2016年职业bac考试安排，可以看出其科目与普通类和技术类考试存在较大的区别，且时间安排上呈现一定的地域性特点。报考职业类bac考试不同地区的考生都须参加统一笔试科目考试。

整体而言，统考不同卷所指的是bac考试时间安排集中在一周之内，由教育部统一安排。同时，公共考试科目以考生专业方向为基础，本土行政区内实现了"一张卷"。此外，实践考试以及口试阶段每个学区都有着较大的自主权。基于前面章节所介绍的bac通过率的逐年增长，现今的bac考试已经成为一种水平测试，因此，考生最后成绩是否标注等级（总分在12/20分以下是没有等级的）和级别（AB、B、TB）就变得相当重要了。

（三）社会仪式性

"bac考试制度，尽管被某些人鄙视，被某些人诅咒，被大众所误解和扭曲，但是它终究还是战胜了所有的敌意，成为法国大众都接受的制度并且成为最具特色的社会活动。"这是法国巴黎学区区长在1929年索邦大学开学典礼上的发言。在他的言辞中我们不难发现几点重要的信息：首先，从建立发展以来，bac考试一直处于社会舆论的中心，对其褒贬不一。其次，bac制度在当时历经上百年的变革，面对争议依旧能够存活并被大众接受，这与这个制度本身的社会、文化和经济功能是密不可分的。最后，bac考试制度能够成为法国国家社会生活中的重要特色之一，其与国家政策的相互影响，相互作用不言而喻。

bac考试自1808年建立，经历了改朝换代以及战乱纷争，依然延续至今。二百多年间统治阶级的更迭与社会经济发展的起伏不定，在bac考试体制与内容变革中都得以体现。bac考试沿用至今，说明了这种制度本身具有一种被不同时期不同社会民众所普遍接受的特质，这种本质具有超越时代与社会阶层的特点。布迪厄曾将教育考试比作中世纪骑士加冕仪式[①]，而今骑士已离我们远去，这种仪式却已经形成一种制度，一种拥有强大社会功能的仪式。这种具有一定象征性社会意义的仪式往往由几个基本因素组成：仪式举办方、仪式规范与流程、参与者。首先，仪式的存在基础为举办方与参与方所达成的共识，对仪式期待的目标具有一致性；其次，仪式的规范与流程以及仪式的结果性导向具有一定的权威性；仪式由双方共同认定并予以维护；最后，参与者在参加仪式时给予承诺并许诺履行承诺，因此，仪式也成为参与者在生活某些方面的分水岭，它赋予了参与者一种的新的身份、权利或限制。bac 考试在经历了百年风雨后，被社会与民众赋予了几个不同层面的意义：第一，对于家庭而言，参加 bac 考试成为多数孩子必须要经历的一种成人礼。它既象征着义务教育阶段的结束，也标志着高等教育或是社会生活的开始。虽然法国家长没有中国家长对孩子高考所投入的那份热情与关怀，但对于绝大多数家庭来说，bac 考试是重要的日子。第二，对于学生而言，bac 考试的结果既是中等教育阶段的成绩单，也是是否能够迈入高等教育院校大门的通行证。bac 学位作为在法国社会职业等级中排位第四级别的资格文凭，在学历贬值的今天，能够对接到的工作岗位已经相当有限了。同时，在倡导与实行终身教育的今天，bac 学位也成为继续教育所提供的大部分课程项目的最低学历。因此，bac 考试由一种教育评估行为转化成为和学生的就业以及职业发展直接相关的社会行为。第三，虽然 bac 考试所肩负的选拔功能在日益减退，然而作为社会阶层上升流动的通道，它在民众心中的分量与威望是不可替代的。这也体现了为何取消 bac 考试的言论一直存在，而我们只见证了对于 bac 考试的改革。

二、双轨制下法国高校招生制度特点

（一）生源背景的多类型与申请通道的多样化

案例中的几所法国一流大学将招生对象以国籍和学历为参数进行划分，不同类型的生源可通过不同的通道提交申请。生源以国籍为标准，一般可以

---

① Bruno Belhoste, L'examen, une institution sociale, Histoire de l'éducation, 2002, n° 94, pp. 5-17. (p. 8)

分为拥有法国国籍、欧盟成员国国籍、其他国籍的申请者，其中拥有欧盟成员国国籍的申请者从录取程序与享有的权利方面都与拥有法国国籍的申请者无太大的差别。此外，拥有其他国籍的申请者群体又可划分为在法国完成中等教育或以上学历的申请者与在其他国家完成中等教育及以上教育经历的申请者；其中前者和法籍申请者拥有同等的权利，而后者则要按照法国教育中心在申请者所在国家的相关规定来完成整个申请与考核流程。基于申请者的国籍，这几所大学大体上为申请者开通了两类通道：本土通道和国际通道，且每种通道又都包含了考试申请与文件申请两种方式。本土通道主要面向法籍申请者、在法国完成中等教育或高等教育的外籍申请者以及来自欧盟国家的申请者；国际通道则面向来自于非欧盟国家的申请者。此外，这三所大学对于申请者已有的教育水平的要求略有差异。巴黎六大，作为法国一流公立大学的代表，要求申请就读该校本科一年级的学生须拥有 bac 学位或高中同等学力。这个群体既包括了应届的高中毕业生，也包括了社会人士。使用 APB 统一申请平台的申请者，规定其年龄不可以超过 26 岁；对 26 岁以上的申请者，巴黎六大则设立专门的申请通道。巴黎政治大学与巴黎六大的相似点在于对申请者学历的要求。符合基本学历要求的申请者须先通过申请文件评估，然后经过二次选拔的笔试与口试，才会最终被录取。巴黎高师对招生对象的学历要求为在校大学生或在高校已经有两年或三年的受教育的经历的学生或已经获得大学学位的申请者。巴黎高师与巴黎政治大学的选拔流程是相同的，这两所大学每年极低的录取率体现了其优中选优的激烈竞争。

（二）多元评价机制，人才选拔的可持续发展性

招生群体多类型，多样的申请通道及申请方式的存在，皆促使了法国高校在招生选拔过程中对多元评价机制的应用。而这种评价机制整体上可以概括为以 bac 考试成绩或同等学力为基础、以综合能力、学生个人学习动机与规划为辅助的综合考核标准。对申请巴黎六大的高中毕业生而言，学校关于其综合能力的审核以该申请者所提供的中学阶段的学籍表为基础，学籍表中呈现了申请者中学阶段的各个年级各门课程的学习成绩、学习进步情况以及由任课教师、教辅人员等组成的班级委员会对该学生的评语。对申请巴黎政治大学与巴黎高师的学生来说，综合能力的评价不仅仅体现在学生的学籍表中，同时也展现在二次选拔的笔试与口试：更深入与精准地对学生能力的考核，包含了对于学生思维能力、表达能力、思考批判能力以及创新能力等方面的考核与评估。此外，在这几所大学的录取过程中，申请者的个人学习动

机与职业规划亦是学校选拔过程中被评估的一部分。这进一步体现了法国高校人才选拔的一种理念，即：人才的培养除了注重智力与综合能力因素外，学生的学习热情、独立人格和独立意识的养成皆不可或缺。对于非应届毕业生或非在校生的审核标准与前面所提及的要求是一致的，对其学习能力的评估更多以申请者以往的学习经历或工作经历为基础。

（三）以人为本，公开透明的招生程序

公平一直是法国高校招生制度所追求的基本目标，招生程序的公开透明则是实现公平的基本手段之一。我们在巴黎政治大学、巴黎高师、HEC 等精英大学校的官方网站可看到每年招生录取名额、程序、考试科目、往年考题以及录取日程表等招生相关信息。同时，选拔中每个阶段的录取结果及申请者排名也会被实时更新。与这两所大学校不同，巴黎六大的招生考试的具体细节除了在其校方官网发布外，还主要利用 APB 统一招生平台进行招生。学生通过 APB 平台可以报考多个志愿，以录取时间段为基础，不分批次。学生在规定的时间段中，可以基于申请志愿的排序以及个人兴趣，对录取推荐结果进行再选择。多元评价机制的应用，也有利于大学选择与学校专业教育契合度较高的申请者，而并非完全以分数取人。此外，这三所大学的招生过程也体现了高度的人性化设计。近年来巴黎政治大学、巴黎高师与其他一些一流院校达成了合作协议，通过创建和使用共同的题库来选拔精英人才，这种措施也大大避免了优秀人才的流失。

三、bac 考试制度面临的问题

在总结 bac 考试制度特点的基础上，前面部分再次对于 bac 考试与学生中学教育及高等教育院校之间的关系进行了概述。bac 考试内容基于高中阶段的学习内容，以公共基础知识（socle commun）教育里面对学生要求的基本素养为基准，对学生进行考查。考试既具有考核性质又兼具前瞻性，既能呈现其教育功能，又兼具社会功能。法国双轨高等教育体系、学生 bac 考试成绩的逐年提升、高等教育大众化程度的进一步深入等因素都导致了 bac 成绩由原来进入高等教育院校的充分条件转化成为必要非充分条件。换言之，通过 bac 考试已经不能够保证一定能够进入高等教育院校。那么，这个考试制度还有存在的必要吗？在其百年发展中，社会民众对它的诟病从未停止，近年来 bac 考试所面临的问题是什么？国家又在进行着哪些改革？下面作者将选取比较有代表性的问题进行介绍。

（一） bac 考试废存之争

正如高考制度在我国所面对的社会争议一样，法国的 bac 考试制度也面临着类似的困境。一方面，支持废除 bac 考试者所提出的质疑主要集中在三个方面。第一，历史性的数据回顾证明 bac 考试已经不再肩负选拔功能而更趋向于中学教育毕业考试。1808 学年第一次举办 bac 考试时，参加考生仅有 31 位。2015 学年 bac 考试时，各类考生总计 684 734 人。1945 年，bac 考试同一年龄段考生总通过率为 3%；20 世纪 80 年代，这一数字上升到 30%；自 2012 年以来，同一年龄段有超过 80% 比例的学生获得 bac 学位。bac 学位获得者人数大幅度增长，为高等院校提供了数量充足的生源。这也造成了部分学生所申报的专业因为名额有限而无法被录取，有些地区，如巴黎地区，因为申报生源过多，许多考生被大学拒之门外。取得 bac 学位不再等同于进入高校的门票，这一现实使得一些学者认为它已经没有存在的必要。第二，bac 考试已经无法考查与衡量出学生真正的学习能力水平。随着教育国际化的发展，教育评估的国际化趋势也在不断强化。由经济合作与发展组织策划的对全世界 15 岁学生学习能力的测试计划（PISA），成为目前世界上最具影响力的国际学生学习评价的项目之一。根据 2012 年 PISA 测试结果，法国学生在数学方面的表现与 OECD 国家平均水平持平（495 分 vs 494 分）。相较 2003 年测试的结果，法国学生平均成绩降低了 16 分；同时，取得优异成绩者减少，学习困难者增多。法国学生在科学科目方面略低于 OECD 国家平均水平，这一情况自 2006 年以来趋于稳定。此外，从高等教育层面来看，据 2015 年官方统计数据显示[1]，2013—2014 学年注册大学一年级学生中有将近三分之二（62.5%）的学生继续在同一专业学习，包括了留级者和进入二年级学习者。约十分之一的学生重新选择专业；约四分之一的学生辍学。这些统计的比率会因为学生所注册的专业类型与方向而有所差异。2008 年通过普通类 bac 考试的学生直接注册进入大学学习者，三年按时毕业获得本科学位者所占比例为 38%；用时为四年者所占比例为 18%；用时五年者为 7%。2008 年通过技术类 bac 考试学生进入大学学习者，三年按时毕业获得本科学位者所占比例为 11%；四年毕业者为 8%；五年毕业者

---

[1] Direction de l'évaluation, de la prospective et de la performance. Repères & Références & Stratistiques 2015. Ministère de l'éducation nationale, de l'enseignement supérieur et de la recherche.

为 6%。将中学学生的能力测试水平、高校学生获得学位的时长以及学生每年的 bac 通过率相结合，我们不难发现一种相悖的现象的存在，这也使得人们开始质疑 bac 考试到底考查了学生哪些方面的能力，是否具有一定的科学性。第三，基于前面两方面的怀疑，部分学者提出既然 bac 考试已经失去其选拔人才的权威性，那么每年组织 bac 考试所需的庞大支出是否还有必要。如果交由各个学校自行组织，无论从时间和费用上都要减少很多。2013 年由学校校长主要工会 SNPDEN 所发布的一份调查报告指出[1]，每年国家举办一次 bac 考试的总费用约为 1 525 000 000 欧元（不包括职业类 bac 考试所需费用，包含组织考试所需费用以及为了准备考试而"浪费"掉的三个星期的教学费用等）。六月份高三学生终考直接花费为 74 500 000 欧元。时任教育部长的文森特·佩永（Vincent Peillon）对这份报告数据的统计逻辑提出了质疑，却无法掩盖这一天文数字背后的事实依据。支持 bac 考试继续存在者绝大多数的主要论据是基于前面所提及的，即社会与民众赋予 bac 考试的意义已经远远超出它作为一种考试工具的作用，它已经深深地扎根于社会与民众的心里。有学者认为它已经是法国人民身份的组成部分，是法式图腾，这种信仰与仪式是无法逾越的。

（二）bac 之弊

考题泄露与考场作弊是考试的大忌，自 19 世纪 bac 考试引入笔试以来，作弊风险问题一直被人们诟病。1876 年几何考试科目题的泄漏[2]成为当时一大丑闻。这也是对于考试流程以及对应的违纪规定越来越详细，且施以法律的惩罚的缘故。2015 年 6 月 17 日[3]，留尼旺学区在下午即将开始的哲学考试之前通过当地的新闻媒体将技术类 bac 考试哲学题目发布，这一行为让人瞠目结舌。事情发生后，很多人认为试题泄漏是因为黑客造成。之后，学区负责人出来澄清这一事件是人为失误，是由工作人员将题目邮寄到当地新

---

[1] http://www.lemonde.fr/societe/article/2013/06/10/le-cout-cache-du-bac-1-5-milliard-d-euros_3427037_3224.html.

[2] Bruno Belhoste, Anatomie d'un concours: L'organisaiton de l'examen d'admission à l'École cole polytechnique de la Révolution à nos jours, Histoire de l'éducation, 2002, n°94, pp. 141-176. (p. 154).

[3] http://www.lemonde.fr/bac-lycee/article/2015/06/17/bac-2015-l-academie-de-la-reunion-laisse-fuiter-les-sujets-de-philo-avant-l-epreuve_4656085_4401499.html.

闻媒体处所致。法律规定，对于违法公布试题者将处以 3 年有期徒刑以及 9 000 欧元罚款。在这一事件发生后，留尼旺学区学生使用了应急试卷，虽然未曾影响到本土行政区参加 bac 考试的学生，但是这一人为事故却引起了不小的社会反应。bac 考试试题泄漏事件的发生并不稀奇，2013 年生命与地球方向试验能力测试的 25 道题目以及辅助答案在考试前被图卢兹学区发布到了网上。2014 年，经社科与文学科 bac 考试哲学题目在考试刚开始后就被人发布到了 Twitter（推特）上。

近些年来，随着科技的发展，信息技术已经开始应用在考试作弊中，而且考生作弊手段越来越高超。2013 年时[1]，各个学区在 bac 考试的考场安装了手机探测器，用来防止学生使用手机的作弊行为。2014 年，利用新型科技作弊所占总作弊数比例为 30.87%。对于考试作弊学生的处罚，轻则训斥，中则禁考五年，重则为三年牢狱之灾与 9 000 欧元罚款。面对如此严重的后果，考生依旧是迎风而上，作弊行为屡禁不止。数据显示，2014 年作弊考生人数为 515 名，相较于 2013 年，这一数字增长了 9.81%。

（三）新举措

在 2016 年年初政府出台了几项新的改革措施[2]，其中包括了：第一，自 2016 学年的 bac 考试开始，普通类与技术类 bac 考生再次参加 bac 考试时，可以选择保留成绩为 10 分及以上的科目。在前面章节也已经提及，这一措施一直应用于职业类 bac 考试。学生第一次参加 bac 考试失败后，会有五次连续的参考机会；因此成绩的保留有效期也为五年。第二，自 2016 学年入学开始，凡是参加但未通过以下考试的普通类、技术类以及职业类学生都可以在自己就读的中学复读：bac 考试、BT 技师文凭、BTS 高级技师文凭、CAP 职业能力资格考试。第三，关于学籍表方面的改革[3]，一方面是形式上去纸化的改革，学生或其法人在高二年级时可以在网上查看学生的学籍表，如果对相关个人信息以及学习表现有疑问者可以直接和学校进行对

---

[1] http://www.lemonde.fr/bac-lycee/article/2015/06/12/candidats-fraude-reussite-le-bac-2015-en-chiffres_4652906_4401499.html.

[2] http://eduscol.education.fr/cid94055/conservation-des-notes-au-baccalaureat-general-et-technologique.html.

[3] http://eduscol.education.fr/cid100124/livret-scolaire-lycee-pour-les-series-generales-technologiques.html.

话。这种形式上的改革为 bac 考试评审委员会查阅学生学籍表提供了更大的便利，同时也减少了由于学生就读的学校或者居住街区信息的泄漏而带来歧视的可能性。此外，学生学籍表信息数据化，也减少了人力与物力上的资源浪费，以及相关教师的工作，更加便于查阅。这一措施目前依旧在逐步推行中，有望在 2018 年普遍应用在普通类和技术类 bac 考试中。另一方面则是 2016 年 2 月 8 日政府所颁布的条例中关于学籍表内容的过渡性改革，改革内容包括了在所有专业方向中加入学生公民道德教育以及未来计划；开展对语言方向的教学的综合评估（东方语言方向、国际方向以及双国籍方向）；增强对学生评估中能力指标的合理性与协调性的措施。通过以上这些最新的与 bac 考试相关改革的新措施，我们不难看出，政府希望进一步提升考试的科学性与效率性，保障学生的权益，给学生创造更加公平的机会。

第二节　中法高校招生考试制度比较

本节主要运用国际比较方法，从较为宏观的角度与具体形式层面来对比分析法国和中国的高校考试招生制度。第一部分简单回顾比较教育方法发展过程，解释说明本研究中提出的问题、运用的方法、研究的目的以及存在的缺陷。第二部分着重分析两种制度所存在的不可比性的因素，为读者创造一个较为宏观的社会、政治、历史与文化的情景，便于读者更好地去理解国际比较研究中不可忽视的因素。第三部分则着重于具体形式层面的比较分析。将考试与招生视为程序化的主体，从制度化的背景中隔离开来进行对比。

一、可比不可比

是否存在可比性、如何进行比较、比较参数以及比较的目的等这些问题都是做比较教育的研究学者经常思考且处于首要位置而须解决的问题。自 20 世纪 80 年代以来，随着经济全球化与信息科技技术的高速发展，国际比较教育研究吸引了越来越多的学者。比较教育作为一个研究理念由 Marc-Antoine Jullien de Paris 提出，他被公认为是比较教育之父。他在 1817 年提出这一想法[①]，旨在研究当时欧洲各个国家的学校、教育方式以及教学方

---

① Dominique Groux, L'éducation comparée: approches actuelles et perspectives de développement. Revue Française de Pédagogie, n°121, octobre-novembre-décembre, 1997, pp. 111-139(p. 111).

法。他设计了数据收集的问卷样品，希望通过问卷能够收集到欧洲国家在相关方面的教育实践的例子。他同时还建议设立一种国际化的研究机构，能够帮助法国了解其他国家有效的教育实践信息，从而改善本国的教育体系。此后的比较教育研究代表学者之一 Bereday 在其 1964 年发表的著作中[1]，将这一时期认定为比较教育发展的第一个阶段，称之为"拿来"阶段。当时比较教育研究的目的是通过学习、模仿、复制外国的有效的教育实践来解决本国的教育问题以及提升教育质量。Bereday 指出在此后的第二个阶段为20世纪前半段，从开始引入比较教育的理念发展到这一时期，比较教育领域的概念与比较研究工具在这一个世纪多的时间内得到了一定的发展。学者们开始意识到在移植其他国家教育实践之前，需要一个准备过程而不能简单地采用"拿来主义"方式。这一观点的提出者为英国学者 Sir Michael Sadler，他认为每种教育体制都与其存在的社会有着紧密的关系。他的这种理论在之后的继承者那里得到了更广泛的传播与研究，教育现象背后的社会因素开始引起学者们更多的关注。Bereday 将这一时期称为预测时期[2]。鉴于 Bereday 著作发表的时间，他将第三个阶段定义为分析阶段，他认为在新的历史时期，研究者应该充分利用先进的研究理论和方法、比较流程的组织与比较研究工具，在借用和移植其他国家教育经验之前，须基于系统性分析而对本国的教育现象形成一个全方位的认知。然而，当时的学者对于 Bereday 的阶段性划分并不完全同意。1969 年另一本比较教育的经典著作问世[3]，Noah & Eckstein 在这本著作中将比较教育的发展划分为五个阶段：第一阶段的成果主要是业余爱好者的游记，涉及他们游历国家的一些见闻和记录。第二阶段为教育方面的"拿来"阶段；第三阶段自 19 世纪开始，是对国外信息百科似的介绍研究。第四阶段和第五阶段为始于 20 世纪初，学者们开始找寻隐藏在多样的教育与社会现象背后的原因。前者试图确认塑造国家教育体制的力量以及相关因素，后者运用经济、政治学以及社会学领域的实证与量化的方式来厘清教育与社会之间的关系。Noah 和 Eckstein 给每个阶段下定义的

---

① Bereday, George Z. F, Comparative Method in Education. 1964, Holt, Rinehart & Winston.

② Mark Bray, Bob Adamson & Mark Mason (eds.), Comparative Education Research: approaches and methods 2007, Springer.

③ Noah, Harold J. & Eckstein, Max A, Toward a Science of Comparative Education, 1969, Macmillan.

特点得到了广泛的认同,然而具体时间阶段的确定以及不同阶段之间的次序性仍存在一定的争议。20世纪六七十年代,对于比较教育研究方法的争论开始成为核心问题,比较教育研究学者的地域性也得到了极大的延伸。随着跨国比较教育研究的发展,出现了越来越多的国内比较研究,研究的主体也呈现多样化发展趋势,以量化研究为主要工具的比较方法开始受到学者们的质疑。20世纪80年代以来,随着教育的国际化发展与信息科技的盛行,越来越多的研究者加入到比较教育研究领域。同时,比较教育研究者对于社会与文化的敏感度增强,更注重社会文化对教育现象的影响,研究方法与视角得到了进一步的改进。Bray 和 Thomas 在1995年发表的文章[1]中所提出的比较研究的多层次分析立方柱至今还被大部分比较教育研究学者使用。他们指出,尽管比较教育领域多为跨国比较研究,然而有些教育问题却需要放在同一个国家或地区或行政区域,甚至更小的层级才能够得到更好的解释。因此,比较教育研究可以从不同层次多重视角来进行,可以使用量化的工具也可以运用质性研究的方式来收集数据进行分析。

本节对于中法高校考试招生制度的比较旨在求同,同时揭示差异的原因;在存异的前提下,探索本质的相似之处。高校考试招生作为比较的主体,它的制度性决定了这一体制的社会性、历史性以及文化性;它的程序性反映了其可操作性,即独立于社会因素制约之外的客观性。两个国家的招考制度的数据来源于官方资料信息的收集,比较方法不具有系统性,但具有一定的科学性。作者自身文化身份以及跨文化教育背景对于数据比较分析的解读会产生一定的影响,这种影响具有一定的复合性。

二、比可比之处

比较的内涵在于将不同的事物(抽象或具体)在平等的基础上来考察其相似与不同之处,因此严格意义上来讲,一切都可以比较,一切又都不可比较。影响过程的重要因素在于确定比较的参数。这部分将中国和法国的两种考试制度进行相对性比较,数据来源为官方所发布的2016年高校招生考试信息。作者所选取的参数主要为形式与程序上的客观变量,通过表6-6进行总结性的描述。

---

[1] Bray, Mark & Thomas, R. Murray, Levels of comparison in Educational studies: different insights from different literatures and the value of multilevel analysis, 1995, Harvard Educational Review, vol. 65, n°3, pp. 472-490.

表 6-6 法国 bac 考试与中国高考的比较

		法国 bac 考试	中国高考①
报考	报考人员资格	❖全日制在校高中生（高二年级与高三年级学生）； ❖独立考生：无年龄限制，无教育背景限制； ❖bac 考试对法国国籍以及符合要求的外国国籍考生开放。	符合下列条件的人员，可以申请报名： ❖遵守中华人民共和国宪法和法律； ❖高级中等教育学校毕业或具有同等学力； ❖身体状况符合相关要求。
	报考方式	APB 网络报名统一平台面对 26 岁以下考生，适用于绝大部分的高等教育院校以及专业类型。对于考生年龄在 26 岁以上，或不包含在内的部分学校可以参考学校的网站或去考生报名考试所在学区进行咨询。	网络报名或现场报名，每个省、市、自治区视具体情况而定。
	报考地点	在读考生就读中学所在学区；非在读考生在其居住地所属学区参加考试。	❖申请报考高校的考生，原则上按其户籍所在省（区、市）高等学校招生委员会（以下简称省级招委会）规定的时间、地点及方式报名。 ❖省级招委会可按照以考生户籍为主、与在本地区高级中等教育学校就读一定学习年限相结合的原则，结合本地区实际就报名条件、时间和有关要求作出具体补充规定。 ❖进城务工人员及其他非户籍就业人员的随迁子女接受义务教育后在当地参加高校招生考试，按各省（区、市）公布的办法执行。不得在"流入"和"流出"两地同时参加高考报名。对于既不符合流入地也不符合流出地报考条件的考生，由流入地协调流出地解决，原则上回流出地报考。 ❖在中国定居并符合报名条件的外国侨民，持公安机关签发的《中华人民共和国外国人永久居留证》，可在有关省级招委会指定的地点申请报名。

---

① 数据来源为教育部公布的《2016 年普通高等学校招生工作规定》与《2016 年普通高等学校招生全国统一考试考务工作规定》。

续表

	法国 bac 考试	中国高考
报考时间	❖ 运用 APB 平台进行报考，年龄不超过 26 岁的考生报考时间全国统一。 ❖ 欧洲籍或其他外国籍考生报名时间有所不同（参照本书第三章）。 ❖ 其他考生报考时间以学校网站发布为准。	由各省（区、市）高等学校招生委员会规定时间。
考试组织与管理	❖ bac 考试每学年组织一次，考试日期与方式由教育部决定。考试中心的名单与考试注册方式由学区区长确定。 ❖ bac 考试笔试题目由教育部长或教育部长代表、学区区长选定。 ❖ 考生由于不可抵抗外力的原因不能参加最后一学年或学年末组织的所有考试科目或科目的部分考试，可在学区区长授权下，参加下一个学年初组织的相应的替场考试，不包括体育考核与选考科目。	❖ 教育部授权教育部考试中心、省级招委会或高校承担高校招生考试有关工作。 ❖ 全国统考（含分省命题，下同）、省级统考试题的命制和答案及评分参考的制订，分别由教育部考试中心、有关省级招委会负责。教育部授权有关高校自行命题的，按教育部有关规定办理。 ❖ 全国统考于 6 月 7 日开始举行，考试时间表由教育部发布。省级统考和高校的招生考试时间，分别由各省级招委会和高校按照教育部有关要求确定并发布。 ❖ 考试必须在标准化考点举行。考点应设在县级以上人民政府所在地，并按有关考试规定管理。若因特殊需要在县级人民政府所在地以外的地区增设考点，须报经省级招委会批准。 ❖ 民族自治地区用本民族语文授课的高校或专业（类）招生，由省级招委会自行命题，组织考试。 副题的启用： （一）因自然灾害等不可抗力原因以及其他突发事件造成省（区、市）或地（市）、县（区）未能按时实施考试，省级教育考试机构须及时报告教育部考试安全类突发事件应急处置工作组，经教育部批准后启用副题进行考试。 （二）因试卷、考生答卷丢失、被窃或其他原因造成试题失密、泄密及考生答卷损毁的，相关

续表

		法国 bac 考试	中国高考
考试	组织与管理		教育考试机构须立即采取有效措施控制扩散，并立即报告教育部考试安全类突发事件应急处置工作组和省（区、市）保密局。查清失密、泄密、损毁范围后，考前应在确定的范围内立即停止考试，考后由教育部宣布在确定范围内的该次考试无效，经教育部批准后，启用副题重新进行考试。 （三）启用副题进行考试的组织管理、评卷等工作均依照本规定相应条款执行，考试时间由教育部确定，教育部考试中心或有关省级教育考试机构负责提供副题及相应的答案及评分参考。
	命题	❖高三学年末 bac 考试科目考试内容以高中三年级所实行的官方课程为主。由教育部确定提前考查科目名单。提前考核科目内容以高中二年级课程为主。提前考查科目成绩将会与高中三年级末组织的考试的所有科目的成绩一起计入总成绩。 ❖本土行政区负责命题的学区可以拟定所有学区公用的题目；与职业考试相关的命题（具体参考每年学校教育总署发布的列表），负责拟定题目的学区可以拟定公用题目供不同组别的学区使用。海外省可以采用本土学区所用的题目。题目的拟定由命题委员会负责，每个学区区长依据教育总署所分配的命题任务来决定命题委员会的数量。	❖教育部授权教育部考试中心、有关省级招委会和高校组织考试命题工作。 ❖全国统考分省命题①： 全国统考是国家为普通高等学校录取新生而举行的选拔性考试。全国统考命题工作由教育部统筹安排，实行全国统一命题与分省命题相结合。分省命题工作按照有助于高等学校选拔人才、有助于中等学校实施素质教育和有助于扩大高校办学自主权的原则实施，同时，要有利于考试的科学公正、安全高效与准确规范。分省命题是在全国统考的框架内，由教育部授权，由有关省、自治区、直辖市教育行政部门，根据《普通高等学校招生全国统一考试大纲》（以下简称《考试大纲》）自行组织命题工作。《考试大纲》由教育部考试中心负责制订。 ❖省级教育招生考试机构负责选聘命（审）题教师，组成命（审）题组。参与全国统考命题是普通高校的责任，普通高校有义务选派优秀教师参加命题工作。命题教师参加命题工作应计入其教学工作量。

① 据教育部于 2006 年 4 月 19 日所印发的《普通高等学校招生全国统一考试分省命题工作暂行管理办法》。

续表

	法国 bac 考试	中国高考
命题	❖命题委员会的运作方式由学区区长确定，可以根据学科特色或地方性限制有所差异。大体上分以下两种方式： －委员会成员的任命由地区教学督导或教育专业督导从学区内部推荐，委员会负责研究委员会以外的教师所推荐的题目并从中做出选择。在这种情况下，命题者的数量只需达到完成这一工作所需最少人手即可，所有与命题工作相关的指示说明与文件都须交与命题者。且命题者与命题委员会成员须履行相同的义务。 ❖命题委员会由学区的教师组成，共同完成命题。这种方式明确了命题者的问责制，保证了较高的安全性。 学区区长可选择最适合与安全的方式来组织命题过程。每个命题委员会都是由教师和监督人员共同组成。命题委员会成员有一定的任期。	❖命题组主要由普通高校教师组成，一般为每学科 5—10 名。命题教师在命题组长的领导下开展工作，完成组长分配的工作任务。 ❖命题工作实行审题制度，按科目聘请审题教师，每科 1—3 名，一般以普通高校教师为主。实行回避制度，参加命题工作的所有人员均应无直系亲属参加本年度高考。
评卷	❖试卷的批阅是匿名的，由学区区长以最适当的方式将试卷匿名化交给评卷人。学区区长须监督所有评卷人在考试结束后尽快取走其所负责试卷以及相关的评卷所需文件，如考题答案、评分标准以及相对应分值。 ❖每门考试成绩以整分记，20 分为满分。每门必考科目成绩	❖全国统考和省级统考答卷的评阅由各省级招委会统一组织，高校单独组织的招生考试答卷的评阅由各高校组织。有关省（区、市）和高校可根据命题机构提供的答案及评分参考，结合本地区、本校考生答题实际情况，制订评分细则。各省级招委会和高校要采取切实措施，加强评卷管理，确保评卷过程安全、结果准确。 ❖应成立由省级教育考试机构、评卷高校和学科负责人参加的评卷领导小组。各学科（课程）成立评卷小组，负责人由本学科（课程）具有

续表

	法国 bac 考试	中国高考
评卷	要乘以科目系数。教育部条例规定一些必考科目成绩在10—20分之间才可以乘以科目系数。选考科目在10分以上才能够乘以科目系数。考试最后的成绩源于第一组和第二组考试成绩；其中第一组成绩决定考生考试成绩等级。考生平均成绩以总分除以考试科目系数计算。考生考试成绩等级可分为以下几个等级：1. AB：平均成绩在12分—14分之间，包括12分；2. B：平均成绩在14分—16分之间，包括14分；3. TB：平均成绩为16分及以上。 ❖ 评审委员会的组成因 bac 考试类型不同而有所差异。普通类与技术类评审委员会由高等教育教研人员、高中教学人员（公立与私立）共同组成。	副教授以上职称的教师担任。评卷程序和复评数量、标准等由评卷领导小组确定。 ❖ 评卷员由评卷领导小组聘任。评卷员应是从事本学科（课程）教学工作、业务水平较高、责任心强、作风正派的教师。评阅作文、论述等主观性试题的教师，必须具有本学科中、高级以上职称。 ❖ 网上评卷①：考生答卷（答题卡）扫描工作应有省级教育考试机构的人员参加。扫描后的考生答卷（答题卡）必须妥善保管，不得遗失、破损。扫描考生答卷后产生的数据应及时进行备份。扫描后的考生答卷（答题卡）保存期限为半年。评卷过程中，系统操作人员必须每半天进行一次数据备份并妥善管理。数据库服务器应由省级教育考试机构派专人负责管理。登录系统服务器的密码必须分人、分段掌管。修改数据必须经省级教育考试机构负责人签字同意，并做修改记录。 ❖ 成绩评定方式以考生所在各省（区、市）采用的科目计算分数。
考场违纪作弊处罚	❖ 无论何种违纪行为，作弊或企图作弊，考生参考科目成绩作废。 ❖ 纪律委员会对于考生违纪的处罚包含以下几种：1. 警告；2. 取消已通过考试考生学位成绩等级；3. 禁止考生参加 bac 学位考试，限期不超过五年或禁止中学后教育公立学校给考	❖ 违纪行为：取消该科目的考试成绩②。 ❖ 作弊行为：其所报名参加考试的各阶段、各科成绩无效；参加高等教育自学考试的，当次考试各科成绩无效；视情节轻重，同时给予暂停参加该项考试1至3年的处理；情节特别严重的，可以同时给予暂停参加各种国家教育考试1至3年的处理。 ❖ 扰乱考场秩序：应当终止其继续参加本科目考试，其当次报名参加考试的各科成绩无效；考生及其他人员的行为违反《中华人民共和国

① http://www.china.com.cn/policy/txt/2007-05/14/content_8251131_2.htm.
② http://www.gov.cn/flfg/2012-05/14/content_2136483.htm.

续表

	法国 bac 考试	中国高考
考场违纪作弊处罚	生颁发任何认证或学位，期限不超过五年；如果禁考期限不超过两年，处罚可以推迟执行；4. 禁止学生在任何后中学教育学校注册，期限最高可达五年。所有判决结果将记录在学生的学籍档案中（对于有学籍档案的学生）。如果是警告或者取消考试成绩等级的情况，判决一年后记录将会被清除。如果是其他违纪惩罚，只有在禁止期限过后，违纪记录才会被清除。	治安管理处罚法》的，由公安机关进行处理；构成犯罪的，由司法机关依法追究刑事责任。 ❖考生以作弊行为获得的考试成绩并由此取得相应的学位证书、学历证书及其他学业证书、资格资质证书或者入学资格的，由证书颁发机关宣布证书无效，责令收回证书或者予以没收；已经被录取或者入学的，由录取学校取消录取资格或者其学籍。
录取	填报志愿	❖bac 考试前。 ❖bac 考试成绩公布后，少部分学生可以补充报考志愿。 ❖每位考生最多提交 24 份申请，其中包括最多 12 个大类的教育类型；考生将申请志愿进行排序。	❖高考成绩公布后，考生志愿填报方式、时间和办法由各省级招委会根据本地区招生工作实际作出具体规定。 ❖考生应在认真阅读有关高校招生章程以及所在地省级招委会公布的招生规定后，参考高校公布的招生计划，按有关规定和要求选择填报学校和专业志愿，并对所填报志愿的真实性和准确性承担责任。
	录取时间	❖使用 APB 平台进行录取工作的学校录取时间分阶段性。 ❖其他考生以报考学校网站信息为准。	由各省（区、市）高等学校招生委员会规定时间。
	录取方式	分时间段录取，考生在每个时间段结束前会收到录取或拒绝的相关信息。	❖高校招生实行计算机远程网上录取，各省级招办应全面实行远程录取管理模式，各高校应在校内采取远程异地录取方式开展录取工作。录取期间，高校和省级招办要保证相互通信联络的畅通。 ❖各省级招委会要根据本地区招生工作的实际，合理安排高校录取批次。同一高校同一学历层次的招生计划原则上应安排在同一批次录取；如确有必要，经高校与有关省级招办协商一致，

续表

		法国 bac 考试	中国高考
录取方式			可以将同一高校的不同专业安排在属于同一学历层次的不同批次录取；但同一学校、同一专业、同一学历层次的全部招生计划，在同一省（区、市）须安排在同一批次录取，并执行经有关部门批准的相同学费标准。高校中外合作办学专业，应与本校在同一地区招生的其他专业安排在同一批次录取。高校被安排的录取批次与上一年度有变化的，省级招办应事先与高校协商一致后，再向社会公布。 ❖各省级招委会根据高校在本省（区、市）安排的招生计划数和考生的考试成绩，综合考虑并确定各批次录取控制分数线。 ❖各省级招委会和高校要结合本省（区、市）和本校的实际情况，科学合理制定投档录取规则，处理好考生成绩与志愿的关系。省级招办应向社会公布投档规则，在投档前向各有关高校提供生源分布情况。高校根据在生源省（区、市）的招生计划数，结合生源分布情况，与省级招办协商确定调阅考生档案的要求，并根据模拟投档情况在正式投档前完成计划调整，确保符合录取规则的调档考生能够录取。省级招办按高校的调档要求向其投放考生电子档案。按照顺序志愿投档的批次，高校调阅考生档案的比例原则上控制在120%以内。按照平行志愿投档的批次，调档比例原则上控制在105%以内。 ❖高校录取新生要按照生源所在省（区、市）所规定程序，按时完成调档、阅档、审核、预录、退档等各环节工作，保证考生电子档案的正常流转和录取工作的顺利进行。
录取政策		❖会考虑学生就读学校所在学区。 ❖会考虑学生志愿的排序，学生拥有双向选择的权利。	❖2015年1月1日前在高级中等教育阶段已取得下列称号、奖励、名次的应届高级中等教育学校毕业考生：(1) 省级优秀学生；(2) 思想政治品德方面有突出事迹者；(3) 全国中学生学

续表

	法国 bac 考试	中国高考
录取政策	❖每个专业与学校根据自身接纳能力，确定招生人数，大学除部分专业外，一般情况下不设置招收人数限制。 ❖教育优先政策与高校开放政策相结合的实施。	科奥林匹克竞赛全国决赛一、二、三等奖者；(4) 全国青少年科技创新大赛（含全国青少年生物和环境科学实践活动）或"明天小小科学家"奖励活动或全国中小学电脑制作活动一、二等奖者、在国际科学与工程大奖赛或国际环境科研项目奥林匹克竞赛中获奖者；(5) 重大国际体育比赛集体或个人项目取得前6名，全国性体育比赛个人项目取得前6名；(6) 获得省级招委会确定的统测项目范围内的国家二级运动员以上称号，由生源所在省级招委会决定，可在考生统考成绩总分的基础上适当增加分数投档，由高校审查决定是否录取。同一考生如符合多项增加分数投档条件的，只能取其中最高一项分值。增加的分值不得超过5分。 ❖有下列情形之一的考生，由省级招委会决定，可在高校投档分数线下适当降低分数要求投档，由高校审查决定是否录取。同一考生如符合多项降低分数要求投档条件的，只能取其中降低分数要求幅度最大的一项分值，且不得超过20分。 (1) 边疆、山区、牧区、少数民族聚居地区少数民族考生； (2) 归侨、华侨子女、归侨子女和台湾省籍考生； (3) 烈士子女。 ❖自主就业的退役士兵，可在其统考成绩总分的基础上增加10分投档；在服役期间荣立二等功以上或被大军区以上单位授予荣誉称号的退役军人，可在其统考成绩总分的基础上增加20分投档。 ❖同时符合以上三个条款有关情形的考生，省级招办投档时只能取最高的一项分值作为考生投档附加分。 ❖平时荣获二等功或者战时荣获三等功以上奖

续表

	法国 bac 考试	中国高考
录取政策		励的军人的子女，一至四级残疾军人的子女，因公牺牲军人的子女，驻国家确定的三类以上艰苦边远地区和西藏自治区，解放军总部划定的二类以上岛屿工作累计满 20 年的军人的子女，在国家确定的四类以上艰苦边远地区或者解放军总部划定的特类岛屿工作累计满 10 年的军人的子女，在飞或停飞不满 1 年或达到飞行最高年限的空勤军人的子女，从事舰艇工作满 20 年的军人的子女，在航天和涉核岗位工作累计满 15 年的军人的子女，参加高考并达到有关高等学校投档线的，应予以优先录取。 退出部队现役的考生、残疾人民警察、因公牺牲人民警察的子女、一级至四级残疾人民警察的子女报考高校，在与其他考生同等条件下优先录取。散居在汉族地区的少数民族考生，在与汉族考生同等条件下，优先录取。 ❖定向就业招生与非定向招生应同时进行投档录取。实行平行志愿投档的省（区、市）定向就业招生可采取单设志愿、单独投档，或在政策规定的降分范围内对有志愿的考生逐校、逐专业、逐分检索投档等办法在批次内进行投档录取。对高校批次内未完成的定向就业招生计划，可采取补充征集志愿方式完成或就地转为非定向计划执行。 ❖高校须将拟录取考生名单（包括统考、保送、单独考试拟录取的考生等）标注录取类型后，报生源所在省级招办核准，并通过"全国普通高校招生来源计划网上管理系统"增补或调整相应计划。 ❖各省（区、市）录取工作应于 7 月上旬开始，其中本科第一批次录取应在 7 月 10 日至 15 日之间开始，20 日之前完成；全部（各批次）录取工作应在 8 月底之前结束。 ❖各省级招办须在 9 月 1 日之前按规定向教育

续表

	法国 bac 考试	中国高考
录取政策		部上报各高校在本省（区、市）录取的所有考生（包括统考、保送、单独考试录取的考生等）的有关招生录取数据库，录取数据报送工作要全面、准确、规范、及时。各省级招办上报的数据将作为新生学籍电子注册的主要依据。 ❖ 重点高校招生实行对农村和贫困地区学生的政策偏向计划。

（一）结果分析

上表从报考、考试与录取三个环节对法国的 bac 考试与中国的高考，以官方发布的制度管理性的文件为基础，进行了比较分析。其中涉及的参数包括：报考人员资格、报考方式、报考地点、报考时间、考试组织与管理、命题、评卷、考场违纪与作弊处罚、填报志愿、录取时间、录取方式、录取政策。通过这几个方面比较的结果来看，大致可以概括为以下几点：

◆法国的 bac 考试报考指南是以学生类型为基础来制订，中国高考报考则是以考生考试所在行政区为基础；

◆两种招考制度都是在中央集权式管理体制下形成的，由教育部统一领导与指挥；

◆考试命题都是以高中学生所须掌握的知识与能力的培养为基础，命题委员会由高等教育学校与高中有经验的教师组成；然而考察的目的却有差异，法国 bac 考试是以 socle commun 为基础的水平测试，而中国的高考是基于知识层面的素质性选拔考试，某些考试题目的设置是有意地为了拉开学生之间的距离。

◆在高等院校招生录取中，bac 考试成绩为必要不充分，而高考成绩到 2016 年对于绝大部分省、市、区而言却是学生充分的唯一的入场券。中国高校采取的是定额录取，具有极强的选拔性。

◆在录取中，法国的精英院校实行了开放政策，希望能够给出身社会阶层较低的家庭的孩子创造机会接受精英教育；中国的重点大学也实行了对农村与贫困地区学生的政策偏向计划。虽然政策的意图都为扶贫计划，但是显然分类的基础是不大相同，这与国情紧密相关。此外，bac 考试与中国的高考最本质的区别则体现在学位的授予。通过 bac 考试的考生会获得的 bac 学位，这个学位考生提供了接受高等教育的机会，同时也是学生进入就业市场的一个终身有效的凭证。而参加高考的考生，无论成绩优劣，都只会收到一张成绩单。

（二）中国特色元素

政治化的色彩直接体现在以上很多方面的内容中，无论是报考资格、命题与评阅教师的聘任、优惠政策的内容等因素都渗透着中国特色的政治化导向。其次，户籍制度对于考生报考的影响，高考移民、进城务工子女异地借考等教育现象在过去几年中已经演变成社会问题。再次，科举社会遗留下来的分省定额录取，到现在依然在体制内运行。《2016年普通高等学校招生工作规定》中第七部分分省（区、市）分专业招生计划中对于招生计划、招生规模、招生来源计划都做了详细的规定。最后，还有学生思想政治品德的鉴定结果以及学生身体健康状况对于高校录取结果的影响。这些中国特色元素以及上面图表中所呈现出的高考不同于法国bac考试的方方面面归根结底揭示了招考制度在两个国家所承担的社会角色的差异以及设定这一角色的社会、政治、文化、历史背景的影响，而这些往往是无法通过简单的形式层面的比较可以直接看到。

三、比不可比之处

（一）高考发展史简单回顾

刘海峰教授在《高考改革论》[①]中从理论分析、政策解读、改革反思、未来走向与历史回顾五个主要部分阐述中国的高考从建制至今的发展历程，系统完整地展示了这一体制与中国社会、文化、历史、政治、经济等方面错综复杂的关系。本部分关于高考制度的历史回顾与现状的解读主要以刘海峰教授的研究为基础。2016年全国统一高考于6月7日至8日进行，由于部分省（区、市）考试科目的设置不同，在9日仍安排有考试科目。教育部数据统计显示，2016年全国高考报名考生共计940万人。64年前，即1952年，于8月15日、16日、17日三天，中国举行了历史上第一次全国统一高考，从此高考以制度化的形式建立。当年全国报名人数为59 715人[②]，分布在华北、华东、东北、中南、西南、西北六个行政大区。依据当年的规定，考生在报考填报志愿时是采用先选择系科（不超过3个）后选择院校（不超过5个）的方式，当年全国总共设立了78个考区。当时

---

① 刘海峰：《高考改革论》，浙江教育出版社，2013年。
② 刘海峰：《高考改革论》，浙江教育出版社，2013年，第279页。

高考不分文理科，报考学生必须要通过 8 个科目的考试，根据所报考专业不同，科目成绩比重有所差异，且高考在当时采用的是全国统一命题①。1952 年举行的全国统考被认为是中国高校招生考试史上新旧招生制度的分水岭，为今天的高考制度奠定了基本框架②。全国统一招考制度的产生被解读为由政治、经济、文化方面因素促成，主要源于四个方面③：计划招生宏观调控的产物，招考制度发展演进的结果，抗战时期统一招考的示范以及中国科举考试文化传统的影响。刘海峰教授将高考制度建立的积极性影响归纳为：首先，增加了学生接受高等教育的机会；其次，方便更多的学生参加考试；再次，统一考试为高校提供了充足的生源；最后，减少了人力、物力以及时间的浪费④。同时，我们也看到了高考与生俱来的两大特点：计划性与统一性。高考在"文化大革命"期间曾经中断达 11 年之久，于 1977 年 12 月重新恢复。当年的实际考生人数高达 570 万人，最后录取了 272 971 人，录取率为 4.8%，这也是中国高考历史上最低的录取率⑤。刘海峰教授认为，1977 年恢复高考一方面解决了报考者众多与录取率低的矛盾，另一方面放宽了考生政审条件，打破了家庭出身方面的限制，具有重大的指标意义⑥。恢复高考至今近 40 年了，在过去的这几十年里高考制度经历了多次改革。在这一系列的改革中，一直存在着一系列的两难问题。刘海峰教授将其归结为统一考试与考察品行的矛盾，统一考试与选拔专才的矛盾，考试公平与区域公平的矛盾，考测能力与公平客观的矛盾，灵活多样与简便易行的矛盾，扩大自主与公平选才的矛盾，考出特色与经济高效的矛盾；同时指出这些矛盾的实质其实是理想与现实，不同利益主体之间的矛盾。2014 年 9 月 3 日国务院出台《关于深化考试招生制度改革的实施意见》，再次强调了考试招生制度作为国家基本教育制度的重要性及其教育与社会功能，在肯定现今考试制度的合理性与公平性的基础上，提出了深化改革的方案。意见中所提出的对于考试形式与内容的改善体现了招生考试制度正在向多元化方向迈进。

---

① 刘海峰：《高考改革论》，浙江教育出版社，2013 年，第 281～283 页。
② 刘海峰：《高考改革论》，浙江教育出版社，2013 年，第 287 页。
③ 《高考：60 年的历史记忆》，《光明日报》，2012 年 6 月 6 日。
④ 刘海峰：《高考改革论》，浙江教育出版社，2013 年，第 324～326 页。
⑤ 刘海峰：《高考改革论》，浙江教育出版社，2013 年，第 290 页。
⑥ 刘海峰：《高考改革论》，浙江教育出版社，2013 年，第 290～291 页。

在高等院校招生方面，除了以高考成绩作为决定性的参考系数外，高中学业水平测试成绩以及高中学生综合素质评价也会列入参考因素。此外，还要深化高考考试内容，科学命题，兼顾基础性与综合性，试题以考查学生的思考能力、分析能力以及解决问题的能力为主导。

（二）高等教育体制

van Vught 所提出的环境研究方法①，将高等教育视为一个系统，这个系统是由一系列的相互依存与互动的子系统组成的，这些子系统处在一个由社会、政治、经济环境所构成的高级系统中。招生考试制度与其所存在的环境紧密相关，在这个环境中社会、政治、经济因素都会在招考制度体系设计与实践中留下痕迹。作者在这一部分所关注的是中国和法国高校招考制度中的深层次的本质区别。鉴于中国和法国在政治、文化、教育、历史、经济发展水平上存在太多的不同，作者仅仅选取两个较为明显的参数从宏观的角度展开论述，不涉及特定专题的深入探究。

一方面，从社会制度上，中法两个国家的体制完全不同，政府、家庭与市场在社会福利体制中所扮演的角色大不相同。Esping-Anderson 将民主资本主义国家分为三类②：以澳大利亚、加拿大、新西兰、英国和美国为代表的自由类，这类国家以需求为社会辅助基础，限制社会保障体系有可能遇到的风险以及国家干预程度；以丹麦、芬兰、挪威和瑞典为代表的社会民主类，这类国家实行综合性社会政策，为所有的人提供各类福利项目，让民众都可以享受到优质的社会服务；以奥地利、比利时、法国、德国、意大利、荷兰和瑞士为代表的保守类，这类国家受历史遗留的国家-组织合作型的传统的影响，在保留阶级和社会地位差异的情况下为民众提供社会福利；鉴于这类国家对于家庭的依赖性较为薄弱，社会福利制度较为完善，公共社会服务体系较为系统化，为社会边缘人群的权利提供了较好的保障。教育作为社会福利制度体系中的基本组成部分，也是国家社会福利制度的体现之一。

---

① Vught, F. V, Isomorphism in Higher Education? Towards a theory of Differentiation and Diversity in Higher Education Systems. In V. L. Meek, L. Goedegebuure, O. Kivinen & R. Rinne (Eds.), The Mockers and Mocked: Comparative Perspectives on Differentiation, Convergence and Diversity in Higher Education(pp. 42-58), 1996, Oxford, Pergamon/IAU Press.

② Esping-Andersen, G, Social Foundations of Postindustrial Economies, 1999, Oxford University Press.

Pechar 和 Andre 在他们的研究①中运用了社会福利制度表征对不同类型国家在高等教育资助与发展中所采用的不同方法进行了探究。他们发现，自由类国家能够允许教育条件呈现较大的不平等性，通过较高程度的私有资助和中等程度的公共资助来确保教育机会的平等性。这类国家的高等教育体系往往呈现出学生高入学率、高毕业率、支付高额学费和个人教育费用高支出等特点。保守类的国家则能够提供较为公平的教育条件，教育体系内部拥有大比例的职业类教育人群，而且早期教育分流现象明显。社会民主类型的国家会给不能进入到高等院校的民众提供更多的社会福利以增加他们接受教育的机会，因此，在这一类型的国家中，高等教育以及后中学职业教育学生占有很大比例，同时实行教育免费化政策，给学生提供大量的社会救助以及学生贷款等多项优惠政策。虽然两位学者意识到荷兰、加拿大、芬兰不符合其所属类型群体的特点，但是大部分描述还是适用的。基于本书第一章对于法国教育体制的简单介绍，高等教育作为一种公共服务，是每个法国公民可以享受的权利。这也解释了为什么法国大学（IUT 除外）作为这一任务的承担者无法对于学生进行选拔型的入学考试。与法国相比，高等教育要成为一种民众的权利，就中国的国情来看，目前甚至未来几十年依旧是无法实现的。其原因是复杂多样的，除了社会保障体系的不完善外，国民区域经济的发展水平不高，师资分配不均衡等也是影响这一目标实现的原因。

另一方面，从高等教育体制来看，中法两国拥有很多形式上的相似之处，然而体制内部不同利益相关者的不同角色与权力却有着本质的不同。Clark 根据高等教育机构的等级性将其划分为三类②：第一类为等级性很强的高等教育机构分类，其特点为极少数的精英教育机构垄断了最优秀的中学生生源，且这类院校的毕业生已经在社会上形成了一个特定的社会阶层，毕业后在政府、军队以及私营企业中担任较高职位。拥有这类高等教育机构类型的代表国家为日本和法国。第二类为等级性适中的高等教育机构分类，其特点为不同等级的院校并存，包括了处于第一等级的极少数公立或私立的精英院校，学生选拔性相对较小、拥有资源相对较少、学校的知名度相对较弱

---

① Pechar, H. and Andres, L, Higher-education policies and welfare regimes: International comparative perspectives, 2011, Higher Education Policy 24(1):25-52.

② Clark, B, Academic differentiation in national systems of higher education, 1978, Comparative Education Review, 22, 242-258.

的第二等级院校，处于第三等级的学校则包括了大多数的普通学校，处于最后一级的则是教育质量较差的学校。拥有这类高校等级设置体系的国家代表有美国和巴西。第三类等级性较弱的高等教育机构分类，其特点为大多数院校为公立院校，得到优厚的政府资助，且各类院校之间的资助具有一定的可比性，资助方式相对平等，且院校之间的声誉差异不大。拥有这类高校等级设置体系的代表国家为德国和加拿大。根据Clark的定义，中国的高等教育机构体系设置与属于第二类的美国高等教育机构极为相似。中华人民共和国成立之初，高等教育体系内部设置遗留了之前美国大学的很多传统，在经过20世纪50年代高等教育院校重组之后，中国的高等教育体系中央集权式模式正式开启。随着80年代一批新型的地方高校的设立，地方政府对所辖高校拥有了很大程度上的直接管理权。1985年政府出台了《中共中央关于教育体制改革的决定》，《决定》中指出要扩大高校的办学自主权，在执行国家的政策、法令、计划的前提下，高校有权在计划外接受委托培养学生和招收自费生。此外，《决定》中还提及为了调动各级政府办学的积极性，实行中央、省（自治区、直辖市）、中心城市三级办学的体制。20世纪90年代，高等教育机构和人数的急速扩张需要更多的教育资源的投入。为了有效地解决这一问题同时也能减少中央的财政负担，行政管理分权、大学自主权、建立高效的高校运行模式等问题都提上了日程。1998年8月29日，《高等教育法》通过，作为中国第一部高等教育领域的法律，它标志着高等教育治理与管理制度化的开始。《高等教育法》[①] 第十三条指出，"国务院统一领导和管理全国高等教育事业。省、自治区、直辖市人民政府统筹协调本行政区域内的高等教育事业，管理主要为地方培养人才和国务院授权管理的高等学校"。第十四条中指出，"国务院教育行政部门主管全国高等教育工作，管理由国务院确定的主要为全国培养人才的高等学校。国务院其他有关部门在国务院规定的职责范围内，负责有关的教育工作"。这两条法律条例从管理层面将高校以及其所属的行政部门进行了分类。而高校等级分类明显制度化则是从"211工程"开始。"211工程"旨在面向21世纪，为中国重点建设一百所左右的高等学校和一批重点学科的建设工程。1995年11月，经国务院批准，原国家计委、原国家教委和财政部联合下发了《"211工程"总体建设规划》，"211工程"正式启动。此后，等级化的进程进一步得到了发展。

---

① http://www.law-lib.com/law/law_view.asp?id=412.

1999年，国务院批转教育部《面向21世纪教育振兴行动计划》，"985工程"正式启动建设，它旨在建设发展一批具有世界先进水平的一流大学。据教育部发布的全国高等学校名单①，截至2015年5月21日，全国高等学校共计2 845所，而全国仅有112所"211工程"院校，其中包括39所"985院校"。高校所属级别直接会影响到中央财政的拨款数量，因此高校群体中也出现了极大的贫富差距。此外，中法高等教育治理方面也存在着一些明显的差异，主要体现在大学法人制度、大学自主权、大学与国家、市场之间的互动关系等方面。

除了以上所提及的两个大的方面，中国和法国社会结构方面的差异，如城乡二元的社会结构与等级化的社会结构的差异，也给身处其中的高校招考制度设计与实践提出了不同的要求。

（三）教育文化

刘海峰教授认为，文化国情决定了高考的模式，作为历史文化遗产与现实社会背景相结合的产物，高考是适应中国国情的考试模式。中国作为发明考试的国度，考试史之久是法国的bac考试制度所无法比拟的。也因为悠久的考试发展史，对于教育极度重视的价值观也在中国民众心中深深扎根。每年的高考时节，我们在新闻媒体上会时常看到考生采用形形色色的方式为考试祈祷。我们也看到考生进入考场后，数不清的在考场外面焦急等候的家长。我们还看到每年高校新生入学季，陪伴新生报到的一群群父母。很显然，家长对于教育与高考的期待远远超出了其本身的原有的意义。这些场景在法国的新闻媒体几乎是看不到的，在本人关注法国bac考试的过去这几年中，经常会看到学生们在考前还在参加正常的个人娱乐活动。尽管考生父母也希望考生能够顺利通过考试，但表示不会给考生压力。bac考试成绩在考生所就读的中学张贴出来的时候，本人看到更多的是喜极而泣或悲伤而流泪的学生的面庞，家长的身影往往是不会出现的。正如前面所引用的Esping-Anderson以政府、家庭和市场在社会福利保障体系中所扮演的不同角色给出的国家分类，在保守类代表的法国，教育作为公共服务的组成部分之一，对于教育的投入绝大部分都来自中央政府与地方政府，家庭对于子女教育的

---

① http://www.moe.edu.cn/publicfiles/business/htmlfiles/moe/moe_634/201505/187754.html.

投入只占其中很小一部分。而在中国，家庭是其子女教育的主要投资者，家庭所担负的不仅是在经济上的投入，还包括精神上的陪伴与呵护。

高考作为一种教育现象、社会现象，高考的文化也成为教育文化与社会文化的一部分。而这种文化也体现在民众对于教育、对于社会的一种精神上的信仰。作为考试发源地，中国拥有一千三百多年的科举制度，自隋唐开始直到1905年最终废止。科举制的废除并未影响到科举制在其绵长的发展历史中所形成的科举文化，不考虑科举在明清之后形式上产生的一些弊端，作为一种制度存在了一千多年，必然有其存在的合理性。在科举制度产生以前，奉行以血统论、以出身门第论的入仕传统，社会阶层的固化容易衍生政治腐败以及造成经济发展的停滞，社会的不稳定更加容易产生动乱与战争。自科举制度产生后，学而优则仕的观念开始慢慢深入人心。在古代的中国，社会发展形式较为单一，主要以农业为主。科举制的产生为民众提供了一种向心力，在稳固君王统治的基础上，给民众创造了一种实现上升性流动的机会。民众对于这种体制的公平性的信念也逐渐成为其信仰体系的一部分。在中华人民共和国建立之后，于1952年创建了高考，并于1977年重新恢复高考。学者们称高考为现代的科举，或科举为过去的高考。两者之间在考试形式以及功能影响上确实存在一定的相似度。然而社会政治、文化、经济与教育背景的变化，则造成了两者在考试目的、内容以及参考人员等方面的极大不同。最重要的是，从古代到现代，中国家庭对于这种考试制度的理念并未改变。人们相信这一制度的公平性，尤其是社会阶层较低的家庭。人们相信通过受教育、读书，依靠学生自己的才华可以开启上升式社会流动通道。作者认为，这种信念是中国家庭信仰体系中最宝贵之处，处于社会各个阶层的家庭对于教育的功能的重视更加可贵。相比而言，正如前面几章所提及的，由于受文化资本与社会资本的制约，法国学生在早期教育分流中社会阶级出身所造成的影响已经很明显地显现。这种内化了的等级理念在某种程度上导致了学生和家庭已经放弃了梦想的权利，因此促使社会精英阶层相对固化。当然，这种理念的产生与法国社会保障体系的完善有着直接的关系。

"有什么样的文化，就有什么样的招生考试制度；有什么样的社会环境，就有什么样的招生考试方式；有什么样的国民，就有什么样的招生考试模式。"[①] 法国在bac考试中设有一些考核与考查类科目，由考生所在中学或

[①] 刘海峰：《高考改革论》，浙江教育出版社，2013年，第54页。

学区来进行评判；在考试中还设有口语补考，评审考官也会在审阅考生学籍表的基础上做出合理的评估；此外，一些学校会在学生bac考试成绩基础上组织学校的考试来决定最终的录取等等。这些举措在中国社会环境下很显然是行不通的。随着bac考试由创立时期的精英选拔发展到今天的水平测试，法国的贵族已经消失，然而以社会职业划分而成的等级依然还在。Bac考试所设立的不同类型与专业为有意愿且有能力的学生提供了进入高校的机会；同时，也为希望进入到就业市场的学生提供了一个职业文凭。而在中国高考之门仅仅是通往高等教育，俗语中也经常用千军万马过独木桥来形容高考。自20世纪80年代末90年代初，80%bac考试通过率目标的设定，与1999年在中国开始实行的高校扩招至今，两个国家的两种考试通过率是具有一定可比性的，因此也有学者以数据为基础提出中国已经进入了高等教育普及化的时代，作者对此观点持保留意见。根据Trow对于高等教育普及阶段的其中几个特征的描述[①]——高等教育机构多样化程度较高，不同类型机构之间的边界性较弱，可以吸引不同群体，对于不同类型院校的选择建立在学生个人意愿基础之上且不同群体的学习表现具有一定的平等性，不难看出，这几个特征在中国高等教育中目前还没有出现。近年来高考录取率的提高并未减弱考生的竞争力度，学生参加高考的目的由之前的进入大学转化为进入"985工程"和"211工程"中的大学。这一方面与中国学生追求卓越的传统文化心理息息相关，另一方面，作者则认为这反映了中国家庭潜意识中的危机意识以及不安全感。随着中国社会保障体制的不断完善，这种情况在某种程度上会得到一定的缓解。然而，深深植根于中国民众心中关于行业与权力的文化观念在短时期之内却是无法抹去的，其道理就如同法国社会阶层的等级观念对于学生教育所产生的影响一样。

第三节 法国高校招生考试制度的本土启示

阿特巴赫曾指出世界一流大学需要包括几个重要组成部分：一流的科研人员与良好的工作环境、科研自由与能激发创造力的环境、科研群体享有与科研生活相关的院校内部治理权力、完善的科研相关配套设施以及持久的资

[①] Trow, M. A, Problems in the Transition from Elite to Mass Higher Education, 1973, Carnegie Commission on Higher Education.

金来源①。简而言之，一所世界一流大学由优秀的人才、充足的物质基础、良好的生态环境以及健全的保障制度共同构成。在高等教育市场化与国际化进程的影响下，建设世界一流大学成为世界各国高校所追求的目标，精英人才的培养也成为各国经济发展核心竞争力的保障。2015年10月26日我国国务院印发《统筹推进世界一流大学和一流学科建设总体方案》的通知，通知中明确指出，以一流为目标、以学科为基础，以绩效为杠杆探索中国特色的世界一流大学和一流学科的建设之路，而培养拔尖创新人才是建设总方案中的主要任务之一。前面案例分析中的法国一流大学，不仅整体实力享誉世界，而且各自都拥有世界一流学科。它们多年的发展历史均可为我们提供相关参考。

一、创建以统考为基础，二次选拔为辅助的人才选拔机制

我国的《统筹推进世界一流大学和一流学科建设总体方案》中明确地指出，要着力培养具有历史使命感和社会责任心，富有创新精神和实践能力的各类创新型、应用型、复合型优秀人才。国家对于人才类型的描述显示了我国未来高校人才培养理念的转变。为了适应理念的转变，选拔与培养机制的转型则是不可避免的。我国要建设世界一流大学与一流学科，这个建设过程中对于人才培养的定位十分重要。不仅要以我国经济建设与发展的导向为基础，而且也要与其他国家的世界一流大学人才培养定位接轨，具有国际视野以及对世界多元文化的包容观。法国这三所一流大学的招生机制向我们展示了三种一流人才的选拔与培养模式。

第一种为宽进严出，法国高校学位教育实行的是学分制，且公立大学教育是法国社会福利制度的一部分。一般情况下，对于符合大学录取标准的学生，大学不可以拒绝录取，特殊情况除外。基于这一文化国情，宽进严出成为法国的公立大学招生制度的标志性特点之一。此外，这里的严出不仅关系到学生是否能在规定的获得学位的年限中获得本科学位，也关系到每学年学生的学习表现情况。根据法国教育部数据统计，全法所有大学中，2008—2009学年度首次注册本科一年级学生三年拿到本科学位比例为27.2%②，

---

① Altbach P, The costs and benefits of world-class universities, 2004, Academe, 90(1):20-23.

② http://www.enseignementsup-recherche.gouv.fr/pid30617/notes-flash.html.

2009—2010年度首次注册本科一年级学生三年拿到本科学位比例为26.5%[1]。这些数据表明开放性的大学教育尽管在入学时选拔性不强，然而教育过程中淘汰率极高，可谓是"易入难出"。在2014年所发布的关于2011—2012年度首次注册大学一年级的学生学习情况调查[2]中显示，全法所有公立大学首次注册本科一年级升入二年级人数占一年级总人数40.1%，留级率为26%，换专业比例为2.6%，退学率为31.4%。而巴黎六大本科一年级学生的升级率为60.6%，留级率为18.7%，换专业率为2.2%，退学率为18.5%，位于全法大学之首。2015年所发布的2012—2013年度调查[3]显示全法所有公立大学首次注册本科一年级升入二年级人数占一年级总人数的39.6%，留级率为27.3%，换专业比例为2.5%，退学率为30.6%。而巴黎六大本科一年级学生升级率为54.2%，留级率为23.8%，换专业率为2.9%，退学率为19.1%，全国排名第二。从这几组数据中可以看出，巴黎六大作为世界一流大学，尽管学生在入学时已经经过了一定程度的选拔，然而他们中的百分之四十在入学一年后仍会被淘汰。

第二种是以巴黎政治大学为例的选拔模式，以学生中学学科知识为基础，以个人能力与动机为辅助，将学生的bac考试成绩与二次选拔考试成绩相结合进行录取。大学在组织二次选拔考试时以大专业学科基础与对学生的能力要求为主要考核标准进行筛选，将学生的书面表达能力、口头表达能力、思维与批判能力相结合。被录取的学生在此后的几年学习中，将面临逐步淘汰制。被巴黎政治大学淘汰的学生可使用已获得的学分申请其他公立大学。

第三种是以巴黎高师为例的大学校中的精英大学校选拔模式，对于申请这类精英大学校的学生，在经过大学校预科班或者大学教育两至三年的学习后，参加由学校组织的选拔考试。以考查学生学科专业知识为基础，大学科领域综合知识为参考，创新思维与能力为辅助进行筛选。这种选拔机制有利于选拔具有综合基础能力，且兼具较高专业水平以及创新能力的人才，实现通才与专才相结合具有创新能力的人才培养。

显然，以上三种模式不适宜我国大多数高校的人才选拔机制，却对我国

---

[1] http://www.enseignementsup-recherche.gouv.fr/pid30617/notes-flash.html.
[2] MESR-DGESIP-DGRI-SIES, Taux de Passage L1-L2-2014.
[3] MESR-DGESIP-DGRI-SIES, Taux de Passage L1-L2-2015.

所要建设的世界一流大学具有一定的借鉴意义。然而，值得注意的是，如何安置在一流大学里被淘汰的学生以及不能顺利完成学业的学生（留级或转专业）则需要高等教育内部系统的调节以及社会福利制度提供相配套的解决方案。追根究底，这些模式在我国高校推行的最根本的阻力来自于我国的传统文化与国情。建设世界一流大学，不仅要拥有一流的科技实力，而且培养的人才应具有国际性。随着我国建设世界一流大学和一流学科进程的推进，开放国际通道，面向更加多样化的学生群体是必然的，因此，科学的人才选拔机制的建立就显得尤为重要与迫切。

二、强化学科与学者在人才选拔中权利的行使

建设世界一流大学与一流学科需要强化学者的权利，尤其在于强化其人才选拔与培养过程中的权利。在案例分析中的三所法国一流大学实行的是以专业学院为基础，专业教师为评审的招生录取体制。学生的申请材料是由所申请的学院的学术评审委员会来审核，并做出最后录取决定。评审委员会由专业任课教师、年级教学负责人以及学院负责人组成，以学科对于申请者的能力的基本要求来对其进行筛选。学院与学科在人才选拔以及培养方案方面的权利为法国大学发展史所遗留的传统之一。法国的中世纪大学在被取缔之后的一百年中，主要以学院为主体发展，这也造成了在法国大学恢复后，学院主任依然掌握着学科发展的实权的情形。这种情况一直持续到20世纪90年代，在大学和教育部建立合约式关系之后，校长正式成为大学与教育部直接对话者，大学作为一个有机的整体真正发挥其作用。在我国建设世界一流大学与一流学科进程中，赋予大学更多的自主权，提高学者在决策过程中的参与度，拥有更多的话语权，有利于实现自下而上的改革。这样会大大增强学校与学者的能动性，及时有效地回应社会发展对高校在人才培养方面的需求，更好地完成与国外一流大学的对接以及更有效地实现与国内外企业的产研结合。

三、强强联合，建立人才选拔题库，拓宽多路人才流动通道

创建世界一流大学与一流学科，应该是以学科作基础，以大学为平台。我国多年来实施"211工程"、"985工程"高校的建设，以及优势学科创新平台和特色终点学科项目的建设，为我国高等教育储备了相当一批高水平大

学与学科资源。我国在建设双一流过程中如何能够有效地利用好这些已有的资源，并在此基础上实现更好的创新是需要探索解决的问题。基于法国三所世界一流大学的经验，我们看到了在人才选拔与培养方面，强强联合的重要性。在录取方面，一流大学之间可以建立共同的题库进行人才选拔。在协议的基础上，保障考生可以实现一考多申，一方面减少了学校在组织考试方面的资源投入，另一方面也降低了人才流失的概率。在人才培养方面，学生在不同学校的学分与学习经历能够互认，可实现学生校际间自由流动。这其中既包括了专业性人才，不同大学同一学科之间的人才交流与合作，也包括了跨学科的人才的培养以及科研合作；应加强同一大学不同学科之间的科研交流以及人才的培养，不同大学同一学科之间人才流动，实现一流大学各有特色，做到你中有我，我中有你。随着我国双一流建设名单的即将出台，可尝试横向与纵向的改革方案。横向改革方案指的是同一大学不同学科共同培养人才计划；不同大学之间合作，建立共同的人才选拔机制，创建共用题库，避免人才遗漏。纵向改革则是同一学科不同大学之间的合作，可推行上面提及的第三种人才选拔模式。不同学校同一学科学生在经过两年或三年的专业学习后，可通过二次选拔进入一流学科中，这样有利于集中精英资源进行学科建设，防止学校间的学科的重复建设，使得每所学校都能办出特色、办出水平。

四、立足国情，培养学生自主选择的意识，建立系统化的改革观

招生考试作为一种测试选拔工具，考试体系和招生制度的建立与实施与国情息息相关，因此招生考试改革要立足于国情，用发展的眼光去制定改革方案。同时，高等院校入学考试与招生制度的改革是教育体系的一部分，应采用系统观点审视、对待。一种制度的建立与其所产生的社会、经济、政治与文化因素紧密相连，制度的发展与变革也会随着相关因素的改变而变化。然而不可忽视的是，制度本身也有自己发展演变的轨迹，一种制度的存在有其自身存在的必然性。法国社会对于教育的理念直接影响着整个教育体系的发展导向，当然，这其中肯定包括了对于人才的培养和选拔。1946年10月27日法兰西第四共和国宪法中明确说明：国家保障儿童和成年人享受教育、职业培训与文化的同等权利。组织各个层次公共、免费与世俗化的教育是国家的义务。法国《教育法典》中指出教育是国家首要的任务，对教育的公共

服务根据学生的需求进行设计与组织，旨在促进机会平等，消除因社会阶层与地域因素带来的教育成果差异。除了知识的传播，法国将培养学生共和国价值观作为学校首要任务。法国的教育要保障青少年个性的发展，提升学历与继续教育水平，使其良好地融入到社会与职业生活中，并能履行公民的权利与义务。这两项基本的法律成为法国教育实践的基础与保障。同时，法国中等教育体制内部实行的教育导向与分流制，依据学生的学习能力和兴趣，在学校教师与专业指导人员的建议下，在家长和学生同意的情况下选择学习的路径，在此基础上才产生了 bac 考试的分类分科以及与高等教育院校专业与教育类型的对接。同时，法国所实行的开放式大学录取以及精英类院校的二次选拔录取体系的形成具有历史性与文化性，有其赖以发展的深厚的社会基础。综上所述，对我国招考制度的改革而言，也应采用系统的眼光去审视整个教育体系，而非只聚焦于现行的考试或招生体系，更应立足于我国的社会文化根基与背景，继续以史为鉴，用发展的眼光看待教育改革。

附录1：考试学位证书（图片资料）

图 7-1　1809 年文科 bac 学位

图 7-2　1821 年理科 bac 学位

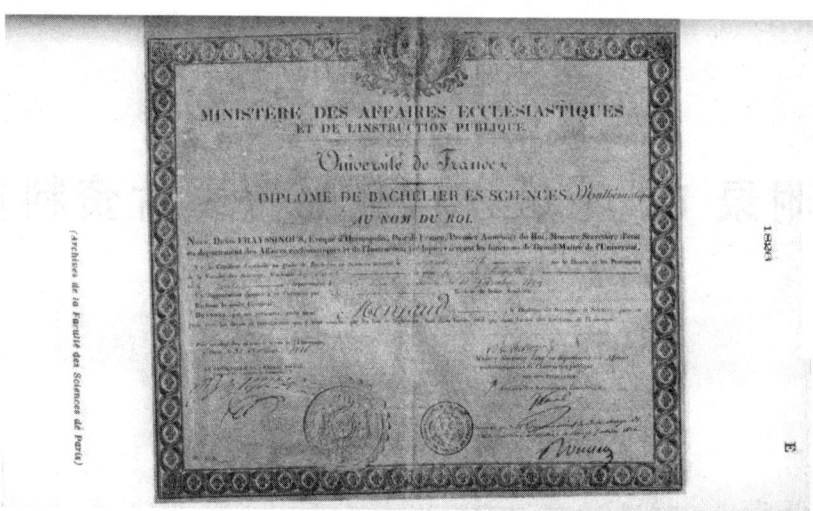

图 7-3　1826 年理科 bac 学位（数学专业）

图 7-4　1848 年文科 bac 学位

图 7-5　1863 年文科 bac 学位

图 7-6　1908 年 bac 学位

图 7-7　2002 年普通类 bac 学位

图 7-8　2005 年技术类 bac 学位

图 7-9　2011 年职业类 bac 学位

附录2：考试相关规定[①]

一、bac考试纪律规定

每个学区须成立一个纪律委员会，处理bac考试期间发生的考生作弊、协同作弊与企图作弊等相关违纪行为。纪律委员会由一位教研人员主持，并担任主席。主席人选须由bac考试评审委员会主席提名，学区区长、公立高等教育院校总负责人任命。当涉嫌作弊的学生为由主席所主持的评审委员会所评审的学生时，主席须回避。纪律委员会，除主席之外，其他成员均由学区区长提名，其中包括：1. 一位学区督导－地区教学督导、一位国家教育督导，两位督导中的一位担任副主席；2. bac考试考试中心主任一名；3. 一位bac考试评审委员会的教师成员；4. 学区区长指定一所具有科学、文化、职业性质的公立高等院校，该校须位于作弊行为或企图作弊行为所发生的学区总部；由该校校长从管理委员会的学生代表中推荐一名学生为纪律委员会成员；5. 一名在读的高三学生，由高中生活学术委员会从学生代表中选出，涉嫌有作弊或企图作弊行为的学生不能进入纪律委员会。纪律委员会的每位成员都有一位在相同条件下选出的替补成员。在主席或替补主席缺席的情况下，纪律委员会由副主席主持。学区区长有权选派一名秘书协助bac考试委员会开展工作。

在bac考试中发生作弊或带有明显作弊企图的行为时，考场监考负责人在不影响考试的正常进行且不干扰其他考生考试的前提下，可采用任何方式终止考生的作弊行为或企图作弊行为。监考负责人可收缴考生所携带的相关

[①] https://www.legifrance.gouv.fr/affichCode.do;jsessionid=15164A2445339349373DC7A2F90EDDF7.tpdila17v_2?idSectionTA=LEGISCTA000006137643&cidTexte=LEGITEXT000006071191&dateTexte=20151215.

文件与物品来证实其作弊行为。对于替考考生或对考试的正常进行造成极大困扰的考生，组织 bac 考试的考试中心主任可将其赶出考场。如出现以上情况，考场监考负责人都须提交事故报告，与其他监考人员共同署名，且涉嫌考生也须签名。如当事人拒绝签名，这一情况也须记录在报告中。事故报告签署后须立即提交给学区区长。

考生违纪行为的审理由学区区长主持。纪律委员会在案件审理前十天，学区区长会以挂号信（须回执）的形式将传票邮寄给涉嫌违纪行为的考生或考生的法人代表。传票内容包括了考生被控的作弊行为以及违纪文件咨询的时限与地点。被控考生可以书面或口头形式陈述事情发展经过，并选择一位顾问进行协助；在某些条件下，该顾问可代表被控考生出席整个违纪行为的审理过程。根据被控考生对事情发生经过的陈述以及对案件进行的相关调查结果，学区区长有权驳回当事人的请求；并随后将这一决定通知考生当事人或其法人代表。

如果学区区长接受审理违纪案件，须以书面文件形式宣布召开纪律委员会。文件中须注明被控考生姓名、地址以及被控事件及相关材料。纪律委员会的审理过程不公开，在被控考生缺席的情况下，审理程序依然有效。在纪律委员会对事件进行彻底调查后，被控考生可参与聆听调查案情的经过；且在委员会主席准许的情况下，被控考生或其法定监护人代表（未成年情况下）或其顾问，对案情进行陈述。纪律委员会还可以传召证人，听审会在被控考生出席的情况下进行；在被控考生缺席的情况下可由其法定监护人代表或顾问出席。学区区长或是由其指定的其他人可以协助审理案情。考生在委员会决议宣布之前，可对案件进行最终陈述。在委员会认定案情不够清楚的情况下，可以推迟审理；在被控考生及其代表既未出席，也无法做案情陈述的情况下，案件也会延后审理。

只有纪律委员会委员和秘书处人员可以进入决议室，任何未参加听审全过程的委员不能参加决议。委员会成员以不记名方式进行投票决议，在至少有四位成员出席的情况下，做出的判决才有效力。最后决定以大多数投票委员的意见为依据，并由纪律委员会主席在判决书上签名。判决书随后以挂号信（须回执）的形式通知被控考生或其法定监护人代表，且提供上诉通道，说明上诉时限。纪律委员会须在考生所参加的考试结果公布后两个月内进行判决。委员会的判决书与相关审理文件将转交给国民教育与高等教育部。

纪律委员会对考生违纪的处罚包含以下几种：1. 警告；2. 取消已通过

的考生学位考试成绩等级；3. 禁止考生继续参加 bac 学位考试，限期不超过五年；或禁止后中学教育公立学校给考生颁发任何认证或学位，期限不超过五年；如果禁考期限不超过两年，处罚可以推迟执行；4. 禁止学生在任何后中学教育学校注册，期限最高可达五年。所有判决结果将记录在学生的学籍档案中（对于有学籍档案的学生）。如果是警告或者取消考试成绩等级的情况，在判决一年后纪录将会清除。如果是其他违纪惩罚，只有在禁止期限过后，违纪记录才会被清除。

无论何种违纪，作弊或企图作弊，考生参考科目成绩作废。考生的学籍档案中将会标记为出席考试但未参加考试。纪律委员会可以决定考生这一组考试所有科目成绩或整个 bac 考试中考生所有的科目成绩是否作废。当考生被控涉嫌作弊或企图作弊违纪审查时，在纪律委员会判决前，bac 考试委员会可给考生提供考试成绩单或考试通过证明。如需作废考生科目成绩、一组考试科目成绩或 bac 考试所有科目成绩，学区区长须组织评审委员会对考生所取得的结果进行重新宣布。如考生在获得 bac 学位后被揭露出其曾有作弊违纪行为，学区区长须组织纪律委员会进行审查。如被控考生被判决有违纪行为时，学区区长将收回考生所获得的 bac 学位，评审委员会将重新宣布该考生的 bac 考试结果。所有对违纪处罚结果不服的考生都可以向地方司法机构提起申诉。

二、考试命题与评判[①]

1. 考试题目与评估辅助材料的准备阶段

此阶段包括准备一科或几科笔试或实践考试题目的总和以便考生在考试时可以任选题目进行作答。每门科目的考试题目准备须包括本学年正常考试场次与替换考试场次的基本题目以及后备的应急题目，考试题目使用的考区主要包括本土行政区以及海外地区与省。除考试题目的内容外，笔试中所需或禁止的文件、物品以及实践考试中所需的物品、文具、工具或其他所需设备须全部列出。此外，考试中所需的评估辅助材料，即各类准备性文件，主要是针对口试科目，包括文本、图表或视听材料；也须一一列出。每年的口试科目由学校教育总署决定。考试题目与评估辅助材料的准备要以质量与效度为主要参考要求，以便更加有效地考察考生的知识能力。相关部门须保障

---

① http://www.education.gouv.fr/pid25535/bulletin_officiel.html?cid_bo=59783.

题目的保密性与安全性。

学校教育总署在与学区区长及国民教育总督导处协商后，将下一学年所需不同场次的 bac 考试题目以及评估辅助材料准备任务分发到各个学区。由学区区长任命行政管理人员在不同程度上参与整个准备过程。相关人员须签署保密协议，其中包括编制人员、实习人员、合同人员以及临时工作人员。

命题委员会负责准备的题目数量以学校教育总署的任务为基础，由学区区长确定。委员会可以调用之前 bac 考试未曾使用过的考试题目。在遵守考试条例的前提下，委员会须保证考试题目：

—符合考试基本规定，与官方教学大纲与学生的平均学习水平相吻合；

—不包括有可能被认为是争议性、误导性或挑衅性的内容或语言；

—未曾出现在 bac 考试历年考题库、课本或其他辅助性学习材料中，且尊重知识产权规定。

对于一些特定的考试科目，所拟定的考试题目中必须列出考试所需材料与相关费用的合理估算，并严格遵守学校教育总署所规定的条件。同时，在特定情况下，题目的拟定也须考虑到学校已有的设备状况。为了不增加考生的负担以及简化命题的过程，建议职业类与技术类考试命题限制题目数量，降低考生可以查阅的文件的复杂性，简言之，即减少题目形式上的要求。同时，命题委员会须提供考题参考答案以及一些科目评判时所需的不同的记分标准。

监督人员在总督导或总督导替补的领导下，负责告知命题委员会成员命题的目标、课程大纲与考试相关规定。在整个命题过程中，负责处罚或排除不符合现行大纲或教学指南或考试规则的题目。保障同一学科不同命题组之间的协调工作，例如，同样或相似的题目不会在同一个考区、不同年份不同场次中出现。

为了保障考题的安全性，所有推荐题目都要在安全的硬件设备上进行设计且遵守严格的使用规定。题目要以纸质与非纸质的形式，用挂号信发送给相关学区区长，信封双折且标出"保密"字样。学区区长收到后，确保所有题目立刻安全封存。题目设计者接到授权后，将所持有的不同形式的题目样本进行销毁。

学区区长须保障命题委员会工作地点的保密性。委员会须使用安全设备，严格遵守使用规则。禁止委员会主席或主席们以及成员在规定工作地点之外以各种方式交流须设计或正在设计中的题目，交换题目或部分题目。无论以何种形式，正在或曾经用来设计题目的所有文件，须保留在规定的地点，使用后立刻销毁。在题目准备过程中参与合作的第三方，如有机会接触到题目或推荐题目，都须签署保密条款。

2. 考试题目的确认与测试

所有学科考试题目须全部书写并打印出来交给测试教师。职业类 bac 考试科目须交给一位测试教师；普通类与技术类 bac 考试科目分别给两位测试教师。测试教师人员由学区区长任命，从高中任课教师或培训中心教师且未参与命题委员会工作的人员中选出。测试教师被更换频率较高的，须签署声明，恪守职责，遵守考试规定与保密条例。

测试教师承担双重任务：一方面剔除题目中可能存在的错误，如打印错误、逻辑缺陷或表述错误等，应答一些学科考试中需考生以详细阐述方式作答的题目。另一方面，在少于或相当于正常考试时长四分之三的时间内，找出考试题目中所含的有可能给考生造成困难的难点。每个测试教师须注意题目的难度，表述长度以及清晰度。检查题目中是否包含需特定知识或文化储备来应答的部分。对于理科专业科目，测试教师需运用自我评估的形式，预测考生考试结果。评估考试题目是否可以激发学生的兴趣。测试教师将测试结论以报告的形式提交。主席或两位主席中的一位以综合摘要的形式，将测试教师（们）报告中的主要结论交给学区区长。

委员会主席（们）要了解测试教师们所提交的测试记录以及测试报告。以测试教师的书面观察为基础，在适当的情况下，可以要求委员会对于最初的题目进行修改。如果修改建议不只是停留在形式上，题目将会重新交给其他的测试教师进行再次测试。

关于考试题目的选择，委员会主席（们）须准备一份书面报告来论证。论证书中须包括以下内容：

——证实题目是符合现行考试规定、教学大纲以及教学指南要求，所设定目标具有新颖性与中立性；

——解释测试教师的报告被采用的方式；如保留初始题目，即使是在测试教师提出保留意见的情况下，仍须给出适当的理由；

——以学校教育总署给学区的任务为基础，向学区区长建议考题使用所面向的学区、场次与题目类型。

为了实现上述目标，论证材料中包括：一份确定的样题以及所需准备的考试物品清单；测试教师（们）提交的报告与书面记录；试题答案与需提供的评分表。以具体的审核表为准，由委员会主席（们）或其代表或委员会成员完成对试题从形式到内容的重新审阅。委员会主席（们）在命题审核后标注时间将其提交给学区区长签名。某些情况下，总督导可授权其替补进行文件签署，替补人员代替总督导行使其职责。无论在什么情况下，考试题目的重新审阅、报告的撰写以及签署都须在保密性较高的地方进行，这些属于学区区长的职责。

行政服务人员根据具体的审核表格对考试题目的形式进行重审后，考试题目以及所需物品、试题答案与所需的评分标准须全部书写并打印，标注出时间以最终形式呈现给学区区长。学区区长以学校教育总署所分配任务为基础，负责考试题目的选择与答案、评分标准的设定以及考题使用所面向的学区、场次与题目类型。

在学区区长做出最终决定之前，需要审核以下所有相关文件：

——一份表格，概括所有测试教师的意见与命题委员会主席（们）的意见；

——一份样题，包括考试所需物品清单；

——考题答案与所需的评分标准；

——测试教师的报告与书写记录；

——委员会主席（们）的报告。

学区区长在完成整个审核过程后，会在汇总表上批注：接受或拒绝题目；考题面向的学区、场次与题目类型（主要考题或应急考题）。一经决定，不允许任何修改。

在命题过程结束后，考题准备学区将题目以及相关材料（包括考题答案、评分标准等），以国家指定的非物质化的安全形式，学校教育总署所规定的方式转交给所需学区。不能以数字化形式发送的考题可以通过邮寄的方式送出，且遵守基本的安全规则：须以连续的方式寄出、正常场次考试的试题优先于替换场次的、将主要考题与应急考题分开、在邮寄派送栏中清楚地写下地址。部分考试科目，笔试部分考试与实践考试科目依据规定设有题库。每年根据学校教育总署所规定的形式，学区可以准备本土城市与海外区共用的题目。

3. bac 考试过程

bac 考试日期确立

bac 考试每年的考试日期由国家与学区以地区地理分布和 bac 考试类型

为参考依据共同来确定。涉及本土行政区每年的实践考试安排，由学校教育总署确定正常考试与替换考试的起止时间：

——尽量在学年末，这样高中生可以充分利用上课的时间；

——尽量在开学前，以便录取的学生可以有充分的时间完成在高等教育院校的注册。

教育总署指定笔试日期，其中也包括国际系列 bac 考试与双国籍 bac 考试的笔试日期，并保障其实施。学区区长指定口试与实践考试的日期与时间。每个学年的 bac 考试日程表须在学年的第一个季度在全国与地方范围公布。

涉及海外省与地区，由相关学区区长建议，学校教育总署确定每年普通类与技术类 bac 考试日程表，但口试与实践考试的日期与时间除外。考试日程表须在学年的第二个季度公布。学校教育总署指定职业类 bac 考试笔试时间，口试与实践考试日期由学区区长来确定。

涉及海外其他属地，由相关学区副区长确定普通类与技术类 bac 考试的日程表，且进行发布。并将日程表发送给学校教育总署。由教育总署确定法属波利尼西亚岛职业类 bac 考试的日程表并告知相关学区副区长，公布时间与海外省与地区时间一致。教育总署根据相关学区副区长提议，确定喀里多尼亚职业类 bac 考试的日程表。由相关学区副区长负责日程表的对外公布。

试卷评判

试卷的批阅是匿名的，由学区区长以最适当的方式将试卷匿名化交给评卷人。学区区长须监督所有评卷人在考试结束后尽快取走所负责试卷以及相关的评卷所需文件，例如考题答案、评分标准以及相对应分值。Jean-Marie Syrotat 在介绍里尔学区 bac 考试[①]情况中指出，普通类和科技类考生的笔试试卷，在每门科目结束后会运送到考试中心。在确认所有试卷都是匿名之后，按照评卷人所属学校进行分发，随即派送到其所在高中或相邻高中，由评卷人本人领取。考试中心在保留试卷的半天之内，评审委员会要研究并制定出评判打分标准及其细节，并连同试卷一起分发到评卷人手里。在这个过程中，委员们会选出两三份答题质量不会太高或太低的考生试卷，来进行评

---

① Jean-Marie Syrotat, Une session de baccalauréat: la session 2007 dans l'académie de Lille. in Philippe Marchand(dir.) Le Baccalauréat, 1808-2008: certification française ou pratique européenne? Revue du Nord-INRP, 2010, pp. 29-38.

分测试。这几份测试的试卷复印卷将会用颜色标识出来并加入到分批的试卷中，评卷人要首先批阅这几份复印卷。根据督导们的决定，300000 份试卷在半天的时间内被分发到各个评卷中心。24 小时或者 48 小时后，督导召集所有同一科目的评卷人召开协调评判委员会。在会议上，讨论评卷人针对测试试卷的评分结果商议如何达成评分标准应用的一致性。笔试科目考题是以全国课程大纲为基础而设计的，在尊重评卷人的评分自由以及考试委员会的主权基础上，对试卷分数进行统一化的评判，保证所有考生都能受到应有的公平的待遇。对考生试卷评判的协调既是社会的一种要求，也是保障 bac 考试在学生和家长心目中形象的一种需求。对考卷的评判要体现出每位考生在考试面前的平等性；同时也展示出教师评卷的公正性。

对于考试的每门学科，包括两种类型的[①]考试评判协调委员会。第一种，会议由有经验的教师所组成，大区的教学督导来主持。会议在考试的笔试进行中或结束后立刻举行。每位参加这次会议的老师将会主持接下来在每个考试中心的协议会议，传达给每个评卷老师评判所依据的要求、标准。如何把评分标准应用到实际的考量中，是个非常微妙的过程，需要评分老师之间的相互理解，甚至有时候要学会妥协。评判协调是否能够达成一致具有一定的不确定性。

评判教师之间也存在着考试价值观与认知层次的分歧。评卷教师的社会身份认同感对其评判标准会产生一定的影响。Merle 在研究访谈中发现，评卷教师大致被划分为友善的和非友善的两类[②]。两类教师对考生能力的考核标准是不同的。友善派的教师希望能够适度提高获得学业资格证的人数，与教育部制定的目标保持一致。这类教师通常执教于新式高中，生源大多来自中产及中产以下的社会阶层。非友善类的教师坚持教育精英化的理念，希望通过选拔的形式来保障学位的价值，保证公平的原则。两类教师群体对于考试价值的认知直接影响到其任务的执行和评分形式。自 2000 年以来，协议会议中引进了评卷测试环节并将其普及化。每位评卷教师在熟知评判标准细节的前提下，对同一份试卷进行打分。评分的差距揭示了教师对于评判考量标准的字面理解以及认知解读的差异。

考生成绩公布时间由学区区长来确定，在考试中心以公告形式发布。录

---

① Pierre Merle, Les notes, secrets de fabrication. 2007, PUF, p. 120.
② Pierre Merle, Les notes, secrets de fabrication. 2007, PUF, p. 124.

取的结果取决于考生各科成绩的总和,而非单科考试成绩的优劣。考试的基本原理体现在通过多科考试,互相进行弥补,来考核考生的综合实力,决定录取结果。这样的方法有利于弥补一些人为造成的遗憾,比如考生考场的表现失准,或者是评卷老师的打分出现偏差等问题。考生对于考试过程中出现的问题以及对考试评审委员会的决议有异议可以向学区区长或考试中心主任提出申诉。Jean-Marie Syrotat 指出在里尔学区[①]提出申诉较多的是普通类和科技类考生,职业类考生相对较少。接到申诉后,考试中心会重新审核申诉考生所有考试相关文件。审核结果为最终决议。尽管出现评审错误的概率不大,但一经发现,评审组会立即修改结果,并重新公布评审组决议。如果申诉理由不成立,考生可以亲自查看自己的考卷以及其口试的评语。

---

① Jean-Marie Syrotat, Une session de baccalauréat: la session 2007 dans l'académie de Lille. in Philippe Marchand(dir.) Le Baccalauréat, 1808-2008: certification française ou pratique européenne? Revue du Nord-INRP, 2010, pp. 29-38.

附录3：高校招生统一操作平台 APB（Admission Post-Bac）

自 2009 学年伊始，APB 网站 www.admission-postbac.fr 就成为报考法国高等院校的官方门户网站。绝大多数的公立高校都以这一网站作为其招生的主要平台。其中以下高等院校必须通过 APB 进行网上报考、志愿填报、录取结果查询以及确认等程序：大学本科一年级、PACES（医科以及医护类大学的一年级）、BTS（高级技师资格证）、CPGE（大学校预科班）、部分工程师学校、部分商校等[①]。为了更清楚地介绍高校招生录取流程，下面将以 2016 年 bac 考试指南为例。由于每年考试时间及安排变化不大，因此参考价值较大。bac 考试指南的制定以考生的国籍为参考，分别为法籍考生指南，面对欧盟、欧洲经济共同体或瑞士联邦国籍考生指南，其他外籍考生指南。虽然内容略有不同，但总体差异不大。下面的介绍以法籍考生报考指南为主，其他两类考生考试指南在此基础上进行比较性的阐述。

一、2016 年 APB 报考指南－法籍考生篇

这份指南适用于正在攻读或已拥有法国 bac 学位的考生，同时也适用于拥有法国国籍、正在准备或者已经获得国外中等教育毕业证的考生。报考考生年龄不得超过 26 岁。

表 7-1 重要时间表（以法国巴黎时间为准）

2015/12/1	APB 系统开始运营
2016/1/20－3/20 18 点	填报志愿
2016/4/2 23 点 59 分 59 秒	确认所填报志愿（如需纸质，请在截止日期前通过邮寄方式寄出）

---

① http://www.admission-postbac.fr/index.php?desc=notices.

续表

2015/12/1	APB 系统开始运营
2016/5/3－5/6	网上核查报考学校是否已收到纸质申请材料
2016/5/31 23 点 59 分 59 秒	修改并最终确认报考志愿次序
2016/6/8（14 点）－6/13（14 点）	第一阶段录取信息发布，考生回复
2016/6/23（14 点）－6/28（14 点）	第二阶段录取信息发布，考生回复
从 6/24（14 点）	为在前两轮录取过程中未获得任何录取以及在3月20日之前未填报任何申请的学生开启补录报考程序
2016/7/14（14 点）－7/19（14 点）	最后阶段录取信息发布
2016/9/9	补录填报志愿截止日期
2016/9/15	2015 APB 平台录取结束

根据表 7-1 所提供的信息，2015 年 12 月 1 日，APB 网站正式开通，考生可在网站上找到使用平台的高校所设立的专业以及课程等详细信息。网上注册考试、选择教育类型及学校、录取信息等重要的程序都须在这一平台完成。

（一）注册及填报志愿

在网上注册之前，考生要准备好一个有效的电子邮件地址（在 2016 年 9 月录取完成之前保持其有效性），学生号码（全国通用，由十位数字和一个字母构成），bac 考试第一轮考试成绩单，父母或监护者最近一次的报税单。在整个网上申报和成绩查询的过程中，考生都可以通过"短信留言或电话"形式向 APB 系统的管理员提出问题或申诉。考生在网上的注册用户号码以及密码都可以通过"找回密码"进行重新设置。

在网上报考注册以及录取等进程中要注意以下几点：

—每位考生最多可提交 24 份申请，其中最多可包括 12 个大类的教育类型，见表 7-2。

表 7-2　教育类型与申请表份数

教育类型	申请份数
BTS＋BTSA＋DMA＋DTS	最多 12 份
CPGE（Littéraires, Économique et commerciales, Scientifiques）＋CPES	最多 12 份，其中每个类别最多 6 份

续表

教育类型	申请份数
1ère année de Licence ＋ CUPGE ＋ PACES ＋ DEUST＋DU	最多 12 份
DUT	最多 12 份
Formation d'ingénieurs	最多 12 份，以工程师学校网为基础
Écoles nationales supérieures d'architecture	最多 12 份
Écoles de commerce	最多 12 份，以商校网为基础
Écoles supérieures d'art	最多 12 份
Autres formation：DCG＋MAN en arts appliqués ＋ MAN en hôtellerie ＋ Année de mise à niveau à l'université pour préparer une entrée en L1 ＋ classes préparatoires aux professions paramédicales et sociales	最多 12 份，其中最多三份来自 MAN en arts appliqués

考生在申请时，可做出以下选择，例如：

12 份 CPGE＋6 份 DUT＋3 份 L1＋3 份 écoles d'ingénieurs＝24 份申请

或 4 份 CPES＋12 份 STS＋2 份 L1＋2 份 écoles d'ingénieurs＋4 份其他＝24 份申请

强烈建议考生进行多样化选择。

——考生在确认申请时，要注意所申请学校是否需要邮寄纸质文件还是只需要网上提交资料。考生、考生所在学校所填写的学籍单，具体信息可在线查询进展。

——2016 年 4 月 2 日为考生修改个人与报考信息的截止日期，在确认申请后，根据要求，相应地打印并邮寄纸质申请资料给所报考的学校。考生可在 5 月 3 日和 6 日之间在网上查询申请学校是否已经收到邮寄材料。

——5 月 31 日午夜之前，考生依旧可以对自己的申请重新进行排序，此后报考志愿顺序不可再修改。

（二）录取

考生的录取信息发布分为三个阶段，每个阶段考生都会收到一个最优推荐录取——主要参考考生的志愿排序、考生在报考学校中的排名以及前一个阶段录取中空出的名额。考生对于录取信息的确认有四种方式：完全接受、暂且接受并等待更好的录取（暂且接受现在的录取建议，但仍希望能够获得考生报考志愿上更好的学校的录取。如果考生在录取的下一阶段获得更好的学校的录取，最初的录取建议失效。如果考生未能获得更好的录取，则须重新确认自己的选择等待下一阶段的录取）、拒绝并等待更好的录取（考生做此决定时需谨慎，在拒绝当前的录取后，考生未必将会有更好的选择）、弃权（考生愿放弃所有报考志愿的录取）。同时，应该注意对于处于以下情况的考生不适宜使用"暂且接受等待更好的录取"和"拒绝等待更好的录取"：

——当录取为考生第一志愿时；

——当考生已获得一份录取，同时又不能进入到报考志愿单上排序靠前的学校，或报考学校也未能接受学生申请时；

——在第三阶段的录取中；

但是，如果考生在报考志愿时选择了学徒教育的培养方式，且这种教育必须以工作合同为基础，在考生未找到工作合同之前却收到了在报考志愿表上排序靠后的学校的录取通知时，考生可以在录取最后阶段信息发出后依旧选择"暂且接受等待更好的录取"这一选项。这也是唯一可以使用这种选项的情况，选择的有效性持续到当年的9月份。

（三）教育类型与学校报考

以上介绍了考生在填报志愿以及录取时应注意事项，根据考生所报考的不同类型教育与学校，考生须谨记以下几点：

——虽然大学的本科教育以及医科的第一年教育都是非选拔性的，但能招收的学生数量依旧有限，因此会经常出现供小于求的现象。在这种情况下，录取会依据自动化参考标准来进行筛选，参考标准包括考生高中学校所在地或居住地以及学生报考志愿排序。考生在填写报考志愿时，一定要仔细地阅读报考系统所提供的具体信息以及提醒和建议。

——对于报考法律专业、心理学专业、体育卫生专业以及医学学科第一年教育的考生，在填报志愿的时候，当考生选择了大学A，报考系统会要求考生同时选报在地理位置上较近的大学B或大学C的同类专业。

——对于报考大学本科教育以及医科第一年教育的考生，如果属于已在读须换专业者或者报考学校不在考生之前所就读中学所在的大学区时，根据不同学校专业的要求，须提供纸质的申请资料。

——大学校预科班：被录取考生需要进行双重注册，需在授课所在的高中以及与此高中签订协议的高等院校同时注册。

——BTS, BTSA, DCG, DEUST, DMA, DTS, DUT, MANAA, MAN hôtellerie：这几类教育类型都属于选拔性质，需参照考生之前受教育背景。以上提及的这些教育类型中都包含学徒式和全日制两种形式，考生在申请时可以同时选择两种不同的形式。

——Formations d'ingénieurs, écoles d'architecture, écoles de commerce, écoles supérieures d'arts…：报考这几类教育类型学校所采用的申请与录取方式更加多样化，学生在申请时要仔细阅读系统所提供的信息。

——Formation IEP：报考这 9 所政治学院的考生，需根据系统所给链接来完成申请，APB 系统不能直接申请。

在整个注册、申报、录取等过程中，考生须注意自 6 月 24 日 14 点开始的补录程序，面对的对象为在前两轮录取过程中未获得任何录取以及在 3 月 20 日之前未填报任何申请的学生。2016 年的 APB 录取工作在 9 月 15 日将全部结束。

二、2016 年 APB 报考指南－欧盟、欧洲经济共同体或瑞士联邦考生篇[①]

考生必须拥有欧盟、欧共体或瑞士联邦国家的国籍，在自己的国家已经完成中等教育并获得能够继续高等教育的学位，并且年龄小于 26 岁。相较于法籍考生，欧籍考生须进行的报考流程与时间表是完全一致的。唯一的差别在于这类考生并没有法国统一学生号码，因此需要填写自己的出生日期。在考生填完个人信息后，系统将会分配给考生的申请一个号码以及相应的密码。

三、2016 年 APB 报考指南－欧盟、欧洲经济共同体或瑞士联邦以外的外国考生篇

相较于前两类，这类考生报考所面临的具体要求以及申请流程相对差异较大。首先体现在对考生教育背景的要求，这类考生须拥有外国国籍（欧洲

---

① 其中包含来自以下国家的考生：德国、安道尔、奥地利、比利时、保加利亚、塞浦路斯（希腊的一部分）、克罗地亚、丹麦、爱沙尼亚、芬兰、法国、希腊、匈牙利、冰岛、爱尔兰、意大利、拉脱维亚、列支敦士登、立陶宛、卢森堡、马耳他、摩纳哥、挪威、荷兰、波兰、葡萄牙、捷克共和国、罗马尼亚、英国、斯洛伐克、斯洛文尼亚、瑞典、瑞士联邦、圣马力诺、梵蒂冈。

以外），正在攻读或已经在自己的国家完成中等教育并获得能够继续高等教育的学位，或已经就读于高等院校并且年龄小于 26 岁。此外，这类考生中增加了一个群体，也就是在本国已经进入高等院校学习的学生，也将有资格报考法国的 bac 考试。其次，差异还体现在填报志愿方面，主要是对院校与教育类型的选择，见表 7-3：

表 7-3　教育类型与申请表份数

教育类型	申请份数
BTS+BTSA+DMA+DTS	最多 12 份
CPGE（Littéraires，Économique et commerciales，Scientifiques）+CPES	最多 12 份，其中每个类别最多 6 份
CUPGE+DEUST+DU①	最多 12 份
DUT②	最多 12 份
Formation d'ingénieurs	最多 12 份，以工程师学校网为基础
Écoles de commerce	最多 12 份，以商校网为基础
Écoles supérieures d'art	最多 12 份
Autres formation：DCG+MAN en arts appliqués + MAN en hôtellerie + Année de mise à niveau à l'université pour préparer une entrée en L1 + classes préparatoires aux professions paramédicales et sociales	最多 12 份，其中最多三份来自 MAN en arts appliqués

考生需联系所在国家的 Campus France（法国教育服务中心）或法国使馆办事处，完成到法国学习的所需行政手续。法国大学一年级申请以及法语考试也是由以上两个机构进行组织与管理。这类考生在报考法国高等院校选拔性专业或选拔性院校时，他们的选择受到了一定的限制。最后，在录取方面，这类考生没有补录的机会。见表 7-4。

---

　① 外国考生须向本国的法国教育服务中心咨询报考选拔性教育类院校的程序，不可以直接在 APB 平台直接申请。

　② 外国考生须向本国的法国教育服务中心咨询报考选拔性教育类院校的程序，不可以直接在 APB 平台直接申请。

表 7-4 重要时间表（以法国巴黎时间为准）

时间	事项
2015/12/1	APB 系统开始运营
2016/1/20—3/20 18 点	填报志愿
2016/4/2 23 点 59 分 59 秒	确认所填报志愿（如需纸质，请在截止日期前通过邮寄方式完成）
2016/5/3—5/6	网上核查报考学校是否已经收到纸质申请材料
2016/5/31 23 点 59 分 59 秒	修改并最终确认报考志愿次序
2016/6/8（14 点）—6/13（14 点）	第一阶段录取信息发布，考生回复
2016/6/23（14 点）—6/28（14 点）	第二阶段录取信息发布，考生回复
2016/9/9	补录填报志愿截止日期
2016/9/15	2015APB 录取结束

基于 2016 年 APB 报考指南，从形式上来看，每位符合报考资格的考生都享有同等的权利去申报不同类型的高等院校及专业，实现了报考的公平性且报考志愿呈现出多样化趋势。分阶段录取给予考生更多的时间和选择权，以及补录程序的设立都体现了法国高等院校招生制度的人性化特点。从内容上来看，非选拔性的大学教育却有选拔性的机制，而选拔的标准包含了考生报考志愿排序、考生接受教育的大学区、考生在所申请学校专业的排名等因素。选拔性高等院校的招生也具有一定的开放性，考生根据自己的意愿可以进行申报，学校根据申报者的 bac 成绩进行初步筛选，在经过面试或第二轮选拔后完成最后的招生流程。从本质上看，这种报考机制实现了考生与院校之间的双向选择。考生依据自己的兴趣、职业发展规划以及学业成绩来选择有意向的学校；学校根据专业可容纳学生数、师资配置以及对学生的学习能力要求来进行选拔。同时，报考志愿的多样化有利于创造更多的机会让考生接受高等教育，且不同院校之间"立交桥"的建立更加便于学生做出长远的规划。这点极大地有别于我国高考中所体现的"一考定终身"，使得法国的学生更能真正地从心出发，做出适合自己的选择。

主要参考文献

[1]爱弥儿·涂尔干.教育思想的演进[M].李康,译.上海:上海人民出版社,2006.

[2]ALBERTINIP. L'École en France XIXe-XXe siècle:de la maternelle à l'université[M]. Paris:Hachette,1992.

[3]BEREDAY G. Z. F. Comparative Method in Education[M]. New York:Holt,Rinehart& Winston,1964.

[4]BIAN C. International students in French universities and Grandes Écoles:A comparative study[M].
Singapore:Springer,2016. Book DOI:10. 1007/978-981-10-1134-4

[5]BRAY M. , ADAMSON B. , MASON M. (eds). Comparative Education Research:approaches and methods[M]. Netherland:Springer,2007.

[6]常导之.法国教育制度[M].北平:文化学社,1933.

[7]CHRISTOPHE C, VERGERJ. Histoire des universités [M]. Paris:PUF,2012.

[8]DRUKHEIM E. Éducation et Sociologie[M]. Parais:Alcan,1922.

[9]DURU-BELLA M. L'inflation scolaire:les désillusions de la méritocratie [M]. Paris:Seuil,2006.

[10]ESPING-ANDERSON G. Social Foundations of Postindustrial Economies [M]. Oxford:Oxford UniversityPress,1999.

[11]雅基·西蒙,热拉尔·勒萨热.法国国民教育的组织与管理:第八版[M].安延,译.北京:教育科学出版社,2007

[12]李爽秋.法国教育[M].杭州:杭州大学高等教育研究室,1986.

[13]梁晓华.当今法国教育概览[M].郑州:河南教育出版社,1994.

[14]刘海峰.高考改革论[M].杭州:浙江教育出版社,2013年12月。

[15]陆震.中外学校教育考试制度探讨[M].北京:高等教育出版社,1997.

[16] MAGLIULO B. Les grandes écoles (Que sais-je ?) [M]. Paris: PUF,1982.

[17] MARCHAND P. (dir.) Le baccalauréat, 1808—2008. Certification française ou pratique européenne ? Revue du Nord, hors série, n°24[M]. Lyon: INRP, 2010.

[18] MAYEUR F. Histoire de l'enseignement et de l'éducation 1789—1930 T. 3. [M]. Paris: Édition Perrin, 2004.

[19] MAYEUR F. L'Éducation des filles en France au XIXe siècle[M]. Paris: Hachette, 1979.

[20] MERLE P. Les notes, secrets de fabrication[M]. Paris: PUF, 2007.

[21] MUSSELIN C. La longue marche des universités françaises[M]. Paris: PUF, 2001.

[22] NOAH H. J., ECKSTEIN M. A. Toward a Science of Comparative Education[M]. New York: Macmillan.

[23] PIOBETTA J. B. Le baccalauréat de l'enseignement secondaire [M]. Paris: J.-B. Baillière, 1937.

[24] PROST A. Éducation, société et politiques[M]. Paris: Seuil, 1997.

[25] 邱洪昌,林启泗主编. 十国高等学校招生制度[M]. 北京:航空工业出版社,1994.

[26] 瞿葆奎,张人杰. 教育学文集 [M]. 北京:人民教育出版社,1993.

[27] SAVOIE P. La construction de l'enseignement secondaire 1802—1914 [M]. Lyon: ENS éditions, 2013.

[28] SZYMANKIEWICZ C. (ed.)Le Système éducatif en France [M]. Paris: La documentation Française, 2013.

[29] 托克维尔. 旧制度与大革命[M]. 冯棠,译. 北京:商务印书馆,2012.

[30] 王文新. 法国教育研究[M]. 上海:上海社科院,2011.

[31] 吴世淑编著. 国外高等学校招生制度[M]. 海口:南海出版公司,1992.

[32] 邢克超,李兴业. 法国教育[M]. 长春:吉林教育出版社,2000.

[33] 于钦波,杨晓主编. 中外大学入学考试制度比较与中国高考制度改革[M]. 成都:四川教育出版社,2000.

[34] 郑崧. 国家、教会与学校教育:法国教育制度世俗化研究(从旧制度到1905年)[M]. 上海:学林出版社,2008.

[35] 周太玄. 法国教育概览[M]. 上海:中华书局,1926.

[36] ALTBACH P. The costs and benefits of world-class universities [J].

Academe, 2004, 90(1): 20-23.

[37] BELHOSTE B. L'examen, une institution sociale [J]. Histoire de l'éducation, 2002, 94: 5-17.

[38] BELHOSTE B. Anatomie d'un concours: l'organisation de l'examen d'admission à l'École polytechnique de la Révolution à nos jours [J]. Histoire de l'éducation, 2002, 94: 141-176.

[39] BELHOSTE B. La préparation aux grandes écoles scientifiques aux XIXe siècle: établissements publics et institutions privées [J]. Histoire de l'éducation, 2001, 90: 101-130.

[40] BÉNABOU R., KRAMARZ F., PROST C., GURGAND M. Zones d'éducation prioritaire: quels moyens pourquels résultats ? Suivi d'un commentaire de Marc Gurgand [J]. Economie et statistique, 2004, 380: 3-34.

[41] BERNARD P.-Y., TROGER V. Le baccalauréat professionnel en trois ans: une nouvelle voie d'accès à l'enseignement supérieur ? [J]. Notes du CREN, 2011, 3: 1-6.

[42] BLOCH D. La création et le développement du baccalauréat professionnel. In Philippe Marchand (dir.). Le baccalauréat 1808—2008: certification française ou pratique européenne. INRP: Revue du Nord, 2010. 207-218.

[43] BOURDIEU P. Épreuve scolaire et consécration sociale (les classes préparatoires aux Grandes Écoles) [J]. Actes de la recherche en sciences sociales, 1981, 39: 3-70.

[44] BOUYSSE V. L'école primaire, au cœur de la refondation. In Christine Szymankiewicz (ed.) Le Système éducatif en France, 4e édition. Paris: La documentation Française, 2013. 159-169.

[45] BRAY M., THOMAS R. M. Levels of comparison in Educationalstudies: different insights fromdifferentliteratures and the value of multilevelanalysis [J]. Harvard EducationalReview, 1995, 65(3): 472-490.

[46] CAMPINOS-DUBERNET M. Baccalauréat professionnel: une innovation? [J]. Formation Emploi, 1995, 49: 3-29.

[47] CLARK B. Academicdifferentiation in national systems of highereducation [J]. Comparative Education Review, 1978, 22: 242-258.

[48] DELAHAYE J.-P. Le collège: une construction inachevée, in Christine

Szymankiewicz (ed.) LeSystème éducatif en France. Paris: La documentation Française,2013. 175-189.

[49] DURU-BELLAT M., KIEFFERA. La démocratisation de l'enseignement en France: polémiques autour d'une question d'actualité[J]. Population, 2000,55(1):51-79.

[50] EURIAT M., THÉLOT C. Le recrutement social de l'élite scolaire en France. Evolution des inégalités de 1950 à 1990[J]. Revue française de sociologie,1995,36(3):403-438.

[51] GROUXD. L'éducation comparée:approches actuelles et perspectives de développement[J]. Revue Française de Pédagogie,1997,121:111-139.

[52] GOUX D., MAURIN E. Destinées sociales:le rôle de l'école et du milieu d'origine[J]. Économie et Statistique,1997,306:13-26.

[53] GOUX D., MAURIN E. Origine Sociale et destinée scolaire. L'inégalité des chances devant l'enseignement à travers les enquêtes FQP 1970, 1977,1985 et 1993 [J]. Revue Française de sociologie, 1995, 36(1): 81-121.

[54] 胡甲刚,李俊卿. 法国高校招生考试概览[J]. 湖北招生考试,2003,20: 55-57.

[55] JACQUE M.-H. Garçons et filles de classes terminales:le filtre sexué des représentations du cursus et des intentions d'orientation post-baccalauréat[J]. Carrefours de l'éducation,2003,15(1):62-81.

[56] LANGOUËT G. L'élitisme républicain:du certificat d'études primaires d'hier aux baccalauréats d'aujourd'hui[J]. Carrefours de l'éducation, 2011,2(4):97-108.

[57] LELIÈVRE C. Quid de l'école du peuple et des différentes strates du système éducatif ? [J],Carrefours de l'éducation,2011,2(4):85-95.

[58] 李志涛. 发达国家高校招生考试制度及对我国高考改革的启示[J]. 基础教育参考,2014,5:68-73.

[59] 刘海峰. 高考:60年的历史记忆[N]. 光明日报,2012-6-6.

[60] 刘敏. 法国高中分科定向及会考制度发展解析[J]. 比较教育研究,2009, 10:56-60.

[61] 刘有鹏. 法德两国招生考试情况的考察报告[J]. 中国高校招生,1998,3: 48-50.

[62] MARTIN J. Aux origines de la 《science des examens》(1920—1940)[J].

L'histoire de l'éducation,2002,94:177-200.

[63] MASSON P. Élèves, parents d'élèves et agents scolaires dans le processus d'orientation[J]. Revue française de sociologie,1997,38(1): 119-142.

[64] MERLE P. La démocratisation de l'école[J]. Le Télémaque,2004,25 (1):135-148.

[65] MERLE P. Le concept de démocratisation de l'institution scolaire: une typologie et sa mise à l'épreuve[J]. Population, 55e année, 2000, 1: 15-50.

[66] MUSSELIN C. ,PARADEISE C. France:Fromincremental transition to institutional change. In C. Paradeise, E. Reale, Bleiklie, I. & E. Ferlie (eds.), UniversityGovernance: western European comparative perspectives. Netherland:Springer,2009. 21-49.

[67] PECHAR H. , ANDRES L. Higher-educationpolicies and welfareregimes: International comparative perspectives [J]. Higher Education Policy, 2011,24(1):25-52.

[68] POUCET B. De la rédaction à la dissertation[J]. Histoire de l'éducation, 2001,89:95-120.

[69] PROST A. The creation of the Baccalauréat Professionnel:a case study of decisionmaking in French education[J]. Journal of Education Policy, 2000,15(1):19-31.

[70] 阮洁卿,阮来民. 法国普通高中毕业会考类别与考试科目研究[J]. 外国中小学教育,2011,12:32-39.

[71] 阮洁卿,阮来民. 法国高中毕业会考制度的发展及其特点研究 [J]. 外国中小学教育,2007,8:31-35.

[72] RESNIK J. Chapitre 9 Internationalisation du privé ou privatisation de l'international ? L'expansion du baccalauréat dans le monde. In: DUTERCQ,Yuves. *Où va l'éducation entre public et privé ?* Paris:De Boeck Supérieur,2011. 155-171.

[73] STEVANOVIC B. L'orientation scolaire[J]. Le Télémaque, 2008, 34: 9-22.

[74] SYROTAT J.-M. Une session de baccalauréat: la session 2007 dans l'académie de Lille. In Philippe Marchand (dir.) Le Baccalauréat,1808— 2008:certification française ou pratique européenne ? INRP:Revue du

Nord,2010. 29-38.

[75] SZYMANKIEWICZ C. L'administration de l'éducation nationale, in Christine Szymankiewicz (ed.) Le Système éducatif en France, 4e édition. Paris:La documentation Française,2013. 43-64.

[76] VAN ZANTEN A. L'ouverture sociale des grandes écoles:diversification des élites ou renouveau des politiques publiques d'éducation ? [J]Sociétés contemporaines,2010,79:69-95.

[77] VERGER J. Patterns. In Ridder-Symoens, Hilde de(ed.), A History of the University in Europe. Vol. 1: Universities in the Middle Ages. Cambridge UniversityPress,2003. 35-74.

[78] VUGHT F. V. (1996). Isomorphism in HigherEducation? Towards a theory of Differentiation and Diversity in Higher Education Systems. In V. L. Meek, L. Goedegebuure, O. Kivinen& R. Rinne (Eds.), The Mockers and Mocked: Comparative Perspectives on Differentiation, Convergence and Diversity in Higher Education. Oxford, England: Pergamon /IAU Press,1996. 42-58.

[79] 汪凌. 法国高考招生制度及其启示[J]. 湖北招生考试,2005,8:62-64.

[80] 王晓辉. 法国高考考什么[J]. 上海教育,2012,20:36-38.

[81] 徐丽. 法国业士考试的变革与启示[J]. 湖北招生考试,2011,6:60-64.

[82] 张文军,周丽玉. 法国"业士证书(Baccalauréat)"制度及其启示[J]. 教育发展研究,2004,24(2):37-40.

[83] 郑若玲. 法国高校招考制度及启示[J]. 中国地质大学学报(社会科学版),2008,8(3):56-60.

[84] ALTBACH P., REISBERGL., RUMBLEYL-E. Trends in global highereducation,tracking an academicrevolution (A report prepared for the UNESCO 2009 World Conference on Higher Education, ExcutiveSummary)[R]. Paris:UNESCO,2009.

[85] Campus France. Attractivité de la France dans le domaine de l'enseignement supérieur: points forts, points faibles [Z]. Repères, n° 7,2011.

[86] Conférence des Grandes Écoles. Ouverture sociale des grandes écoles [Z],2010.

[87] Direction de l'évaluation, de la prospective et de la performance (DEPP). Résultats définitifs de la session 2015 du baccalauréat[Z]. Note

d'information, n°07, mars 2016.
[88] DEPP (2015). Repères & Références & Statistiques 2015[Z]. Ministère de l'éducation nationale, de l'enseignement supérieur et de la recherche.
[89] DEPP (2015). Le baccalauréat 2015 session de juin [Z]. Note d'information, n°24, juillet 2015.
[90] DEPP (2015). L'état de l'école, Repères et références statistiques[Z]. Ministère de l'éducation nationale, de l'enseignement supérieur et de la recherche.
[91] DEPP (2014). L'état de l'école, Repères et références statistiques[Z]. Ministère de l'éducation nationale, de l'enseignement supérieur et de la recherche.
[92] DEPP (2013). L'état de l'école, Repères et références statistiques[Z]. Ministère de l'éducation nationale, de l'enseignement supérieur et de la recherche.
[93] DEPP (2012). L'état de l'école, Repères et références statistiques[Z]. Ministère de l'éducation nationale, de l'enseignement supérieur et de la recherche.
[94] DEPP (2011). L'état de l'école, Repères et références statistiques[Z]. Ministère de l'éducation nationale, de l'enseignement supérieur et de la recherche.
[95] DEPP (2010). L'état de l'école, Repères et références statistiques[Z]. Ministère de l'éducation nationale, de l'enseignement supérieur et de la recherche.
[96] DEPP (2009). L'état de l'école, Repères et références statistiques[Z]. Ministère de l'éducation nationale, de l'enseignement supérieur et de la recherche.
[97] DEPP (2008). L'état de l'école, Repères et références statistiques[Z]. Ministère de l'éducation nationale, de l'enseignement supérieur et de la recherche.
[98] DEPP (2007). L'état de l'école, Repères et références statistiques[Z]. Ministère de l'éducation nationale, de l'enseignement supérieur et de la recherche.
[99] DEPP (2006). L'état de l'école, Repères et références statistiques[Z]. Ministère de l'éducation nationale, de l'enseignement supérieur et de la

recherche.
[100] DEPP (2005). L'état de l'école, Repères et références statistiques[Z]. Ministère de l'éducation nationale, de l'enseignement supérieur et de la recherche.
[101] DEPP (2004). L'état de l'école, Repères et références statistiques[Z]. Ministère de l'éducation nationale, de l'enseignement supérieur et de la recherche.
[102] DEPP (2003). L'état de l'école, Repères et références statistiques[Z]. Ministère de l'éducation nationale, de l'enseignement supérieur et de la recherche.
[103] DEPP (2002). L'état de l'école, Repères et références statistiques[Z]. Ministère de l'éducation nationale, de l'enseignement supérieur et de la recherche.
[104] DEPP (2001). L'état de l'école, Repères et références statistiques[Z]. Ministère de l'éducation nationale, de l'enseignement supérieur et de la recherche.
[105] DGESIP / DGRI-SIES: l'état de l'Enseignement supérieur et de la Recherche en France [Z], n°8, 2015.
[106] Haut Conseil de l'Éducation. L'orientation scolaire: bilan des résultats de l'École[Z]. 2008.
[107] INSEE. Tableaux de l'Économie Française[Z]. édition 2016.
[108] INSEE. Composantes de la croissance démographique jusqu'à 2016[Z]. 2016.
[109] MESR-DGESIP-DGRI-SIES. Taux de Passage L1-L2-2014[Z]. 2015.
[110] MESR-DGESIP-DGRI-SIES. Taux de Passage L1-L2-2015 [Z]. 2016.
[111] TROW M. A. Problems in the Transition from Elite to Mass Higher Education[R]. Carnegie Commission on Higher Education, 1973.
[112] http://www.conseil-constitutionnel.fr/conseil-constitutionnel/francais/la-constitution/les-constitutions-de-la-france/constitution-de-1946-ive-republique.5109.html
[113] http://www.enseignementsup-recherche.gouv.fr/pid24542/organigramme-de-l-administration-centrale.html
[114] http://www.education.gouv.fr/cid3/les-regions-academiques-academies-et-services-departementaux-de-l-education-nationale.html

[115]http://www.education.gouv.fr/cid928/organigramme-administration-centrale.html

[116]http://fresques.ina.fr/jalons/fiche-media/InaEdu01803/la-creation-des-instituts-universitaires-de-technologie-iut.html

[117]http://www.education.gouv.fr/bo/1999/44/sup.htm

[118]http://www.senat.fr/evenement/archives/D42/loi21880.html

[119] http://rhe.ish-lyon.cnrs.fr/sites/default/files/bode_chronologie_et.pdf

[120]http://eduscol.education.fr/cid49114/brochure-textes-relatifs-a-la-renovation-de-voie-professionnelle.html

[121]http://www.admission-postbac.fr/index.php?desc=notices

[122]http://www.shanghairanking.cn/ARWU-Methodology-2015.html

[122] http://www.jm.u-psud.fr/fr/vie_etudiante/inscriptions_a_la_faculte.html

[123]http://www.sciences.u-psud.fr/fr/vie_etudiante/inscriptions/candidatures-et-inscriptions/paces.html

[124]http://www.sciences.u-psud.fr/fr/vie_etudiante/inscriptions/candidatures-et-inscriptions.html

[125] http://www.louislegrand.org/index.php/admissions-articlesmenu-31/admissions-en-classes-prratoires-1-annarticlesmenu-45

[126]http://louislegrand.org/index.php/informations-pratiques/intendance/tarifs

[127] http://www.topuniversities.com/university-rankings-articles/world-university-rankings/qs-world-university-rankings-methodology

[128]http://www.topuniversities.com/university-rankings/university-subject-rankings/2015/business-management-studies#sorting＝rank＋region＝＋country＝＋faculty＝＋stars＝false＋search＝

[129]http://www.ens.fr/l-ecole-1/faits-et-chiffres/

[130]http://www.hec.fr/Grande-Ecole-MS-MSc/Programmes-diplomants/Grande-Ecole/Master-in-Management/Admission#block-21450

[131]http://www.hec.fr/Grande-Ecole-MS-MSc/Programmes-diplomants/Grande-Ecole/Master-in-Management/Admission#block-21450

[132]http://www.hec.fr/Grande-Ecole-MS-MSc/Programmes-diplomants/Grande-Ecole/Master-in-Management/Frais-et-financement

[133]http://www.hec.fr/Grande-Ecole-MS-MSc/Programmes-diplomants/

Grande-Ecole/Master-in-Management/Frais-et-financement

[134] http://www.hec.fr/Grande-Ecole-MS-MSc/Programmes-diplomants/Grande-Ecole/Master-in-Management/Admission#block-21452

[135] http://www.education.gouv.fr/cid74/le-choix-d-orientation-d-un-eleve.html&xtmc=leconseildeclasse&xtnp=1&xtcr=7

[136] https://www.reseau-canope.fr/education-prioritaire/comprendre/reperes-historiques.html

[137] http://eduscol.education.fr/cid100124/livret-scolaire-lycee-pour-les-series-generales-technologiques.html

[138] http://etudiant.aujourdhui.fr/etudiant/info/bac-2014-les-sujets-et-corriges-de-la-philosophie.html

[139] http://www.lemonde.fr/societe/article/2013/06/10/le-cout-cache-du-bac-1-5-milliard-d-euros_3427037_3224.html

[140] http://www.lemonde.fr/bac-lycee/article/2015/06/17/bac-2015-l-academie-de-la-reunion-laisse-fuiter-les-sujets-de-philo-avant-l-epreuve_4656085_4401499.html

[141] http://www.lemonde.fr/bac-lycee/article/2015/06/12/candidats-fraude-reussite-le-bac-2015-en-chiffres_4652906_4401499.html

[142] http://eduscol.education.fr/cid94055/conservation-des-notes-au-baccalaureat-general-et-technologique.html

[143] http://eduscol.education.fr/cid100124/livret-scolaire-lycee-pour-les-series-generales-technologiques.html

[144] http://www.china.com.cn/policy/txt/2007-05/14/content_8251131_2.htm

[145] http://www.gov.cn/flfg/2012-05/14/content_2136483.htm

[146] http://www.law-lib.com/law/law_view.asp?id=412

[147] http://www.moe.edu.cn/publicfiles/business/htmlfiles/moe/moe_634/201505/187754.html

[148] http://www.enseignementsup-recherche.gouv.fr/pid30617/notes-flash.html

后　记

　　本书是我博士后期间的主要研究课题，也是国家社科重点课题"高校招生制度改革研究"项目的研究成果之一。选择法国高校招生考试制度这个研究课题，对于我而言，是机会、是必然也是挑战。自 2008 年留学法国至 2015 年回国，从学习语言到攻读教育学硕士与博士学位，我用了近七年的时间，对这个"浪漫国度"从一无所知到有所认知，心中一直希望可以对其了解得更多更全面。这个课题提供了一个绝佳的机会，让我可以透过考试来审视整个法国的教育体系的发展史，了解其社会的变革与教育政策的发展历程。

　　在下笔之前，我一直在思考本书的后记到底要写什么。犹豫的原因不是源于无事可写，而是有太多想写的，无从取舍。再三考虑后，我打算在本书的结尾以个人的留学经验与研究经历为基础，与读者分享我对于两个问题的感悟：跨国比较教育研究者的基本素养与研究本课题的难点。

　　回国做博士后研究这段时间以来，我接触了一些在读的博士研究生。在和他们探讨问题的时候，也经常会被问及与法国高等教育相关的问题。对于大部分的问题，我无法回答，因为我的研究没有涉及过相关问题，这些问题在我的知识储备之外。当我问及为何他们希望获得这方面的资料时，他们所给出的答案是一致的：用来撰写博士论文的最后一章，即采用国际比较的视角解读论文中所研究的问题。有些同学甚至提及借鉴域外经验部分的撰写，他们希望能够基于几个不同国家在相关问题方面的表现、处理方式，提出可借鉴之处。每每听到这种回答，我都又惊又喜。喜的是年轻学者具有非常国际化的研究视野，这也证明国际化对这一代学者的深刻影响，有利于培养出国际化研究人才。惊的是只用一个章节来解读几个国家，那只能是走马观花，蜻蜓点水，这种比较是否有意义？他们想比较的主体是否具有可比性？他们对不同国家在相关问题的表现是否真的了解？他们获得信息的二手资料来源是否可靠？一系列的问题让我深深地感觉到这个问题的严重性，让我开始思考跨国比较教育学者应该具备什么样的素质，与此同时我也开始回想自己作为一个从事比较教育的研究者，曾经犯下的错误和面临的问题与挑战。

撰写硕士论文是我第一次涉及比较教育研究领域，研究的主题为中法高校国际生留学经历的比较研究。作为一个小型的质性研究课题，我在中国和法国各选择了一所高校作为调查对象，运用访谈法来收集研究数据。虽然论文顺利完成而且答辩获得了优异的成绩，但是在数据收集以及分析的过程中，我意识到之前所设定的比较参数存在太多的不可比性。因此，整个比较研究由最初设立的探究差异转化为求同，而且对于很多微观层面所呈现出的不同，其背后隐藏的深层次原因我无法解释。此后，带着各种遗憾，我进入博士研究阶段，本打算继续做中法高等教育国际生方面的研究，然而在与两位导师论证后最终放弃。究其原因，主要是由于中国和法国高等教育发展的背景存在太多的差异，这会直接削弱博士论文研究的理论基础。最终在导师们的指导下，我确立了将跨国比较研究转化为同一国家内部不同机构之间比较研究。鉴于法国高等教育本身双轨制的特色，这一研究计划得以顺利进行。在三年多的学习与研究期间，我对比较教育研究方法以及在研究中存在的种种陷阱有了更深的认识；虽然体会日益加深，对面临的困难日益清楚，然而至今依旧困在其中，仍有漫长的路要走。总结近六年在教育学专业领域的学习与研究经历，我认为做跨国比较教育研究学者所必须具备的最基本的素质包括：对语言与文化知识的掌握，拥有史观和存疑的态度。

进行国别比较的基础是能够阅读第一手的资料，这显然对绝大多数学者来说是有难度的。英语作为世界通用语在教育与学术研究领域被接受程度日渐增加，这在某种程度上对国别研究者来说是有利的，通过英语这一中介语言来获得第三方国家的研究成果具有一定的可行性。然而，遗憾的是很多经典学术著作以及实时性的政策信息仍以本国语言为主要传播手段，而且我也坚信信息同步英语化在近几十年不存在可行性。因此，我认为掌握语言是比较教育学者最基础的能力。为了更加形象地呈现语言的重要性以及学习语言过程的漫长与痛苦，我在这里也跟大家分享几段我在法国学习的经历。

作为众多留学法国的中国学生中的一员，相比绝大多数人，我是有一定的优势的。这种优势来自我多年学习英语的经历，英语与法语之间的相似之处在最初学习法语的时候是非常有帮助的。这也解释了为何虽然拥有几乎"幼儿园"水平的法语基础，我却对留学丝毫不恐惧，因为我真心地觉得英语已经成为"世界语"。然而，我却不了解法语的尊贵与中世纪法国在欧洲的影响在很多知识分子的身上留下的烙印至今还是那么深刻。

2008年9月3日，我抵达了法国巴黎戴高乐机场，开始了在法国第一天的"历险"。今天想起来,仿佛一切就发生在昨天,记忆是那么的清晰,心绪的波澜依旧起伏不定。在抵达机场后,我便自信满满地走到信息咨询台,用一口流利的美式英语问服务人员如何乘坐去往目的地的TGV,而对方用坚定的眼神和简短的英语回答"NO English"。我清楚地记得,在一番周折后,我终于登上了列车,然而另外一个"惊喜"在向我招手。我在车上看到了一张熟悉的脸——中国人!我想大家应该能够想象到他乡遇故人的那种感觉。然而,一路上我们却并未有机会(或不愿意)寒暄。想不到的是,这位"友善的"中国留学生在我到达目的地的前一站(后来才知道)突然伸出援手,将我的行李箱直接扔到站台上,然后抛出一句中文"你到站啦!"(她看到了我手上一直拿着的那张车票)。听到她的警告后,我很紧张地拉着另外一个箱子就要下车。这时,一位好心的法国女士看了一下我手上紧攥的车票,用手比画着说"no",并急忙帮我把箱子在短暂的几分钟内搬回了车厢。也是在那一天,我真正能够体会外国人来到中国后的那种无助与无奈。为了练习法语,我经常一个人去公园里散步,大声地朗读文章。只要有机会就跟人搭讪,目的只有一个,就是"张嘴说话"。学习语言的过程是漫长的,将语言和专业相结合的过程是痛苦的。进入硕士一年级后的前三个月,我像傻子一样坐在第一排,认真地听课却不知老师在讲什么。在老师们的授权下,每节课我都会用录音笔录音,课后借同学的笔记回去抄写。通过反复听录音,阅读笔记,试着去理解老师所讲的内容。有一次在一位很友善的老师的课上,我告诉她自己曾经也是一名大学教师,来到法国后却变成了"聋哑人"。硕士一年级第一学期末的考试是我首次参加法国大学的专业考试。考试的每个科目只设定一道题或让学生在几个题目中选择一个来作答,用来考查老师一个学期上课的主要内容。学生有四个小时的时间进行答题论述。我还记得当我看到硕士一年级第一学年学科成绩时那种难以言传的心情,成百上千个小时的额外工作终于得到了回报。我也记得,我在复印店打印出硕士论文时,我激动得哭了,厚厚的一本用法语写成的论文是那么的珍贵。我度过了两年艰难的时光,一边克服语言障碍,一边需要了解与法国教育相关的问题以及相关理论,因此用囫囵吞枣、一知半解来形容学习过程不为过。透过以上的几个回忆的小片段,我想表达的是语言基础是最根本的,学习语言的过程是漫长的。

在拥有一定语言基础之后,与人的沟通与交流,对文化和社会的认知才能逐渐深入,当然两者之间不一定是一先一后的顺序。硕士与博士期间的研究课题的开展,让我有机会接触到来自不同国家的留学生,他们就读于高等教育院校（包括大学与大学校）；也有机会对一些高校内部相关的教职人员以及科研人员进行访谈，这让我对于法国高等教育体系的现状有了比较直观的了解。然而，对于教育现状产生的原因及其历史与文化背景的认识则需要大量的文献阅读，将史与今相结合，才能将问题更加清楚地梳理出来，而不仅仅是停留在表象上。在做跨国比较研究时，建立历史观是非常重要的，这也是我在做博士论文时的失误之一。在博士论文答辩时，一位委员教授评价说我做了一个很时髦的课题，利用对英语和法语的掌握，引进了英美国家流行的理论来试图探究法国高校的情况，具有一定的创新性；然而我对于法国高校体制形成的历史和背后的文化认知有限，须进一步提升。现在想来，他的话既中肯又诚恳。

质疑与批判是我想表达的做跨国比较教育研究的学者应具有的另外一种精神，当然这也应该是所有学者共有的素质。文献的相互佐证，审视理论本身的合理性对跨国研究学者显得更加重要，尤其是无法阅读第一手资料者或者语言水平相对有限者，还有语言水平很高但缺乏系统知识者，更应持有这种严谨的态度。此外，在回国这段时间，我通过和几位学者的沟通发现（目前未曾得到数据支持），做跨国比较教育研究的学者多为外语专业出身。我感觉这种现象具有一定的合理性，但同时也存在着一定的弊端。我认为，做跨国比较教育研究的学者最好能够是集合不同能力于一身的学者，当然这是我希望的一种理想状态：教育领域的社会学家、历史学家、政治学家＋精通一门外国语言的外交家。随着高等教育国际化的进一步发展，我认为这种理想是可以实现的。

以上谈及的是关于我对跨国比较教育研究者的认知，是基于过去的经历和现在的研究而提出的。在承担法国高校考试招生制度研究这一课题之前与完成这本书之后，我对目前国内比较教育领域的研究有了新的认识。之前，我认为只有从问题本质与研究理论上的论述才能视为真正的学术研究，而国内学者的很多比较研究文章（部分）依旧停留在形式比较以及政策宣传上。在完成这一课题后，我深感能够解释清楚一个外国教育制度的困难程度，其中所涉及的信息之繁多，维度之广，对于一个学者多方面的要求都是极高的。了解之前的一些基础性工作也是必需的。撰写这本书的过程，我所遇到的第一个难题便是对于课题的定位，理论性研究还是实证性研究？收集资料过半后，我基本确定了这本书既不可能是纯理论性的，也不可能是实证性的，而首先是信息介绍性的。对于法国高校考试招生制度的研究，国内已有的研究多为学术文章，而从未有过论述的专著。因此，我认为这本书应该起到的主要作用是传播信息，尽量讲清楚是什么和怎么样的问题。第二个难题便是书写的方法，以论为主还是以述为主？在整个材料收集与书写过程中，我深感在一本书中做到讲清楚和论明白的可能性较小，而且对于研究者知识理论的要求很高，在短时间之内这是我完不成的挑战。因此，我利用自己的语言优势，结合自己对于教育体制的了解，以阐述为主的形式完成了撰写过程。第三个难题，基于有限的直接相关资料，如何在众多相关资料中筛选出有用的信息，且能以合理的构架进行组织？对于这最后一个难题，我认为仍需要继续探讨，我希望这本书仅仅是我进入法国高校考试制度研究的第一步，未来可以继续更进一步。

　　这本书可以问世，我可以承担这个课题研究，最值得感谢的是我的合作导师刘海峰教授，感谢刘老师给我的这份信任。在进入厦门大学教育研究院开始课题研究之前，我和刘老师仅仅有一次电话面试。我清晰地记着刘老师当时问我为何要选择他为合作导师，我给出的答案现在回头想来是那么直接和单纯。我是从厦大教育研究院网站上看到了刘老师的照片，当时的感觉就是这应该是一位真正的学者，拥有一种"一尘不染"的气质。我和刘老师第一次见面是在他的办公室，他的和蔼、平易近人给我留下了很不错的第一印象。此后，通过旁听刘老师为博士生与硕士生所开设的课程以及学术沙龙，我对刘老师作为学者的研究态度以及学术坚持都有了更深的了解；而让我受益最多的，应该是前面所提及的对比较教育研究者须建立历史观的认知。我觉得一个学者能够有所成就，除了本身的天资以及后天的努力之外，对于研究领域的热情和不断探究的精神是成功的关键。这恰恰也是我在刘老师身上所看到的。

　　我在此还要感谢我的博士生导师 Régis Malet 教授与 Ruth Hayhoe（许美德）教授。Malet 教授既是我硕士论文的导师，也是我博士阶段的导师。在长达五年的学习与研究中，Malet 教授不仅在学术方面给予了我很多指导，而且给我创造了很多机会参与研究生教学、国际访学以及大型研究课题的研究工作。许美德教授对于我而言亦师亦友，她更像是一盏明灯在指引着我，无论是在学术研究上，还是生活上。没有两位老师的悉心指导、对我学术能力的认可以及不间断地鼓励和引导，我不可能走到今天。

　　感谢我在厦门大学新结识的同事兼战友卢威博士，感谢你在学术上给我的指导，给这本书提出的宝贵的修改意见。我要感谢一直支持我的父母，无声无息地为我的选择默默地付出不求任何回报。感谢一直陪伴我的男友 Eric HAN，无论是选择留学法国还是回国做研究，感谢你一直以来无悔的支持与鼓励。